Marcus Antonius

Ein Lebensbild

Marcus Antonius

Ein Lebensbild

Pat Southern

Magnus Verlag

Übersetzt aus dem Englischen von Christof Köhler.

Die englische Originalausgabe erschien 1998
unter dem Titel „Mark Antony"
bei Tempus Publishing Ltd., Stroud.

Das Titelbild zeigt eine antike Basaltbüste, bei der es sich
wahrscheinlich um ein Portrait Marcus Antonius' handelt.

Gestaltung: Grafik-Design Müller, Essen

Lizenzausgabe mit freundlicher Genehmigung des
Sutton Verlages, Erfurt

Inhaltsverzeichnis

*Einem Tony der Gegenwart gewidmet, der zuhört, den Kaffee
bezahlt und die Bücher trägt.*

Danksagung

Dieses Buch verdankt sein Entstehen Peter Kemmis Betty, der an mich glaubte und mich immer wieder ermutigte und unterstützte. Die Ursprünge des Buchs reichen jedoch weiter zurück, bis in meine Schulzeiten, als ich im Lateinunterricht Cäsars „Gallischen Krieg" las und gleichzeitig Antiquariate, Büchereien und epische, farbenprächtige Breitwandfilme entdeckte. Der dramatischen Wirkung zuliebe hielten sich deren Regisseure nicht immer an die historische Wahrheit, aber das spielte keine Rolle. Mit ihren Werken nährten sie bei mir ein bereits vorhandenes Interesse und regten eine lebenslange Suche nach den historischen Ursprüngen der Geschichten an. Für mich war es ein Vergnügen, die Lebensgeschichte des Marcus Antonius zu erforschen und hinter den grotesken Verleumdungen des Cicero, der Propaganda des Oktavian und möglichen Verzerrungen durch spätere Quellen den Menschen zu entdecken, wie er wirklich gewesen sein könnte. Allen Versuchen zum Trotz, ihn in Vergessenheit geraten zu lassen, erscheint Antonius als lebendige Persönlichkeit, als fehlbarer, machmal ungestümer, mißverstandener, aber weit sympathischerer Mensch als viele seine Zeitgenossen. Beim Schreiben über Antonius fällt es schwer, unparteiisch zu bleiben.

Graeme Stobbs, der die Karten und Pläne gezeichnet hat, bin ich zu großem Dank verpflichtet, ebenso Karen Dixon, die mir einige der in diesem Buch abgebildeten Fotografien zur Verfügung stellte. Außerdem möchte ich den folgenden Museen und Einrichtungen danken, die mir die Verwendung ihres Bildmaterials gestatteten: British Museum, London; Museo Capitolino, Rom; Cherchel Museum, Algerien, Agence Nationale d'Archéologie et de Protection des Sites et Monuments Historiques, Algier; National Trust Photographic Library; Musée Archéologique, Narbonne; Museo Vaticano, Rom; Wellington Museum bzw. Victoria and Albert Museum, London.

Antonius' Jugend: Vertane Zeit?

Als bedeutende Figur der römischen Geschichte des ersten vorchristlichen Jahrhunderts ist Marcus Antonius selbst historischen Laien bekannt. Um so mehr muß es erstaunen, daß niemand das exakte Datum seiner Geburt angeben kann. Drei Jahreszahlen sind im Gespräch: 86, 83 oder 81 vor Christus. Die meisten modernen Historiker gehen von einer Geburt im Jahre 83 aus. Selbst die Geschichtsschreiber der Antike waren sich in diesem Punkt nicht einig, da das genaue Alter des römischen Feldherrn bei seinem Freitod im Jahre 30 v.Chr. umstritten war. Die uns überlieferten Altersangaben schwanken zwischen 56 und 51 Jahren. 2.000 Jahre später fehlen uns die Möglichkeiten, derartige Details zu überprüfen. Geboren wurde Antonius jedenfalls an einem 14. Januar. Nach seiner Niederlage in der Schlacht von Actium erklärte der römische Senat dieses Datum auf Anweisung des Siegers Oktavian für *nefastus* – das heißt, der 14. Januar galt von nun an als Tag des Unheils, an dem alle öffentlichen Angelegenheiten ruhen mußten. Dies geschah im Zuge der von Oktavian mit äußerster Konsequenz betriebenen *damnatio memoriae*. Antonius' Andenken sollte für alle Zeiten ausgelöscht werden. Selbst als Oktavian im Jahre 27 v. Chr. unter dem Ehrennamen *Augustus* faktisch zum Alleinherrscher geworden war, machte er keine Anstalten, seinen Gegner nachträglich zu rehabilitieren. Dies blieb Caligula, dem Urenkel des Antonius, überlassen.

Alle Versuche, Antonius aus der römischen Geschichtsschreibung zu streichen, schlugen jedoch fehl. Die Biographen und Chronisten der Antike bewahrten sein Andenken in ihren Werken, die wiederum von den gewissenhaften Kopisten der mittelalterlichen Klöster vervielfältigt wurden. Shakespeare setzte Marcus Antonius in seinen Tragödien ein Denkmal. Theater, Film und Literatur der Moderne haben sich immer wieder mit der Figur des Antonius beschäftigt. Aus verschiedenen Blickwinkeln erscheint der Römer als jugendlicher Krawallmacher, als rauher Soldat, als Gefolgsmann Cäsars, als brutaler Mörder Ciceros, als Liebhaber Kleopatras und Gegner Oktavians. Man kann Antonius als heldenhaften Verfechter einer zum Scheitern verurteilten Sache betrachten. Aus anderem Blickwinkel erscheint er jedoch als jämmerlicher Versager, der wegen einer Frau Ansehen, Macht und Einfluß wegwarf. Selbst heute noch wird unsere Sichtweise durch das Bild bestimmt, das Oktavian von seinem Gegner in der römischen Öffentlichkeit zeichnete. Vom Jahr 43 n.Chr. an blieb Antonius Rom fern. Auf das politische Geschehen in der Stadt konnte er keinen unmittelbaren Einfluß mehr nehmen. Seine Gefolgsleute waren nur selten in der Lage, sich in Rom durchzusetzen, und wenn, dann handelte es sich in der Regel um weniger bedeutende Angelegenheiten. Nach Antonius' Tod wurden seine Anhänger zum Schweigen gebracht; wer einen Hang zum Opportunismus hatte, wechselte ohnehin ins politische Lager des Siegers Oktavian. Nach dem Durcheinander der Bürgerkriegsjahre schien es oberstes Gebot, die neugewonnene Stabilität zu wahren und um des Friedens willen das Andenken an Antonius zu opfern. Entsprechend traten nur wenige seiner ehemaligen Gefolgsleute öffentlich in seinem Namen auf. Seine Familie und seine Nachkommen wurden jedoch nicht verfolgt. Viele von ihnen erlangten sogar hohe gesellschaftliche Positionen und bekleideten bedeutende Staatsämter. Um sein ursprüngliches Bündnis mit Oktavian abzusichern, hatte Antonius Oktavians ältere Schwester Oktavia geheiratet, die ihm zwei Töchter gebar. Die jüngere der beiden Töchter war Antonia, ein bedeutendes Mitglied der römischen Oberschicht und Mutter des Germanicus und des Claudius. Die späteren Nachkommen schrieben weniger rühmliche Kapitel der römischen Geschichte. Caligula war Antonius' Urenkel, und Nero stammte über beide Eltern von Antonius ab; sein Vater Gnaeus Domitius Ahenobarbus war Antonius' Enkel, seine Mutter Agrippina dessen Urenkelin. Weder Caligula noch Nero trugen zum Ruhm des Antonius und seiner Nachkommen bei; auch ihr Andenken verfiel nach ihrem Tod der *damnatio memoriae*.

Antonius' Abstammung ließ eigentlich keine besondere Laufbahn erwarten, geschweige denn, daß er je zu Ruhm und Macht gelangen würde. Seine Familie war weder reich noch politisch bedeutend. Sein Großvater, der wie alle erstgeborenen Söhne der Familie ebenfalls Marcus Antonius hieß, war der erste Antonier, der es – im Jahre 99 v.Chr. – zum Konsul brachte. Er hatte als Redner und Anwalt Bekanntheit erlangt. Begabung und Können in diesen Berufen waren im alten Rom, wo der Weg zu Ruhm und Erfolg oft in den Gerichtshöfen begann, für die Karriere eines Mannes von entscheidendem Gewicht. In den Jahren 113/112 v.Chr. diente Marcus Antonius der Ältere als Offizier in Kilikien und bekämpfte die dort ansässigen und eine ständige Bedrohung darstellenden Seeräuber. Nach seinem Konsulat war er im Jahre 97 einer der beiden Zensoren, jener Staatsbeamten, die für die Registrierung der Wähler und die Erhebung des alle fünf Jahre fälligen Zensus verantwortlich waren. Außerdem fungierten sie als oberste Hüter der öffentlichen Moral und konnten Senatoren, die als ihres Amtes unwürdig galten, aus dem Senat ausschließen. Das Amt des Zensors war für seinen Träger mit hohem Prestige verbunden; nur wenige Senatoren erlangten einen so hohen Rang. Zehn Jahre nach Ausübung seines Zensorenamts fiel Marcus Antonius den politischen Säuberungen des Jahres 87 v.Chr. zum Opfer, nachdem er im Machtkampf zwischen Marius und Sulla für die falsche Seite Partei ergriffen hatte.

Der Hintergrund dieser Auseinandersetzung bedarf einer kurzen Erläuterung, zumal sie Auswirkungen auf die Karrieren von Gnaeus Pompeius und Gaius Julius Cäsar – später auch auf die von Antonius und Oktavian – hatte. Gaius Marius war der berühmte Heerführer, der Rom im späten 2. Jahrhundert v.Chr. vor den von Norden her einfallenden keltischen Völkern gerettet hatte. Marius war ein Emporkömmling, hatte nur wenig Erfahrung im Bereich der Politik, leistete als Heerführer jedoch Hervorragendes und eilte im Keltenkrieg von Sieg zu Sieg. Er wurde sechsmal zum Konsul gewählt. Das war noch nie dagewesen und entsprach nicht ganz der römischen Verfassung, aber in Zeiten der Gefahr trug der Wille des Volkes den Sieg über eventuelle staatsrechtliche Bedenken davon.

Als die Bedrohung von außen abgewendet worden war, gab es innere Konflikte, die im Jahre 90 zum Ausbruch des Bundesgenossenkriegs führten. Roms italische Verbündete versuchten, mit kriegerischen Mitteln das römische Bürgerrecht und ihre vollständige Integration in die römische Welt zu erzwingen. Anfangs zeigte sich Rom ablehnend, war zwar bereit, italische Bündnistruppen zur eigenen Verteidigung einzusetzen, verweigerte ihnen aber die Vorrechte, die römische Bürger genossen. Lucius Cornelius Sulla, ein verarmter Adliger, war es, der die italischen Rebellen bekämpfte und im Jahre 88 das Konsulat erlangte. Zu diesem Zeitpunkt waren die Feindseligkeiten innerhalb der römischen Welt weitgehend beendet. Die Bevölkerung der Rom treu gebliebenen italischen Staaten erhielt das römische Bürgerrecht. Der Bundesgenossenkrieg wurde aber schon bald von einer neuen Bedrohung abgelöst. König Mithridates von Pontus war mit seinem Heer in die römische Provinz Asia (Kleinasien) einmarschiert. Dieses Territorium zeichnete sich durch großen Reichtum aus, war für die Römer entsprechend profitabel und konnte nicht ohne weiteres aufgegeben werden. Da die Provinz über keine römischen Truppen verfügte, um Mithridates' Heer an Ort und Stelle abzuwehren, begann in Rom die Suche nach einem geeigneten Heerführer für einen Feldzug gegen den Eindringling.

Hier prallten Marius und Sulla, die beide das Kommando für sich beanspruchten, aufeinander. Sulla behielt die Oberhand, machte sich auf den Weg und überließ Rom der Herrschaft seiner Gegner. Einer der Konsuln des Jahres 87 v. Chr. war Lucius Cornelius Cinna, der Marius zurück nach Rom holte. Zusammen planten und veranlaßten beide die Ermordung bedeutender, als gefährlich eingeschätzter Senatoren. Zu den Opfern gehörten führende Mitglieder der Familie des Antonius, und zwar sowohl väterlicher-, als auch mütterlicherseits. Die Ermordung Marcus' Antonius' des Älteren wurde schon erwähnt. Ein weiteres Opfer war Lucius Julius Cäsar, ein entfernter Verwandter des Gaius Julius Cäsar und Vater der Julia, der Mutter des Antonius. Bei Antonius' Geburt waren also bereits beide Großväter ihren Gegnern zum Opfer gefallen, eine Tatsache, die sich später auf Antonius' politische Haltung auswirkte. Die Familiengeschichte lehrte ihn die Gefahren erkennen, die sich beim Paktieren mit den falschen Machtgruppen ergaben, ebenso die Vorteile, die einem erwuchsen, wenn man auf der richtigen Seite stand. Es wurde ihm schnell klar, daß Männer, die ihre Karriere über ein Senatorenamt vorantreiben wollten, nicht neutral bleiben konnten.

Als Sulla im Jahre 83 n.Chr. nach Rom zurückkehrte, brach ein Bürgerkrieg zwischen seinen Anhängern und den Parteigängern des Marius aus. Darin kam ein junger General zu Ruhm und Ansehen, der unter den Pächtern seiner Ländereien in Picenum eine Privatarmee aushob und sie zur Unterstützung Sullas ins Feld führte. Dies war Gnaeus Pompeius, der seinem Namen bald den Ehrentitel *Magnus*, „der Große", anhängte. Bescheidenheit brachte in der römischen Welt niemanden voran, also legte auch Pompeius wenig Wert auf zurückhaltendes Auftreten. Durch eine Kombination aus Eigenwerbung und militärischen Erfolgen wurde er zu einem der mächtigsten Männer, die Rom bis dahin gesehen hatte. Seine ersten Schritte in Richtung Ruhm unternahm Pompeius im Schatten Sullas, der zum Diktator ernannt wurde und sich daranmachte, das römische Staatswesen zu reformieren, indem er die Macht des Volkes beschnitt und die Führung des Staates in die Hände des Senats legte. Nachdem er dies erreicht hatte, trat Sulla von seinem Amt zurück und setzte sich zur Ruhe. Der Weg für den Aufstieg des Pompeius war nun bereitet. Vorerst wurde der Heerführer jedoch aus der unmittelbaren politischen Szene abberufen, um den Rebellen Quintus Sertorius zu bekämpfen, der sich in den spanischen Provinzen Roms zum Alleinherrscher gemacht hatte. Diese Angelegenheit beschäftigte Pompeius von 77 bis 73 v.Chr.

Während der Spanienfeldzug im Gange war, amtierte im Jahre 74 v. Chr. Marcus Antonius, der Vater des uns beschäftigenden Antonius und seiner jüngeren Brüder Gaius und Lucius, als Prätor. Nach dem Ende seiner Amtszeit wurde er gegen kretische Seeräuber ins Feld geschickt. Dabei war ihm jedoch wenig Erfolg beschieden. Man verlieh ihm den Beinamen *Creticus*, ein Attribut, das normalerweise für einen erfolgreich abgeschlossenen Feldzug gestanden hätte, hier aber das Scheitern des Namensträgers anzeigte. Marcus Antonius Creticus starb in Ausübung seines Kommandos im Jahre 71 v. Chr. Zu diesem Zeitpunkt war sein Sohn Antonius gerade elf Jahre alt. Er mußte, über den Verlust seines Vaters hinaus, mit der Tatsache leben, daß dieser bis auf seine Niederlage in der Schlacht nirgends hervorragend in Erscheinung getreten war und die Familie verschuldet zurückgelassen hatte. Man erzählt sich von Antonius' Vater, er sei impulsiv, großzügig, unorganisiert und letztendlich ein Versager gewesen. Diese Geschichten wurden um so bereitwilliger akzeptiert, als sich in ihnen scheinbar das alte Sprichwort „Wie der Vater, so der Sohn" bewahrheitete.

Als Witwe mit drei jungen Söhnen blieb Julia nicht lange unverheiratet. Ihr nächster Ehemann war Publius Cornelius Lentulus Sura, ein Senator von einigem Ansehen. 71 v.Chr. war er gerade Konsul. Es handelte sich folglich um eine gute Partie. Antonius und seine Brüder wurden in Lentulus' Haus erzogen und scheinen ihren Stiefvater gemocht zu haben. Für Antonius hätte sich eine bedeutende Laufbahn auftun können, hätte sich Lentulus nicht der falschen Seite angeschlossen. Im Jahre 70 wurde er bei einer ideologisch bedingten, aber völlig legalen politischen Säuberungsaktion von den Zensoren aus dem Senat ausgeschlossen. Die Konsuln in diesem Jahr waren Pompeius und Marcus Licinius Crassus, deren jüngste Taten ihnen den zweifelhaften Ruhm eintrugen, den Staat gegen die von Spartakus geführte Sklavenarmee verteidigt zu haben. Crassus hatte dabei die Hauptarbeit geleistet. Pompeius hatte die Überlebenden vernichtet, die nach Norden flohen und seiner von Spanien zurückkehrenden Armee geradezu in die Arme liefen. Der errungene Sieg galt jedoch nicht als ehrenhaft, da Sklaven nicht als würdige Gegner Roms betrachtet wurden. Pompeius' Ruf als Feldherr war gesichert, aber Crassus verfügte nicht über dessen Erfahrungen und suchte daher ständig nach einem prestigeträchtigen Kommando, um endlich als erfolgreicher Heerführer gelten zu können. Seine Kandidatur für das Konsulat blieb vollständig im Rahmen der Legalität, doch der Senat mißtraute ihm. Pompeius war wie immer in einer ungewöhnlichen Position. Bis zu diesem Zeitpunkt entsprach sein Aufstieg kaum der üblichen Laufbahn eines hohen römischen Staatsmannes. Er hatte keines der zum Konsulat führenden niederen Ämter innegehabt, war weder Quästor noch Prätor gewesen, sondern hatte sich statt dessen selbst zum General ernannt. Folglich besaß Pompeius keine Verwaltungserfahrung und mußte seinen Dichterfreund Varro überreden, ihm eine kurze Abhandlung über die Senatsordnung zu erstellen. Überdies hatte er das für die Senatorenwürde erforderliche Alter noch nicht erreicht und ließ darüber hinaus nur allzu deutlich die Absicht erkennen, Sullas Reformwerk zu zerstören und den Senat zu schwächen. Bestandteil seiner Politik war die Entmachtung der Anhänger Sullas und aller anderen Gegner der eigenen Pläne. Auf Pompeius' Veranlassung wurden Zensoren ernannt, um die Senatoren zu überprüfen. Man muß Pompeius zugute halten, daß sich seine

Vorgehensweise lediglich darauf beschränkte, die Karrieren einiger Senatoren zu zerstören, statt mögliche Opponenten auf Todeslisten zu setzen bzw. für vogelfrei erklären zu lassen. Lentulus Sura und Antonius' Onkel Gaius Antonius Hybrida wurden aus dem Senat ausgeschlossen. Alles, was sie sich im Lauf ihrer Karriere an Einfluß und Ämtern aufgebaut hatten, war mit einem Schlag zunichte gemacht worden.

Als junger Mann lebte Antonius also in Umständen, die nicht ideal zu nennen sind und dem jungen Römer keine besonders glänzende Zukunft versprachen. Sein leiblicher Vater hatte beträchtliche Schulden hinterlassen, so daß Antonius sein öffentliches Leben mittellos begann. Die vorübergehende Aussicht auf Rettung aus der Misere wurde durch den Rückschlag zunichte gemacht, der seinen Stiefvater Lentulus auf der Karriereleiter zurückwarf und jedes einträgliche Amt in weite Ferne rücken ließ. Es war nun zu spät, dem Mann zu huldigen, der in Rom überall das Sagen hatte, und Lentulus hatte wohl wenig Neigung, sich der Partei des Pompeius anzuschließen. Bis zum Alter von 63 Jahren arbeitete er sich wieder zum *praetor urbanus* hoch, für einen Mann, der acht Jahre zuvor Konsul gewesen war, ein recht bescheidener Posten. Während er heranwuchs, hatte Antonius wohl ausreichend Gelegenheit, die Machtkämpfe zwischen den einzelnen Parteien mitzuverfolgen. Seine Beobachtungen lehrten ihn möglicherweise, daß man auch als Befehlshaber bewaffneter Truppen an die Macht gelangen konnte. Ein erfolgreicher Feldherr genoß immer hohes Ansehen, solange es Feinde zu bekämpfen gab. Dementsprechend stieg Pompeius' Einfluß von Triumph zu Triumph. Zuerst hatte er sich selbst zum Befehlshaber der gegen die Seeräuber des Mittelmeeres ausgesandten Truppen ernannt. Zur Erfüllung dieser Aufgabe benötigte Pompeius vom Senat die Erlaubnis, alle Provinzgouverneure der Territorien entlang des Mittelmeers – die fast die ganze römische Welt ausmachten – seinem Befehl zu unterstellen. Eine dermaßen ausgedehnte Befehlsgewalt machte Sinn, nachdem alle regional beschränkten, vereinzelten Versuche, die Seeräuber auszumerzen, fehlgeschlagen waren oder nur vorübergehende Erfolge gezeitigt hatten. Ein übergreifendes, weitreichendes und in einer Person vereinigtes Kommando wurde dringend benötigt, schuf jedoch gleichzeitig einen gefährlichen Präzedenzfall. Pompeius hielt sein Wort. Er unterteilte das Mittelmeer in

Sektoren, plazierte Geschwader in jedem Sektor und säuberte in schnellen Aktionen die Küsten. In weniger als zwei Monaten hatte er alle Seeräuber besiegt, die Gefahren für die römische Seefahrt beseitigt und gleichzeitig die Versorgung Roms mit Nahrungsmitteln sichergestellt. Sein nächstes Projekt war noch ehrgeiziger. Durch politische Winkelzüge erreichte er, daß dem bisherigen Befehlshaber Lucullus das Kommando über die Mithridates im Osten gegenüberstehende Armee entzogen wurde, nachdem ein militärischer Erfolg über den König von Pontus ausgeblieben war. In den Jahren zwischen 66 und 63 befriedete Pompeius die östlichen Provinzen mit Gewalt und organisierte die Verwaltung des ganzen Großraums.

Währenddessen überschlugen sich die Ereignisse in Rom. In der Stadt gab es viele unzufriedene Männer. Einer von ihnen war Crassus, der zweite Konsul neben Pompeius, der sein eigenes Ansehen angesichts der andauernden glänzenden Erfolge seines Kollegen schwinden sah. Crassus plante, mit Hilfe seines riesigen Vermögens und noch zu erwerbender militärischer Meriten ein Gegengewicht zum überwältigenden Einfluß der Pompeianer in Rom zu schaffen. Mit Marcus Tullius Cicero betrat ein weiterer ruheloser Geist die politische Bühne. Vom Establishment mit Geringschätzung behandelt, wurde er durch sein Auftreten als Anwalt berühmt. Sein Ehrgeiz richtete sich eindeutig auf das Amt des Konsuls. Der gefährlichste Mann von allen war jedoch ein umtriebiger Politiker, ein Verwandter des Gaius Marius, der mit allen Mitteln nach Macht strebte und von Crassus finanziell unterstützt wurde. Dies war Gaius Julius Cäsar, dessen Name bisher in der römischen Politik keine große Rolle gespielt hatte. Neben diesen ehrgeizigen Männern gab es viele enteignete oder verarmte Bürger in Rom, Anhänger des Marius, die unter Sullas Regime gelitten hatten, oder Leute wie Antonius' Onkel und Stiefvater, die den pompeianischen Säuberungen des Senats zum Opfer gefallen waren. Aufruhr lag in der Luft. Politischen Zündstoff gab es mehr als genug. Alles, was noch fehlte, war ein fähiger Anführer, der sich von den Machthabern zurückgesetzt fühlte und bereit war, die Flammen der Rebellion zu schüren. Solch ein Mann betrat nun mit Lucius Sergius Catilina die Bühne. Im Jahre 65 v.Chr. war ihm das Konsulat verweigert worden. 64 v.Chr. kandidierte er bei den Konsulatswahlen für das folgende Jahr. Die beiden anderen Kandi-

daten waren Gaius Antonius Hybrida, der Onkel Antonius',
und Cicero. Keiner der drei Anwärter auf das Konsulat erfreu-
te sich im Senat großer Beliebtheit. Die Senatoren waren noch
bereit, sich mit Hybrida abzufinden, Cicero wollten sie jedoch
nicht als Konsul. Ihr Dilemma war jedoch, daß ihnen Catilina
noch viel weniger geheuer war als der Redner. Hybrida wurde
schließlich gewählt, und mit ihm Cicero, der sein politische
Lebensziel nur erreichte, weil ihn der Senat als das im Vergleich zu Catilina geringere Übel betrachtete.

Bis dahin war Catilina von Crassus mit Geldmitteln versorgt worden, doch dieser unterstützte Verlierer nicht lange
und zog seine Hilfe zurück. Verzweifelt begann Catilina nun,
Truppen aufzustellen. Nachdem er auf legalem Weg gescheitert war, versuchte er jetzt, die Macht mit Waffengewalt an
sich zu reißen. An dieser Stelle brachte sich Antonius' Stiefvater ins Spiel. Eine Gruppe gallischer Allobrogen war nach
Rom gekommen, um vom Senat Wiedergutmachung für erlit-
tenes Unrecht zu fordern. Lentulus rechnete damit, die
Gallier nach dem Scheitern ihrer Mission vor dem Senat auf
die Seite der Aufrührer ziehen und vielleicht sogar ihre in der
römischen Welt berühmten Reiterkrieger dem schnell an-
wachsenden Heer des Catilina zuführen zu können. Er ver-
schätzte sich. Nach einiger Überlegung zeigten die Allobrogen
dem Senat die Pläne der Verschwörer an, spielten jedoch zum
Schein noch eine Zeitlang das Spiel Catilinas und seiner Verbündeten mit, bis der Senat über eindeutige Beweise verfügte.
Catilina konnte sich retten und den Kampf aufnehmen, die
Rädelsführer des Komplotts wurden jedoch verhaftet und vor
den Senat gebracht. Julius Cäsar, gerade Pontifex Maximus,
also oberster Priester geworden, plädierte für eine milde Strafe, nämlich die Aufrührer aus Rom zu verbannen und unter
strenger Aufsicht in den Städten Italiens gefangenzusetzen.
Niemand folgte seinem Vorschlag. Die römische Öffentlichkeit reagierte hysterisch auf den Umsturzversuch. Jetzt kam
Ciceros größte Stunde. Er hatte eine Verschwörung entdeckt,
ihr in aller Ruhe beim Wachsen zugesehen, bis sie den Punkt
erreicht hatte, an dem es kein Zurück gab, und schließlich die
Anführer verhaften lassen. Jetzt wollte er deren Tod. Er behielt
die Oberhand. Die Verschwörer wurden hingerichtet, unter
ihnen Lentulus. Cicero hätte eigentlich einen umfassenden
Prozeß führen sowie Anklage und Verteidigung organisieren

müssen, aber er hatte es eilig. Nach der Hinrichtung seines Stiefvaters ließ Antonius immer wieder verlauten, Cicero habe den Leichnam des Lentulus erst herausgegeben, als sich dessen Familie an Ciceros Frau wandte. Antike Schriftsteller schenkten dieser Aussage wenig Glauben, da in der Regel allen exekutierten Verbrechern zumindest ein ordentliches Begräbnis zugestanden wurde. Dies mag stimmen, trifft aber nicht den Kern der Geschichte. Entscheidend ist Antonius' Überzeugung, Cicero sei so weit gegangen, seinem Stiefvater ein römisches Begräbnis zu verweigern. Die Wahrheit spielt hier keine Rolle. Antonius war 19 Jahre alt, trauerte um Lentulus und sorgte sich um seine leidende Mutter. Er hatte weder Geld noch Aussichten auf eine einträgliche Karriere, was möglicherweise die Verzweiflung seines Stiefvaters noch gesteigert und diesen schließlich in den Kreis der Catilina-Verschwörer getrieben hatte. Antonius sah nur den Mann, dessen ehrenvolle Laufbahn mit einem Schlag beendet wurde und der – als er versuchte, zu protestieren – eines gewaltsamen Todes sterben mußte. Logik spielte bei Antonius' Überlegungen keine Rolle; der Mann, der seinen Stiefvater ohne ordentlichen Prozeß hinrichten hatte lassen, war Marcus Tullius Cicero, ein Emporkömmling aus der Provinz, nicht höher gestellt als die Antonier oder die Familie des Lentulus. Es ist unwahrscheinlich, daß Antonius diesem Mann jemals hätte vergeben können.

Zwei bedeutende Persönlichkeiten tauchten nun in Antonius' Leben auf und nahmen beträchtlichen Einfluß auf seine künftige Karriere. Cicero war bereits als Feind in Erscheinung getreten. Die Ereignisse hatten Antonius jedoch auch einen möglichen Bündnispartner gezeigt. Gaius Julius Cäsar hatte sein Ansehen, seine Karriere, möglicherweise gar sein Leben aufs Spiel gesetzt, als er sich für eine milde Bestrafung der Aufrührer aussprach. Cäsar riskierte, als Mitverschwörer angeklagt zu werden, und setzte sich dennoch in aller Öffentlichkeit für das Leben der Verurteilten ein. Es gibt keine Berichte darüber, ob sich Antonius und Cäsar zu dieser Zeit schon begegneten, aber mit Sicherheit merkte sich Antonius dessen Namen. Allem Anschein nach heiratete Antonius, noch während die gerade aufgedeckte Verschwörung des Catilina Rom beunruhigte, zum ersten Mal, obwohl einige Chronisten die Hochzeit auf ein späteres Datum im Jahr 53 oder gar 52 legen. Seine Braut war seine Cousine Antonia, die Tochter des Konsuls Gaius Antonius Hybrida. Dieser war eine etwas zwielichtige Gestalt, eine Art politischer Überlebenskünstler. Im Jahre 70 v. Chr. aus dem Senat ausgeschlossen, begann er seine Karriere von vorn, wurde 66 v.Chr. Prätor und 63 v.Chr. gemeinsam mit Cicero Konsul, obwohl beide vom Senat nur gewählt wurden, um Catilina von diesem Amt fernhalten zu können. Als dann die Verschwörung ans Licht kam, versuchte Hybrida zuerst, neutral zu bleiben, wurde jedoch schließlich zum Handeln gezwungen, um nicht als Sympathisant der Aufrührer verdächtigt zu werden. Im Jahre 62 zog er an der Spitze einer Armee gegen Catilinas Truppen. Die entscheidende Schlacht wurde jedoch von seinem Legaten Marcus Petreius gewonnen, weil ein Gichtanfall Hybrida an der Teilnahme hinderte.

Trotz seines Feldzugs gegen Catilina blieb Hybrida verdächtig, und die Heirat in dessen Familie hinein war für Antonius' weitere Pläne nicht unbedingt förderlich. Seine ihm frisch angetraute Frau scheint wenig Eindruck auf ihn gemacht zu haben. Die Ehe verwandelte ihn jedenfalls nicht in einen gesetzten Familienvater. Vergnügt vergeudete er die Zeit seiner Jugend in der Gesellschaft seines engen Freundes Gaius Scribonius Curio mit Trinken, Spielen und erotischen Abenteuern. Curio lebte ebenso leichtsinnig wie Antonius, besaß aber größeren Reichtum und bessere Verbindungen und hatte daher größere Chancen, ungeschoren davonzukommen. Einige Autoren der Antike beschuldigen ihn, Antonius zum Laster verführt zu haben, aber es ist unwahrscheinlich, daß Antonius in diesem Bereich auf Ermutigung und Anregung von anderen angewiesen war. Es ist für Antonius vielmehr charakteristisch, daß er, ohne einen Gedanken an die Folgen zu verschwenden, Schulden anhäufte und eine Ausschweifung auf die andere folgen ließ. Stolz weigerte er sich, im Theater einen der für Bankrotteure reservierten Plätze einzunehmen, während seine Verbindlichkeiten ständig anstiegen. Curio bot schließlich an, für Antonius zu bürgen, eine Geste, die nicht unterschätzt werden darf und für Antonius' Fähigkeit spricht, Freundschaft in anderen zu wecken. Curios Vater kam jedoch hinter diesen Plan, verbannte Antonius aus seinem Haus und verbot ihm den Umgang mit seinem Sohn. Die Geschichte erscheint zeitlos; es handelt sich vermutlich um ein in allen Gesellschaftsformen und Epochen auftretendes Phänomen.

Nachdem er Curios Gesellschaft eingebüßt hatte, hängte sich Antonius an ein anderes verkommenes Subjekt namens Publius Claudius Pulcher, der ab 59 v.Chr. den plebejischen Namen Clodius annahm, unter dem er in die Geschichte einging. Dessen Verhalten provozierte seit jeher Skandale. Man erzählte sich, er sei als Harfenspielerin verkleidet in eine ausschließlich Frauen vorbehaltene Feier zu Ehren der Bona Dea eingedrungen, wo ihn Cäsars Mutter Aurelia, in deren Haus die Zeremonie abgehalten wurde, jedoch erkannte. Auch eine Affäre mit Cäsars Frau Pompeia sagte man ihm nach. Cäsar ließ sich daraufhin von Pompeia scheiden – mit der bekannten Begründung: „Cäsars Frau muß frei von jedem Verdacht sein." Diese Angelegenheit muß unser Mißtrauen wecken, zumal Cäsar sich – aus nur ihm bekannten Gründen – weigerte, Cicero bei der Anklage gegen Clodius zu unterstützen. Die ganze Affäre führte ausschließlich dazu, daß Clodius ein erbitterter Feind Ciceros wurde.

Über Antonius' Aktivitäten während jener Jahre ist uns wenig bekannt. Wahrscheinlich begegnete er auch Clodius' Frau Fulvia und hatte vielleicht sogar eine Affäre mit ihr: Beim Anblick einer Frau dachte er nämlich zuerst an das Schlafzimmer, bevor er sich intellektuell mit ihr auseinandersetzte. Fulvia muß jedenfalls eine gewisse Anziehung auf ihn ausgeübt haben, da er sie später tatsächlich heiratete und seine Ehe mit ihr wohl glücklich war. Bis auf diese wenigen Mutmaßungen können wir nichts über Antonius' Leben zu jener Zeit sagen. Er war wohl Zeuge der Rückkehr des Pompeius im Jahre 63 n.Chr. und zog aus den Ereignissen seine Lehren. Pompeius kam nicht an der Spitze seiner Truppen nach Rom, sondern verabschiedete sie ohne großes Aufheben. Er betrat Rom mit der Zuversicht, der Senat würde – aufgrund seiner Erfolge und seiner unbezweifelten Überlegenheit gegenüber allen politischen Rivalen – seine im Osten getroffenen Verwaltungsentscheidungen gutheißen und seinen Veteranen Land zur Verfügung stellen. Er wurde bitter enttäuscht. Der Senat zeigte sich Pompeius gegenüber, der den römischen Staatsschatz um riesige Beträge vermehrt hatte, undankbar und weigerte sich, seine im Osten erlassenen Gesetze zu ratifizieren, ohne vorher endlos über jeden einzelnen Punkt zu debattieren. Zunehmend frustriert und in Gefahr, sein Gesicht zu verlieren, zog es Pompeius zu Crassus und Cäsar. Alle drei waren auf irgendeine Art und Weise aufeinander angewiesen, um ihre eigenen Karrieren voranzutreiben. Crassus und Pompeius waren alte Rivalen, begruben ihren Streit jedoch. Cäsar hatte inzwischen seinen politischen Aufstieg begonnen. Im Jahre 62 v.Chr. war er Prätor gewesen, von 61 bis 60 Gouverneur der Provinz Hispania Ulterior, also des äußeren Spanien. Innerhalb kurzer Zeit hatte er ausreichend Vermögen erworben, um seine beträchtlichen Schulden begleichen zu können. Bei seiner Rückkehr verlangte er als Anerkennung seiner militärischen Erfolge bei der Befriedung der Provinz einen Triumphzug und das Recht, für das Konsulat im Jahre 59 kandidieren zu dürfen. Als Befehlshaber an der Spitze einer heimkehrenden Armee durfte er die Stadt nicht betreten und mußte vor ihren Mauern warten, während der Senat über sein Anliegen beriet und ihm schließlich den geforderten Triumphzug verweigerte. Ungerührt gab Cäsar diese Idee auf und verfolgte statt dessen mit aller ihm zur Verfügung stehenden Energie und der Unterstützung durch Pompeius und Crassus sein nächstes, wichtigeres Ziel: zum Konsul für das folgende Jahr gewählt zu werden. Bei diesem Vorhaben war er schließlich erfolgreich. Kaum hatte er sein Amt angetreten, handelte Cäsar schon ziemlich unabhängig und nahm weder auf seinen Mitkonsul Bibulus noch auf die Mehrheit im Senat Rücksicht. Der Volksmund sprach vom Konsulat des Julius und des Cäsar statt von dem des Cäsar und des Bibulus.

Obwohl Cäsar wie ein Diktator regierte, waren nicht alle seiner Maßnahmen von Eigennutz bestimmt. Schon früh zeigte sich seine Fähigkeit, die Notwendigkeit von Verwaltungsreformen zu erkennen und diese energisch durchzusetzen. Die von Pompeius in den Ostprovinzen getroffenen Maßnahmen wurden endlich vollständig ratifiziert. Eine Heirat wurde arrangiert, um Pompeius und Cäsar noch enger aneinander zu binden. Gleich bei seiner Rückkehr nach Rom hatte Pompeius seiner Frau Mucia die Scheidung ausgesprochen und war nun der begehrteste Junggeselle der römischen Welt. Cäsar bot ihm die Hand seiner einzigen Tochter Julia an. Das Arrangement war erfolgreich; es zeigte sich, das Pompeius geradezu vernarrt in seine neue Ehefrau war. Cäsar veranlaßte seine eigene Ernennung zum Statthalter der Provinzen Gallia Cisalpina und Illyrien nach Ablauf seines Konsulats, ein Amt, das ihm wieder die Befehlsgewalt über militärische Einheiten eintrug. Als der Statthalter der Provinz Gallia Transalpina während seiner Amtszeit verstarb, erhielt Cäsar auf Vorschlag des Pompeius auch diese Provinz sowie eine weitere Legion. Die folgende Eroberung Galliens sollte das Fundament bilden, auf das Cäsars spätere Macht gründete.

Das inoffizielle Bündnis zwischen Crassus, Pompeius und Cäsar hatte sich als mächtiger als der Senat erwiesen. Es wurde aufrechterhalten, um den Einfluß ihrer gemeinsamen und individuellen Rivalen zu beschneiden. Zu diesem Zweck wurden Cicero und Cato, der mit Genuß jeden einzelnen Erlaß des Pompeius in Kleinasien rhetorisch zerpflückt hatte, aus Rom entfernt. Cato wurde ausgesandt, Zypern zu erobern. Cicero wurde aufgrund der Machenschaften des neu ernannten Volkstribunen Clodius aus Rom verbannt. Cäsar hatte die hierfür notwendige Aufnahme des Clodius in eine Plebejerfamilie arrangiert, da dieser als Patrizier nicht zum Tribun gewählt hätte werden können. Dabei wurden die geltenden Bestimmungen aus rein persönlichen, egoistischen Motiven schamlos umgangen. Kaum im Amt, erließ Clodius ein Gesetz, daß direkt auf Cicero abzielte. Danach sollte jeder, der römische Staatsbürger ohne ordentliches Gerichtsverfahren töten ließ, geächtet werden. Cicero bereute nun bitter seine Eile bei der Verurteilung und Hinrichtung der Catilina-Verschwörer. Das politische Klima in Rom war unversehens umgeschlagen. Auf einmal stand Cicero ohne Freunde und Verbündete da. Er wollte Pompeius aufsuchen, doch als der ihn kommen sah, floh er durch die Hintertür, während man Cicero durch den Vordereingang ins Haus führte. Bevor man ihn anklagen konnte, ging Cicero ins Exil nach Thessalonike. Nach seiner Abreise wurde der Verbannungsbeschluß förmlich ratifiziert, die Häuser des Staatsredners wurden zerstört. Er war überzeugt, daß vor allem Antonius seine Ausweisung betrieben hatte. Dies mag durchaus zutreffen, doch muß bezweifelt werden, daß Antonius zu jener Zeit überhaupt irgendeinen Einfluß auf die römische Politik hatte. Cicero hatte sich schlicht zu viele Feinde in Rom gemacht. Es brauchte keinen Antonius, um ihn in Ungnade fallen zu lassen. Ob Antonius an Ciceros Verbannung beteiligt war oder nicht – bedauert hat er ihn wohl kaum. Vermutlich suchte er sich statt dessen ein Mädchen und betrank sich hoffnungslos – in dieser Reihenfolge.

Aus Rom stammende Büste des Marcus Antonius. Nach Antonius' Tod sollte jede Erinnerung an den Triumvir ausgelöscht werden. Portraits und Statuen mit seinem Antlitz wurden zerstört. Die Identifikation der uns überlieferten Fundstücke ist daher problematisch. Obwohl die abgebildete Büste beschädigt wurde, besitzt sie noch einige auch für die Münzportraits des Antonius charakteristische Züge: Typisch sind der einen festen Blick suggerierende Augenausdruck, die untersetzte Halspartie sowie ein eckiges, fleischiges Gesicht.

Cäsar wartete in Rom, bis Cicero Italien verlassen hatte und brach dann nach Gallien auf. Im selben Jahr, 58 v.Chr., ging Antonius nach Griechenland, um in Athen und Rhodos zu studieren. Man sagt, er habe von Clodius' Exzessen bald genug gehabt. Möglicherweise war er aber auch weitblickend genug, um die ihm von Pompeius drohende Gefahr zu erkennen. Pompeius gab in Rom den Ton an, und weder Lentulus Sura noch Antonius' Onkel war es beim letzten Mal, als Pompeius nahezu unbegrenzte Machtbefugnisse besaß, gut ergangen. Es scheint zu einem Bruch zwischen Clodius und Antonius gekommen zu sein; als beide Jahre später wieder in Rom zusammentrafen, wurde Antonius seinem früheren Freund gegenüber gewalttätig. In jedem Fall kann es für Antonius nur von Vorteil gewesen sein, sich von der Umgebung des Clodius abzusetzen, bevor dieser im Jahre 52 von seinem Rivalen Milo angegriffen und ermordet wurde. Fulvia blieb jedenfalls nicht lange Witwe. Sie heiratete Antonius' Freund Curio.

Plutarch berichtet, daß sich Antonius in Athen mit militärischen Übungen beschäftigte und sich in dem blumigen orientalischen Redestil übte, der seinem Charakter so entsprach – volltönend und höchst melodramatisch. Antonius' Großvater war bereits ein ausgezeichneter Redner gewesen, was Antonius wohl aus der Familiengeschichte bekannt war. Über seine Fortschritte im Studium gibt es keine Angaben, es gibt allerdings auch keine Berichte, daß Antonius allzu viele griechische Mädchen ihrer Jungfernschaft beraubt oder des öfteren athenische Tavernen demoliert hätte. Es ist zumindest möglich, daß er zuweilen an Depressionen litt, ohne besondere Ziele im Leben und ohne ausreichendes Vermögen, diese Ziellosigkeit erträglich zu machen. Sein Ehrgeiz wurde schließlich geweckt, als Aulus Gabinius auf dem Weg zu seinem neuen Amt als Statthalter von Syrien durch Griechenland reiste. Dieser bat Antonius, ihn zu begleiten, konnte ihn jedoch nicht mit einem Verwaltungsposten ködern. Schließlich bot er Antonius den Befehl über seine berittenen Truppen an. Jetzt kam Antonius zur Besinnung. Wie seine Pläne auch ausgesehen haben mögen: Als er Griechenland in Begleitung des Gabinius verließ, sah er seine Zukunft klar vor sich – das aufregende und abenteuerliche Leben eines Reiteroffiziers.

Zusammen reisten Gabinius und Antonius nach Antiocheia, wo sie bei ihrer Ankunft von dem in Judäa ausgebrochenen Bürgerkrieg erfuhren. Die Lage dort war gespannt und verlangte die Intervention Roms, um dessen Interessen zu sichern und die Bürger Judäas zu schützen. Es lag im Aufgabenbereich des Statthalters in Syrien, in die lokalen Angelegenheiten einzugreifen und die Ordnung wiederherzustellen. Die Schwierigkeiten reichten bis zur Eroberung Judäas durch Pompeius zurück. Die Römer unterstützten Hyrcanus, der gleichzeitig Hohepriester und Herrscher war. Sein Gegenspieler war Alexander, der Sohn des abgesetzten Hohepriesters Aristobalus. Letzterer siechte auf Veranlassung des Pompeius in einem römischen Gefängnis dahin. In Judäa angekommen, wurde Antonius mit der Reiterei und leichtbewaffneten Fußtruppen losgeschickt, um Alexanders Rebellenarmee zu stellen und dann auf die Ankunft der römischen Verstärkung zu warten. In zwei Schlachten, bei Jerusalem und an der Straße nach Jericho, zeichnete sich Marcus Antonius aus. Man muß bedenken, daß er keine nennenswerte militärische Ausbildung besaß, wenn man von den Studien in Athen und den grundlegenden Übungen absieht, denen sich jeder junge Römer unterziehen mußte. Er zeigte, daß er gelernt hatte, ein Pferd zu reiten, Männer zu befehligen, die ihm an Erfahrung wahrscheinlich überlegen waren, und in Notsituationen die richtigen Entscheidungen zu treffen.

Für kurze Zeit wurde der Friede wiederhergestellt, bald darauf aber durch die Ankunft des Aristobalus wieder gestört, der aus Rom entkommen war und versuchte, in Judäa erneut die Macht an sich zu reißen. Dieses Mal blieb Gabinius in Antiocheia und sandte drei Befehlshaber, darunter Antonius, aus, um die Situation zu bereinigen. Als Aristobalus zum Rückzug in die Ruinen von Machaerus gezwungen wurde, führte Antonius den Angriff auf die Stadt. Er stellte dabei seine Tapferkeit und seine Führungsqualitäten unter Beweis und gewann den Respekt seiner Soldaten. Ferner erhielt er eine Vorstellung von der Lage im Osten. In den folgenden Monaten konnte er seine Erfahrungen noch ausbauen, kam bis nach Ägypten und betrat so eine Welt, die in seiner Zukunft eine große Rolle spielen würde. Noch griff Rom dort nicht direkt ein, kontrollierte jedoch bereits indirekt einen beträchtlichen Anteil der Geschehnisse in diesem Reich, denn der römische Einfluß war zum bestimmenden Faktor der ägyptischen Politik geworden. Als Cäsar im Jahre 59 Konsul gewesen war, hatten Pompeius und er Ptolemaios Auletes (den „Flötenspieler") auf den ägyptischen Thron gehoben – was den letzteren allerdings beträchtliche Geldsummen kostete. Um die Römer auszuzahlen, erhöhte Ptolemaios die bereits existierenden Abgaben und führte neue Steuern ein, womit er sich bei den Ägyptern so unbeliebt machte, daß er nach Rom fliehen und dort um Hilfe bitten mußte. Pompeius war bereit, den Flüchtling zu unterstützen, der Senat jedoch nicht, und Pompeius wollte sich zu diesem Zeitpunkt dem Senat nicht offen entgegenstellen. So kam es, daß Ptolemaios in Gabinius' Hauptquartier in Antiocheia auftauchte und um militärische Unterstützung bat, für die er bezahlen wollte. Pompeius unterstützte dieses Vorhaben stillschweigend, und Gabinius war Pompeius' Gefolgsmann. Strenggenommen besaß Gabinius keine Befugnis, zu intervenieren. Er durfte Ägypten nicht betreten, geschweige denn mit einer Armee dort einmarschieren, aber ihn reizte der sagenhafte Reichtum des Landes. Angetrieben auch von Antonius, der auf Abenteuer aus war, zog Gabinus 55 v.Chr. aus, um Ptolemaios wieder zu seinem Thron zu verhelfen.

Eine Invasionsarmee über Land nach Ägypten zu führen, ist keine leichte Aufgabe, zumal dieses Reich auf beiden Seiten von ausgedehnten Wüstengebieten umgeben ist. Das Nildelta stellt zudem ein schwer zu überwindendes Hindernis dar, besonders wenn Kriegsschiffe regelmäßig auf ihm patrouillieren. Antonius durchquerte die Wüste ohne größere Verluste und eroberte die Grenzbefestigung Pelusium, das Tor nach Alexandria. Er trug dazu bei, ein von Ptolemaios aus Rache angeordnetes Massaker an den Einwohnern der Stadt zu verhindern und verdiente sich so den Ruf eines mutigen und gerechten Mannes. Von Pelusium kämpfte sich die römische Armee bis Alexandria durch, wo Antonius einige Zeit verweilte und die Einwohner der Stadt wie seine römischen Soldaten mit seinen Heldentaten beeindruckte. Er war 28 Jahre alt und hatte den Körper eines Athleten, den er gerne zeigte, indem er eine äußerst kurze Tunika trug; er war bei seinen Männern beliebt, als Frauenheld anerkannt, sah über Fehler großzügig hinweg und konnte jeden unter den Tisch trinken. Es ist durchaus möglich, daß er in Alexandria der damals dreizehnjährigen Prinzessin Kleopatra begegnete. Wenn ein solches Zusammentreffen stattgefunden hat, hat wahrscheinlich keiner der beiden beim anderen einen besonderen Eindruck hinterlassen. Durch Herkunft, Erziehung und Lebensziele waren sie Welten voneinander getrennt. Erst viel später, als gemeinsame Bedürfnisse sie zusammenführten, nahm die legendäre Affäre ihren Anfang.

Cäsar

Antonius blieb nur kurz in Ägypten. Seine Aktivitäten beschränkten sich darauf, Ptolemaios Auletes wieder zu seinem Thron zu verhelfen. Im Frühjahr 55 brach ein zweiter Aufstand gegen Hyrcanus aus. Wieder führte Gabinius seine Truppen nach Judäa, auch die Reiterei unter Antonius. Nachdem die Revolte niedergeschlagen war, kehrte Gabinius nach Syrien zurück. Dort verbrachte Antonius ein weiteres Jahr, ohne daß sich Nennenswertes ereignete. Die politische Lage in Rom war in der Zwischenzeit in Bewegung geraten. Bedeutendes hatte sich getan. Cicero war – von Pompeius gerufen – aus dem Exil zurückgekehrt. Im Jahre 56 hatte Cäsar seinen gallischen Eroberungsfeldzug unterbrochen und war nach Gallia Cisalpina, der Provinz südlich der Alpen, gereist, um Crassus zu treffen. Dort besprachen sich beide Politiker, bevor sie in Lucca mit Pompeius zusammentrafen. Jeder brachte sein Gefolge mit sich, das die Straßen und Herbergen der kleinen Stadt füllte, während die Anführer unter strenger Geheimhaltung den weiteren Verlauf der römischen Politik festlegten. Jeder der drei besaß weitreichenden Einfluß, so daß sie sich sicher sein konnten, ihre Beschlüsse erfolgreich umgesetzt zu sehen, selbst wenn es darum ging, die Wahl hoher Staatsbeamter zu manipulieren. Crassus und Pompeius kamen überein, sich das Konsulat des Jahres 55 zu teilen und Cäsars Statthalterschaft in Gallien um weitere fünf Jahre zu verlängern. Cäsar hatte nicht die Absicht, die Eroberung Galliens unvollendet zu lassen. In diesem Fall hätte sein Nachfolger als Statthalter die Früchte seiner Arbeit genießen und allen Ruhm für sich beanspruchen können.

Crassus machte zudem bereits Pläne für die Zeit nach seinem Konsulat. Ursprünglich sollte er als Prokonsul Spanien regieren und Pompeius Syrien überlassen. Dieses Arrangement wurde jedoch umgekehrt. Crassus sah seine Chance darin, als Statthalter von Syrien die Parther zu besiegen, deren Reich als einzige Macht mit Rom Schritt halten konnte, was Größe und Grad der staatlichen Organisation betraf. Noch als Konsul begann er, ein Heer aufzustellen, und übernahm bei seiner Ankunft in Syrien Gabinius' Truppen, was nicht reibungslos ablief, da sich Gabinius zuerst weigerte, den Befehl über seine Legionäre abzugeben. Antonius verließ Syrien im selben Jahr, ob vor oder nach der Ankunft des Crassus, ist nicht sicher. Möglicherweise war ihm unter Crassus kein Offiziersposten angeboten worden, vielleicht wollte er einfach nicht unter Crassus dienen. Jedenfalls faßte er den Beschluß, seine weitere Karriere unabhängig anzugehen. Weder blieb er als Offizier bei Crassus, noch kehrte er im Gefolge des Gabinius nach Rom zurück. Dieser wurde bei seiner Ankunft vor Gericht gestellt, weil er sein Heer ohne Zustimmung des Senats aus Syrien herausgeführt hatte. Gabinius wurde freigesprochen, mußte sich gleich darauf jedoch der Anklage stellen, Bestechungsgelder von Ptolemaios entgegengenommen zu haben. Cicero trat – gegen seine eigene Überzeugung und nur halbherzig – als Verteidiger auf. Sein Mandant ging schließlich ins Exil. Sein Selbsterhaltungstrieb könnte Antonius davon abgehalten haben, ebenfalls nach Rom zurückzukehren. Angeblich traute er sich nicht, seinen Gläubigern gegenüberzutreten, was durchaus möglich ist. Vermutlich war ihm aber auch klar, daß das Ägypten-Unternehmen Kritik, wenn nicht gar eine Anklage nach sich ziehen würde. Als Gabinius' Ratgeber, als derjenige, der den Feldzug nach Ägypten befürwortet hatte, fand er es wohl klüger, sich einen Posten fern von Rom zu suchen.

Antonius begab sich von Syrien nach Gallien. Seine Reise führte über Land durch Kleinasien und Griechenland. Es ist anzunehmen, daß er sie nicht allein auf die vage Hoffnung hin antrat, von Cäsar willkommen geheißen zu werden. Noch in Syrien oder während der Reise trat er vermutlich mit dem römischen Statthalter in Gallien oder einem von dessen Generälen in Kontakt, der bei Cäsar ein Wort für ihn einlegen konnte. Über Einzelheiten von Antonius' Reise nach Gallien ist uns nichts bekannt, ebensowenig über Cäsars Einschätzung des jungen Mannes vor oder nach dessen Eintreffen. Irgendwann sprach Antonius jedenfalls bei Cäsar vor und trat in dessen Heer ein. Über die folgenden Jahre, die Antonius in Gallien verbrachte, wissen wir nur, daß er sehr schnell aufstieg, als einer von Cäsars Generälen Bedeutung erlangte und gelegentlich mit mehr oder weniger unabhängigen Kommandos betraut wurde, die Eigeninitiative und Mut verlangten. Wie er diese Vertrauensposition erlangte, ist nicht überliefert.

*Gaius Julius Cäsar, Antonius'
Mentor, dem der junge Offizier sein erstes unabhängiges
Kommando in Gallien ver-
dankte. Antonius war über
seine Mutter Julia, die Tochter Lucius Julius Cäsars, entfernt mit Cäsar verwandt.*

Antonius diente zwei Jahre lang als Offiziersanwärter unter
Cäsars Aufsicht und beeindruckte den Befehlshaber anscheinend genug, um befördert zu werden; in Cäsars Kommenta-
ren über den Gallischen Krieg erscheint er als bewährter
Offizier. Zum ersten Mal erwähnt Cäsar Antonius in seinem
Bericht über die Belagerung Alesias, wo Antonius und Trebonius, die als *legati*, also als Stellvertreter des Feldherrn bezeichnet werden, Gefahr witterten und Truppen bereithielten, mit
deren Hilfe sie einen nächtlichen Angriff auf den Belage-
rungsring zurückschlagen konnten.

   In den Jahren, die Antonius unter Cäsar in Gallien diente,
gingen in Rom die Ereignisse ihren Gang. Das Verwandt-
schaftsverhältnis zwischen Cäsar und Pompeius zerbrach, als
Cäsars Tochter Julia 54 v. Chr. bei der Geburt ihres ersten
Kindes ums Leben kam. Auch das Kind starb. Jetzt gab es keine familiären Bindungen mehr zwischen den beiden Männern. Obwohl Julias Tod nicht unmittelbar zu Reibungen

zwischen Pompeius und Cäsar führte, ging mit ihr doch ein mögliches Bindeglied zwischen beiden und vielleicht auch ein besänftigender Einfluß verloren, den sie auf Vater und Ehemann hätte ausüben können, als es zu offenen Feindseligkeiten untereinander kam. Ein Jahr später trat Marcus Licinius Crassus, das andere, wenn auch nicht so stabile Bindeglied zwischen Pompeius und Cäsar, von der Szene ab. Crassus wurde in Parthien mit seinem Heer vernichtend geschlagen und kam auf schreckliche Weise ums Leben. Sein Traum, das Partherreich zu erobern, zerbrach. Er verlor seine Soldaten und wurde von den Parthern gezwungen, geschmolzenes Gold zu trinken – eine Anspielung auf seine bekannte Habgier.

Die Parther waren der wichtigste, am besten organisierte Gegner Roms. Der Glanz des Partherreichs erinnerte an die Eroberungen Alexanders des Großen im Osten. Antonius war jung und abenteuerlich veranlagt; außerdem hatte er den Orient schon etwas kennengelernt. Hier bot sich alles, was Antonius brauchte, um eine romantische Vision seiner Zukunft zu entwerfen. Das militärische Scheitern und der Tod des Crassus forderten Rache, und der entstandene Schaden für das Ansehen der als tapfer und allen Gegnern überlegen bekannten römischen Armee konnte nur durch einen überragenden Sieg wettgemacht werden. Vielleicht begann Antonius schon jetzt, als ihn die Nachricht der vernichtenden Niederlage ereilte, eigene Pläne für einen Feldzug zu schmieden, der weitere Partherkriege ein für allemal überflüssig machen sollte. Er könnte das Problem einer solchen Unternehmung mit Cäsar besprochen haben, möglicherweise als Gedankenspiel während der Unterhaltung bei Tisch. Das Thema blieb ständig im Gespräch; als Cäsar im März 44 v.Chr. ermordet wurde, war er kurz davor, zu einem Feldzug entlang der Donau aufzubrechen, an den sich ein weiterer gegen die Parther anschließen sollte.

Solange Cäsar ausschließlich mit der Eroberung Galliens beschäftigt war, blieb der sich anbahnende Konflikt zwischen ihm und Pompeius aufgeschoben. Alles hing davon ab, was Cäsar nach Ablauf seiner Amtszeit als Statthalter unternehmen würde. Cäsar ließ indes niemanden in seine Karten schauen und wartete ab, wie sich die Dinge entwickelten. In der Zwischenzeit förderte er Antonius' Karriere und gestattete ihm, sich 53 v.Chr. in Rom als Quästor für das folgende Jahr zu bewerben. Antonius wurde gewählt, sicher auch aufgrund eigener Verdienste, zweifellos aber vor allem, weil ihn Cäsar öffentlich unterstützte. Er sprach mit Cicero, der in seinen „Philippischen Reden" auf Antonius' Besuch verweist und offenbart, daß ihn Cäsar schriftlich um dessen Empfang und Unterstützung bei der Wahl zum Quästor gebeten hatte. So begann Antonius seine politische Laufbahn als Cäsars Schützling. Während der Jahreswende 52/51 wurde er mit der Aufsicht über das Winterquartier bei Bibracte, dem heutigen Autun, beauftragt, während Cäsar zu einem raschen Zug gegen die Biturigen aufbrach, deren Land fruchtbar und dichtbesiedelt und daher ein lohnendes Ziel war, das reiche Beute und Nachschub für die Truppe versprach. Antonius blieb allen Kämpfen fern, bis ihn Cäsar für die Kampagne gegen die Eburonen, die zwischen Maas und Rhein siedelten, als Kommandeur der XII. Legion an seine Seite rief. Antonius blieb als Befehlshaber über 15 Kohorten, das entspricht etwa anderthalb Legion, im nördlichen Gallien. Eben in diesem Teil des Landes, südlich des Rheins, erlosch schließlich der letzte Funke des Widerstands gegen Cäsar und die römische Vorherrschaft. Eine Weile hatte Commius, der Anführer der Atrebaten, dem römischen Vormarsch Widerstand geleistet und seine strategische und geographische Lage dazu genutzt, Verbindung mit den germanischen Völkern auf der anderen Seite des Rheins aufzunehmen. Mehr als einmal suchte er in dieser Auseinandersetzung ihre Unterstützung. Wenn ihm Niederlage oder Gefangennahme drohten, flüchtete er einfach zu seinen Verbündeten über den Rhein und war damit außer Reichweite der römischen Truppen. Er war Cäsar ständig ein Dorn im Auge, schlau, findig und – aus gutem Grund – ein erbitterter Gegner der Römer.

Als Befehlshaber der Truppen in der nördlichen Region stieß Antonius bald mit Commius zusammen, der mit seinen flinken Reitern einen andauernden Guerillakrieg führte und die römischen Kommunikations- und Nachschublinien bedrohte. Gaius Volusenus war zu diesem Zeitpunkt Befehlshaber über Antonius' Reiterei und erhielt den Auftrag, Commius' Überfälle zu stören. In einem Scharmützel, bei dem Commius selbst den Angriff auf die römischen Reiter anführte, trafen Commius und Gaius Volusenus zusammen, wobei Commius den römischen Anführer am Oberschenkel verwundete. Schließlich einigte sich der Gallier aber doch mit Antonius und sandte ihm Geiseln als Unterpfand des Friedens. Leider wissen wir nicht, welche Rolle Antonius beim Zustandekommen der Kapitulation spielte. Möglicherweise zog er aus Commius' zunehmend schwieriger Lage Vorteil und wartete geduldig, bis offenbar wurde, daß Commius seine Krieger nicht über längere Zeit zusammenhalten und seine Guerillataktik nicht auf Dauer praktizieren konnte. Commius wanderte mit seinem Stamm jedenfalls nach Britannien aus, und die gallischen Völker beugten sich schließlich unter das römische Joch. Antonius' Beitrag zur Beendigung des Kriegs war vielleicht nicht von entscheidender militärischer oder historischer Bedeutung, aber er beweist, das Antonius aus eigener Initiative handeln konnte und das Vertrauen seines Feldherrn besaß. Zwischen seiner Zeit als jugendlicher Reiteranführer in Syrien und seiner jetzigen Position als General Cäsars lag ein steiler Aufstieg.

Für Antonius' Wahl zum Auguren für das Jahr 50 v.Chr. waren zweifellos Cäsars Unterstützung und Förderung entscheidend. Den Auguren oblag es, die Zeichen der Götter zu deuten, die ihnen am Himmel oder aus dem Flug der Vögel geoffenbart wurden. Das Orakel zu befragen oder den Willen der Götter zu erforschen, war ein wichtiger, aus ferner Vergangenheit stammender Bestandteil des römischen Lebens. Die entsprechende lateinische Bezeichnung *auspicium* oder *avispicium* deutet die Art des Orakels an: das Beobachten der Vögel (*avis* heißt Vogel, *specio* bedeutet: ich schaue, ich sehe). Kein Beamter traf wichtige Entscheidungen, ohne zuvor das Orakel zu befragen. Auf diese Weise konnten die Auguren, die mit der Deutung der Zeichen beauftragt waren, beträchtliche Kontrolle über das öffentliche Leben ausüben. Entschieden sie, daß die Omen ungünstig waren, konnten sie alle öffentlichen Geschäfte zum Ruhen bringen oder rückwirkend bereits ergriffene Maßnahmen und getroffene Entscheidungen für ungültig erklären.

Das religiöse Amt des Auguren behielt Antonius für den Rest seines Lebens. Er könnte sich schon 53 v.Chr. darum beworben haben, als nach dem Tod von Crassus' Sohn in Parthien dessen Posten frei wurde. Falls dies so war, scheiterte er mit seiner Kandidatur. Als im Jahre 50 der Redner Quintus Hortensius starb, bot sich eine zweite Gelegenheit, und Antonius wurde gewählt. Cäsar setzte sich vehement für seinen Schützling ein, und wie üblich gab Cäsars Unterstützung den Ausschlag. Antonius' schärfster Rivale war Domitius, dessen Kandidatur von Cato und der Senatspartei favorisiert wurde. Diese Gruppe setzte sich ausschließlich aus Cäsar-Gegnern zusammen. Entsprechend hoch ist Antonius' Erfolg eigentlich zu werten. Allerdings hatte Cäsar zu jener Zeit schon keinerlei Schwierigkeiten mehr, seine Kandidaten in politische oder religiös-staatliche Positionen zu manövrieren. Antonius als Auguren wirken zu lassen, bot Cäsar vielfältige politische Interventionsmöglichkeiten, derer er sich im Bedarfsfall bedienen konnte, und sei es nur, um sich vorübergehende Schwierigkeiten vom Leib zu halten. Für Antonius selbst war die Ernennung ebenfalls keine bedeutungslose Ehrung; auch er bekam so ein wirkungsvolles politisches Werkzeug in die Hand.

Zu Antonius' Ernennung trug auch sein alter Freund Curio bei, der im Jahr der Wahl das Amt eines Tribunen innehatte. Auch er stand auf der Seite Cäsars. Die Freunde arbeiteten auf das gleiche Ziel hin: Cäsars Interessen in Rom zu wahren. Als Curios Amtszeit auslief, war es notwendig, ihn durch einen willfährigen Cäsar-Anhänger zu ersetzen. Jetzt wurde Antonius Tribun. Im Dezember 50 übernahm er das Amt für das folgende Jahr. Es hatte für Cäsar entscheidende Bedeutung. Seine Statthalterschaft in Gallien war bereits 51 v.Chr. gefährdet, als der Cäsar-Gegner und Konsul Marcellus vorschlug, ihn in diesem Jahr aus Gallien abzuberufen. Pompeius versuchte, dem Hin und Her ein Ende zu setzen und sprach sich dafür aus, daß Cäsar die Statthalterschaft am 1. März des Jahres 50 v.Chr. zurückgeben sollte. Er begründete dies damit, daß Cäsars Amtszeit im Jahre 55 für weitere fünf Jahre verlängert worden war. Damit wurde die schwere Entscheidung für eine Weile hinausgeschoben, ohne den Buchstaben des Gesetzes zu verletzen, wenn man die mehr oder weniger private Übereinkunft so bezeichnen kann, die die Verlängerung von Cäsars Statthalterschaft ermöglicht hatte. Kam die Angelegenheit seitdem zur Sprache, legte Curio als Volkstribun sein Veto ein, sobald er das kleinste Anzeichen einer Bedrohung für Cäsar zu sehen glaubte. Ein solches Vorgehen konnte jedoch nicht endlos wiederholt werden. Cäsars Gegner suchten mit dem gleichen Tempo nach neuen Schlupflöchern im Gesetz, wie seine Freunde die jeweils letzten schlossen. Ein Zusammenstoß zwischen Pompeius und Cäsar, die nicht mehr gleichberechtigt zusammenarbeiten konnten, zeichnete sich deutlich ab. Das römische Staatswesen bot nicht Platz für beide. Ein gefährlicher Präzedenzfall war bereits geschaffen worden, als der Senat Pompeius erlaubt hatte, während seines Konsulats Truppen zu befehligen. Ein solcher Verstoß gegen die Verfassung war in der Vergangenheit nicht geduldet worden. Jetzt bot diese Ausnahmeregelung Cäsar Anlaß zur Weigerung, seine Heer aufzulösen. Cäsar argumentierte, wenn er verfassungsgemäß ohne militärische Unterstützung nach Rom zurückkehrte, um für das Konsulat zu kandidieren, wäre er, des Schutzes seiner eigenen Truppen beraubt, Pompeius' Soldaten ausgeliefert.

Während des politischen Hin und Hers in Rom behielt Cäsar sein Amt als Prokonsul von Gallien. Die von Pompeius vorgeschlagene Frist bis zum 1. März 50 verstrich, ohne daß Cäsar sein Kommando niederlegte oder ernsthafte Feindseligkeiten ausbrachen. Am 1. Dezember des Jahres 50 bot Cäsar durch Curios Vermittlung einen Kompromiß an: Er würde seine Armee auflösen, bevor er Rom betrat, um sich für das Amt des Konsuls zu bewerben, wenn sich Pompeius damit einverstanden erklärte, seine Truppen ebenfalls nach Hause zu schicken. Viele Senatoren waren mit diesem Plan einverstanden, doch die Konsuln verhinderten seine Durchführung. Marcellus befahl Pompeius vielmehr, das Kommando über alle in Italien stationierten Truppen zu übernehmen. Im Januar 49 wurde vorgeschlagen, Cäsar müsse gezwungen werden, seine Armee bis zu einem bestimmten Datum aufzulösen, oder zum Staatsfeind erklärt werden. Die Tribunen Marcus Antonius und Quintus Cassius legten ihr Veto ein, doch die politischen Wogen schlugen hoch, und der Senat lehnte jeden Kompromiß ab. Antonius und Cassius wurden aus dem Senatsgebäude gejagt und mit dem Tod bedroht, falls sie es wieder betreten sollten. Beide verließen eilig Rom und machten sich, als Sklaven verkleidet, auf den Weg zu Cäsar.

Als sie abgerissen und müde in dessen Lager ankamen, ergriff Cäsar die Gelegenheit, sie in ihrem traurigen Zustand den Truppen zu zeigen, um zu demonstrieren, wie schäbig sie behandelt worden waren. Hier waren die Beweise, die er brauchte, um seinen Soldaten glaubwürdig beizubringen, daß Antonius und Cassius beim Versuch, Cäsars Interessen – und damit die der Armee – zu verteidigen, aus dem Senat gejagt worden und in Rom ihres Lebens nicht mehr sicher seien. Noch mehr: Cäsar sei zum Staatsfeind erklärt worden. Und seine Ächtung übertrage sich automatisch auch auf seine Soldaten. Dies sei der Lohn für acht oder neun Jahre harten Einsatz im Namen Roms – zu Staatsfeinden und damit für gesetzlos erklärt zu werden. Nachdem er als Heerführer gesprochen hatte, war der Zivilist und Politiker Cäsar an der Reihe: Seine Maßnahmen seien dazu bestimmt, die Unverletzlichkeit der Tribunen zu gewähren. Antonius und Cassius seien als Vertreter des Volkes sakrosankt – und doch habe man sie mit abgrundtiefer Schlechtigkeit behandelt. Dieser Vorwand genügte Cäsar, um mit seiner Armee das Flüßchen Rubikon zu überqueren, das die Grenze zwischen seiner Provinz und dem römischen Staatsgebiet bildete. Ein solches, noch nie dagewesenes Vorgehen entsprach einer Kriegserklärung.

Unmittelbar darauf wurde Antonius mit fünf unter seinem Befehl stehenden Kohorten losgeschickt, um Arezzo zu nehmen, während Cäsar weitere Truppen aushob. Nachdem die Stadt gefallen war und Cäsar seine Soldaten gesammelt hatte, trafen sich beide in Confinium, 150 Kilometer nördlich von Rom. Antonius war bereits ein erprobter Unterführer Cäsars, doch ihr Verhältnis wurde möglicherweise nach dem Abfall von Titus Labienus noch enger. Bis zu diesem Zeitpunkt galt Labienus als Anhänger der Cäsar-Partei, kam aber aus denselben Kreisen wie Pompeius. Jetzt lief er zu den Pompeianern über und war von nun an einer der unversöhnlichsten Feinde Cäsars.

Pompeius wurde von Cäsars schnellem Vormarsch nach Süden überrascht. Er hatte bis dahin keine Anstrengungen unternommen, eine schlagkräftige Armee aufzustellen, sondern stolz verkündet, er müsse nur mit dem Fuß aufstampfen, und in ganz Italien würden Truppen aufstehen. Jetzt konnte er stampfen, wie er wollte – das Ergebnis war enttäuschend. Ohne ein Heer, das es mit Cäsars Soldaten aufnehmen konnte, gab Pompeius Rom auf und zog sich nach Süden zurück. Er mußte den Ausbruch der Kämpfe verzögern, um Zeit zu gewinnen, seine Truppen zu ordnen und auf den Bürgerkrieg vorzubereiten. Schließlich schiffte er sich in Brundisium

(Brindisi), wohin er sich zurückgezogen hatte, mit seiner ganzen Armee nach Griechenland ein. Vor die Wahl zwischen Pompeius und Cäsar gestellt, folgten ihm viele Senatoren. Cäsar besaß nun die Vorherrschaft in Italien, war jedoch im Westen und Osten von feindlichen Heeren umgeben. Pompeius war Statthalter von Spanien *in absentia*, daher standen die dortigen Truppen zu ihm und beschlossen, die Provinz in seinem Namen zu verteidigen. Cäsar handelte schnell und entschlossen. Er wandte sich zuerst Spanien zu und beschrieb die Lage mit einem seiner prägnanten Sätze: „Ich werde gegen eine Armee ohne Anführer kämpfen, danach ist der Anführer ohne Armee an der Reihe."

Antonius übernahm als *magister equitum* das Kommando in Italien. Obwohl dieser Titel auf seine alte Rolle als Anführer der Reiterei hinzudeuten scheint, hatte er wesentlich bedeutendere, weiterreichende Befugnisse. Er war Befehlshaber

*Cicero, Antonius' Tod-
feind.*

über alle Truppen in Italien. Als solchem unterstand ihm die
Verwaltung Italiens mit Ausnahme der Stadt Rom, wo sich
Marcus Aemilius Lepidus als Prätor um die täglich anfallen-
den Aufgaben kümmerte. Für sein neues Wirkungsfeld brachte Antonius nur wenig Erfahrung mit. Er war bis Dezember
49 v.Chr. rechtmäßiger Tribun, aber da er keines der höheren
Verwaltungsämter ausgeübt hatte, standen seine administrativen Fähigkeiten weit hinter seinen militärischen zurück.
Cäsar hatte ihm dennoch die Aufgabe übertragen, die seinem
Wesen am meisten entsprach. Antonius konnte sowohl in der
Armee wie auch im Leben der zivilen Gemeinden für Ordnung sorgen. Energisch widmete er sich seinen Pflichten und
handelte kraftvoll und bestimmt. In einem Brief an Cicero
teilte er mit, Cäsar habe ihn beauftragt, die Häfen streng zu
beaufsichtigen und dafür zu sorgen, daß niemand Italien verließ. Im Land waren noch etliche Männer von Bedeutung, die

sich Pompeius noch nicht angeschlossen hatten. Ihr Verbleiben in Italien war für die Reputation der Cäsar-Partei von großer Bedeutung. Vor allem mußten jedoch alle Bestrebungen, Pompeius mit Nachschub oder Finanzmitteln zu versorgen, unterbunden werden. Aufgrund seiner klassischen Bildung war Antonius in der Lage, überzeugende Briefe zu verfassen. Redegewandt versuchte er, Cicero für die Sache Cäsars zu gewinnen, indem er ihm einerseits schmeichelte, jedoch auch versteckte Drohungen einfließen ließ, was geschehen könnte, wenn Cicero sich für die Pompeianer entschied. Letztendlich verließ Cicero aber doch Italien.

Später, nach Cäsars Ermordung, kritisierte er Antonius für dessen Politik als Stellvertreter des in Spanien weilenden Feldherrn. Cicero betonte, Antonius habe die Befürfnisse der Zivilbevölkerung in den italienischen Städten ignoriert und sich ausschließlich dem Militär gewidmet. Er habe die Oberschicht der Gemeinden durch sein Auftreten bei offiziellen Anlässen schockiert, wo er in Begleitung seiner Geliebten erschienen sei, einer Schauspielerin und daher eines Repräsentanten des römischen Staates unwürdig. Bezeichnend ist, daß Cicero keine ernsthafteren Anklagepunkte gegen Cäsars *magister equitum* vorbringen konnte. Hätte es Mord und Totschlag, Zerstörung und Plünderungen oder das geringste Vergehen zu berichten gegeben, Cicero hätte seine Zeit wohl nicht damit vergeudet, in volltönenden Sätzen Antonius' fehlendes moralisches Empfinden und das Auftreten von Schauspielerinnen bei offiziellen Anlässen zu kritisieren. Es ist gut möglich, daß Antonius im Hinblick auf Wein und Frauen kein beispielhaftes Verhalten an den Tag legte, er erfaßte jedoch die Notwendigkeit, die Bevölkerung der italischen Gemeinden für seine Sache einzunehmen, zumal er vor allem hier Soldaten anwerben und politische Anhänger gewinnen konnte. Aus Bologna kamen beispielsweise viele von Antonius' politischen Freunden und Anhängern.

Ohne Cäsar, dessen Geld und dessen Unterstützung wäre er auf sich selbst gestellt gewesen, zu tief in Cäsars Politik verstrickt, um noch glaubhaft zu einer anderen politischen Gruppe übertreten zu können, die ihm nützlich gewesen wäre, seine politische Karriere voranzutreiben; und in diesem Fall gab es ohnehin nur zwei Parteien zur Auswahl. Antonius' Familie hatte unter der Senatspartei und insbesondere unter den Machenschaften des Pompeius gelitten. Der bloße Gedanke, zu den Pompeianern überzutreten, muß ihm körperliches Unbehagen bereitet haben. Ciceros Vorwurf, Antonius habe zu dieser Zeit seine Pflichten vernachlässigt, kann nicht aufrechterhalten werden. Es wäre im höchsten Maße unverantwortlich gewesen, Teile der italischen Bevölkerung zu verärgern, aus der viele potentielle Anhänger Cäsars oder seiner selbst stammten.

Es gab jedoch nicht nur Erfolge zu vermelden. Antonius' Freund Curio war nach Sizilien gesandt worden und hatte von dort aus mit zwei Legionen nach Afrika übergesetzt, um die Pompeianer zu bekämpfen, die sich mit Juba, dem König von Numidien, verbündet hatten. Die Expedition endete in einem Fiasko, und Curio kam dabei ums Leben. Fulvia war also zum zweiten Mal Witwe geworden. Im Osten fiel Antonius' Bruder Gaius in die Hände der Pompeianer und blieb bis zur Entscheidungsschlacht bei Pharsalos in Gefangenschaft. Seine Truppen wurden in das Heer des Pompeius gepreßt. Im Westen mußte Cäsar eine Meuterei in seinem eigenen Heer niederschlagen. Die Soldaten hatten in Spanien gekämpft und auf dem Rückweg Massilia (Marseilles) erobert, das sich gegen Cäsar gestellt hatte. Dabei hatten sie etwas Beute gemacht. Jetzt waren sie jedoch müde und konnten kaum etwas Materielles als Ergebnis ihrer Anstrengungen vorweisen. Cäsar drohte, an der IX. Legion ein Exempel zu statuieren, indem er die Soldaten in einer Reihe antreten und jeden zehnten Mann töten lassen wollte. Er kündigte an, alle restlichen Soldaten seines Heeres nach Hause zu schicken, denn wenn sie erschöpft seien, seien sie nicht für den Militärdienst tauglich. Er sprach die Männer als Bürger, nicht als Soldaten an, als sei die Entlassung bereits vollendete Tatsache. Indem er sie auf die Probe stellte, brachte Cäsar seine Truppen schnell zur Räson; innerhalb kürzester Zeit versprachen sie lautstark, zu kämpfen, wohin immer sie Cäsar auch schicken würde.

Politisch besaß Cäsar nun die Oberhand. Lepidus, der römische Prätor, schlug vor, ihn zum Diktator zu ernennen. Das Amt des Diktators wurde normalerweise nur besetzt, wenn Rom in Bedrängnis war; es war zeitlich begrenzt, in der Regel auf sechs Monate. In diesem Fall dauerte Cäsars Diktatur nur einen Bruchteil jener Zeitspanne. Er legte das Amt nieder, nachdem er seine Wahl zum Konsul für das Jahr 48, mit

Servilius Isauricus als Kollegen, gesichert und die Stadt nach
nur elf Tagen wieder verlassen hatte. Als er sein Konsulat antrat, befand er sich auf dem Weg nach Griechenland. Die Zeit
drängte. Ein ganzes Jahr hatte Pompeius Zeit gehabt, sein
Heer zu formieren und auf den Zusammenstoß mit Cäsars
Legionen vorzubereiten. Dessen größtes Problem war sein
Mangel an Schiffen. Er stach mit sieben Legionen und der
Reiterei an Bord in See, während Antonius auf die Rückkehr
der Schiffe warten sollte, um die restlichen fünf Legionen
über die Adria zu bringen. Auf dem Rückweg wurde ein Teil
von Cäsars kleiner Flotte jedoch zerstört. Bibulus, sein verbit-
terter früherer Mitkonsul, befehligte die Schiffe des Pompeius
und genoß einen kurzen Augenblick des Triumphs, als er
Cäsar vom Rest seiner Armee abschneiden konnte. Cäsar bewies jedoch wieder einmal seine Findigkeit. Er landete in
Palaiste und nahm in kürzester Zeit Oricum und Apollonia
ein, wo er sein Heerlager aufschlug. Er ließ Antonius durch
Boten ausrichten, so schnell wie möglich die restlichen fünf
Legionen einzuschiffen und nach Oricum zu segeln. In dieser
gefährlichen Lage, in der er mit der Hälfte seiner Armee einen
schmalen Landstreifen gegen einen übermächtigen Gegner
halten mußte, schickte er Friedensangebote an Pompeius, die
der jedoch zurückwies. Als Antonius nicht erschien, versuchte
Cäsar, die Adria in einem offenen Boot zu überqueren, um die
Einschiffung der restlichen Truppen zu beschleunigen, wurde
jedoch durch ein Unwetter zum Umkehren gezwungen.

Antonius saß währenddessen in Brundisium fest und mußte sich mit Verzögerungen herumschlagen. Ein Teil der pompeianischen Flotte unter Führung von Libo blockierte den
Hafen. Ihre Operationsbasis, die später unter dem Namen
Santa Andrea bekannte Insel, verschaffte den Pompeianern
einen strategischen Vorteil. Allerdings gab es dort kein Trink-
wasser. Also ließ Antonius alle Landeplätze bewachen, die die
Gegner hätten anlaufen können, um Wasser aufzunehmen,
und wartete ab. Libo mußte sich schließlich zurückziehen,
und Antonius ergriff die Gelegenheit, in See zu stechen. Er
versuchte, nach Apollonia zu gelangen. Ungünstige Winde
zwangen ihn jedoch, Nymphaeum, nördlich von Dyrrhachium
gelegen, anzulaufen. Er erreichte sicher die Küste, entging geschickt der pompeianischen Flotte und beeilte sich, seine Truppen an Land zu bringen. Währenddessen schlug der Wind um,

und die gegnerischen Schiffe wurden an die Küste getrieben, wo einige von ihnen auf Grund liefen. Antonius verlor keine Zeit, sondern setzte seine Legionen sofort nach Süden in Bewegung, um mit Cäsar zusammenzutreffen. Gleichzeitig marschierte Pompeius nach Norden, um ihm den Weg abzuschneiden. Sein Plan ging jedoch nicht auf. Entweder schlugen sich Cäsars Soldaten zu Antonius durch und warnten ihn, oder dessen Kundschafter entdeckten selbst die pompeianische Armee. Sein überlegtes Handeln und die Kenntnis der gegnerischen Absichten bewahrten Antonius jedenfalls davor, in einen Hinterhalt zu geraten. Nun mußte Pompeius die Verfolgung aufgeben und fliehen, da er sich zwischen zwei feindlichen Armeen befand und die Gelegenheit verpaßt hatte, eine von ihnen auszuschalten.

Falls Cäsar an Antonius geweifelt hatte, mußte er nach dieser Episode beruhigt sein. Es hatte sich gezeigt, daß er in Antonius einen fähigen und verläßlichen Unterführer besaß, der seine Aufträge nach besten Kräften ausführte und dabei Mut und beträchtliche Intelligenz bewies. Mit Hilfe seiner geographischen Kenntnisse, mit taktischem Gespür und Geduld war es Antonius gelungen, Libo zu überlisten, statt bei einem frontalen Angriff Schiffe und Männer zu gefährden. Sobald sich Libo zurückgezogen hatte, war er in See gestochen und hatte nach der Landung in Nymphaeum Pompeius' Hinterhalt umgangen. Bei aller Liebe zu Wein, Weib und Gesang und seiner Neigung zur Ausschweifung verfügte Antonius durchaus über einen klaren Kopf und wußte, wann es angebracht war, geduldig zu warten, und wann er die Initiative ergreifen mußte.

Nach der Vereinigung seiner Legionen mit Antonius' Truppen setzte Cäsar sein Heer in Bewegung. Sobald Pompeius erkannte, in welche Richtung der Gegner marschierte, verfolgte er ihn, so schnell er konnte. Beide Armeen eilten nach Dyrrhachium. Cäsar erreichte die Stadt als erster, aber Pompeius konnte sich auf den Höhen von Petra festsetzen. Cäsar ließ Gräben um das Lager des Gegners ziehen und auf drei Seiten Belagerungsanlagen errichten. Keine der verfeindeten Parteien konnte so einen Vorteil über die andere erringen. Das Ergebnis des Feldzugs hing nun vom Nachschub ab. Pompeius' Heer war eingeschlossen, konnte seine Truppen jedoch über das Meer versorgen. Cäsars Soldaten andererseits konnten sich frei bewegen, mußten aber immer weitere Wege in Kauf nehmen, um sich mit Nahrung zu versorgen. Die Situation wurde noch durch die Tatsache erschwert, daß die pompeianische Armee die Umgebung der Stadt schon fast aller Lebensmittel beraubt hatte, bevor Cäsar von seinem Spanien-Feldzug zurückkehrte.

Es gab zwei Auswege aus dem Dilemma. Einer bestand darin, alles auf eine Karte zu setzen und die Entscheidungsschlacht zu suchen. Pompeius war jedoch klug genug, sich nicht festlegen zu lassen. Cäsar konnte ihm lediglich kleinere Scharmützel abzwingen. Die Alternative hieß Abwarten. Die Zeit würde schließlich aus zwei Gründen die Waage ohnehin zu Cäsars Gunsten ausschlagen lassen. In den fruchtbaren Ebenen in Cäsars Rücken würde das Korn wieder wachsen und seine Soldaten und Pferde mit Nahrung versorgen. Pompeius konnte zwar seine Truppen über das Meer versorgen, hatte aber kein Futter für seine Pferde. Bald würde es Pompeius sein, der in Schwierigkeiten war. Es lag in Cäsars Interesse, zu warten und es auf sich zu nehmen, die schwierige Versorgungslage der ersten Monate zu überstehen. Bevor diese Taktik jedoch Früchte tragen konnte, versuchte Pompeius auszubrechen. Sein Plan, Cäsar eine Falle zu stellen, wurde in schweren Kämpfen vereitelt. Nun richtete Pompeius seinen Angriff auf den schwächsten Punkt der Stellungen Cäsars, am südlichen Ende in Meeresnähe. Von Vorteil war dabei, daß sich Cäsars Hauptlager am äußersten Nordende des Belagerungsrings befand, während die Südspitze von dem erkrankten Quästor Lentulus Marcellinus verteidigt wurde.

Pompeius' Angriff erfolgte mitten in der Nacht. 60 Kohorten mit Leitern und leichtem Belagerungsgerät wurden über das Wasser an die Angriffsstelle geschafft. Seine Männer ließ Pompeius aus Weidenzweigen geflochtene Schilde auf ihren Helmen befestigen, um sie vor Wurfgeschossen der Cäsarianer zu schützen. Mit dem Angriff vom Ufer ging ein zweiter aus dem Heerlager des Pompeius einher, so daß sich Cäsars Soldaten auf einmal in einer verzweifelten Lage befanden, den Feind vor und hinter sich und innerhalb der eigenen Befestigungsanlagen. Die Verteidigungslinie brach zusammen, Cäsars Truppen ergriffen die Flucht. Marcellinus' Legionäre konnten die Lage nicht stabilisieren, aber Antonius führte zwölf Kohorten aus der Nachhut heran und schaffte es, den Gegner aufzuhalten. Dies war keine geringe Leistung. Wenn Cäsar später nicht völlig übertrieben hat, stand Antonius' Soldaten eine vierfache Übermacht gegenüber. Antonius mußte Zuversicht in den Männern wecken, die schockiert und voller Angst waren und schon aufgegeben hatten. Irgendwie gelang es ihm. Spätestens diese Leistung trug ihm einen hohen Bekanntheitsgrad und einen Ruf als mutiger und einfallsreicher Anführer ein. Seinen Soldaten erschien er als ein Mann, der selbst in scheinbar ausweglosen Situationen das Richtige zu tun wußte. Ohne dieses Vertrauen in Antonius hätten die Legionäre wohl die Flucht ergriffen. Schließlich eilte Cäsar selbst aus dem nördlichen Sektor herbei, und die Pompeianer wurden zurückgeschlagen.

Nun ließ Pompeius seine Truppen in der Nähe des Belagerungsrings in kurzer Entfernung vom Meer lagern, wo er sie besser versorgen und auch dringend benötigtes Pferdefutter erhalten konnte. Cäsar versuchte, das Lager durch einen Überraschungsangriff zu stürmen, scheiterte jedoch, und die Cäsarianer befanden sich wieder einmal auf der Flucht. Wenn Pompeius sofort nachgesetzt hätte, hätte sich Cäsars Heer wohl kaum halten können. Selbst als die Verfolger ausblieben, beschloß Cäsar, die Belagerung aufzuheben. Er tat dies in mehreren Stufen. Zuerst wurden die Lasten abtransportiert, dann brach die Armee auf. Nur zwei Legionen blieben zurück. Cäsar beabsichtigte, Pompeius im unklaren zu lassen, bis ein Großteil seines Heeres abmarschiert war. Im letzten Moment zog sich Cäsar nach Apollonia zurück, wo die Verwundeten untergebracht wurden. Pompeius folgte ihm etwas langsamer nach.

Beide Armeen kamen bei Pharsalos zum Stehen, wo sie ihre Lager aufschlugen. Jeden Tag ließ Cäsar seine Truppen in Schlachtordnung antreten, konnte Pompeius aber nicht dazu verleiten, einen Angriff zu riskieren. Er beschloß, sein Heer wieder in Bewegung zu setzen. Am Tag des Abmarsches änderte Cäsar seine Pläne jedoch abrupt, denn Pompeius stellte sich. Die Schlacht von Pharsalos begann. Antonius befehligte den linken Flügel mit der VIII. und IX. Legion, die jedoch durch ihre Verluste bei Dyrrhachium so geschwächt waren, daß sie zusammen nur die Stärke einer Legion hatten. Die Entscheidung der Schlacht fand auf Cäsars rechtem Flügel statt, wo der Feldherr acht Kohorten seiner Reserve postiert hatte, die er genau in jenem entscheidenden Moment in den

Kampf führte, als die pompeianische Reiterei seine eigenen Reiter zurückdrängte und die rechte Flanke offen für den Feind dalag. Die Reservetruppen hielten die Stellung, indem sie ihre Speere in den Boden bohrten und so eine Verteidigungslinie schufen. Allmählich wendete sich das Blatt, und nun war Pompeius' linke Flanke offen. Pompeius' Truppen konnten ihre Position nicht mehr halten. Lange vor Ende der Schlacht ergriff Pompeius die Flucht, denn er hatte die bevorstehende Niederlage erkannt. Er ritt zurück zu seinem Lager, das er in unziemlicher Hast und als Händler oder Sklave verkleidet verließ, kurz bevor es von Cäsars Legionären gestürmt wurde. Antonius erhielt den Auftrag, die fliehende Armee des Pompeius zu verfolgen, und führte ihn unerbittlich aus. Es handelte sich um eine wichtige Aufgabe, die den Sieg erst zu einem vollständigen machte; zu viele im Gelände zerstreute Gegner konnten sich wieder zusammenschließen und im Namen des Pompeius, der Republik oder Roms weiterkämpfen, eine nicht zu unterschätzende Gefahr. Cäsar mußte so viele Gegner wie möglich ausschalten oder gefangennehmen.

Leider war Pompeius selbst nicht unter den Gefangenen, und als Cäsar erfuhr, daß sich sein Feind nach Ägypten gewendet hatte, folgte er ihm unverzüglich, denn dort konnte sich Pompeius auf seine Verbindungen zu Ptolemaios Auletes berufen. Cäsars Überlegungen waren begründet, er konnte nicht zulassen, daß sich Pompeius in Ägypten Finanzmittel beschaffte und ein neues Heer aufstellte, um den Krieg fortzusetzen. Cäsar ahnte indes nicht, daß Pompeius von ägyptischen Höflingen meuchlings ermordet werden würde. Was er jetzt dringend brauchte, war eine Autoritätsperson, die für ihn in Rom nach dem Rechten sehen konnte, während er Pompeius verfolgte. Für diese Aufgabe wählte er Antonius aus, der immer noch den Rang eines *magister equitum* innehatte. Als solcher konnte Antonius über Truppen verfügen, war folglich mehr als ein gewöhnlicher Unterführer in Cäsars Heer. Politisch war Antonius zwar noch recht unerfahren, aber das blieb im Grunde ohne Belang, da Cäsars Macht in Rom unumstritten war. Obwohl Antonius dort an seiner Stelle die Regierungsgeschäfte führte, mußte jedem klar sein, daß hinter ihm Cäsar stand, auf dessen Rückkehr alle mit mehr oder weniger guten Gefühlen warteten. Überall herrschte große Unsicherheit. Wie es unter Cäsar für Rom und die einzelnen Römer weitergehen würde, war ungewiß. Opportunisten und Nörgler profitierten davon, Unruhe zu stiften. Der erste einer langen Reihe war Marcus Caelius Rufus, der als Prätor und Anhänger Cäsars gehofft hatte, den wichtigen Posten eines *praetor urbanus* zu erhalten, und der sich jetzt enttäuscht sah. Verärgert begann er, gemeinsame Sache mit den zahlreichen römischen Schuldnern zu machen. Er wurde zwar vom Konsul Servilius aus Rom verbannt, verbündete sich aber in der Campania mit Milo, der heimlich sein Exil in Massilia verlassen hatte. Die Rebellen wurden in unterschiedlichen Teilen Italiens besiegt und getötet, schufen mit ihrem Aufstand jedoch einen Präzedenzfall, dem schlimmere Ereignisse in Rom selbst folgen sollten, wo sich allmählich Unruhe breitmachte.

Antonius fing an, sich in Roms Öffentlichkeit in Generalsuniform zu zeigen; er trug einen Purpurumhang und legte Rüstung und Schwert nicht einmal dann ab, wenn er den Senat zusammenrief, was bei vielen Römern für Verstimmung sorgte. Außerdem provozierte er die Bürger der Stadt, indem er in Begleitung eines bewaffneten Leibwächters und von sechs Liktoren durch die Straßen schritt, die sein Erscheinen ankündigten. Er eignete sich Pompeius' Stadthaus samt Einrichtung an, ohne zu bezahlen, feierte aber kostspielige Gelage mit seinen Freunden. Cicero beschuldigte ihn, die wertvolle Ausstattung des Hauses binnen Wochen durchzubringen. Antonius' prunkhafter Lebensstil, extravagant, zügellos und ausschweifend, brachte ihn in Rom schnell in Verruf. Sein rüpelhaftes Image beruht möglicherweise nicht nur auf den nachträglich verfaßten „Philippiken" Ciceros. Antonius genoß das Leben in vollen Zügen. Er war von Natur aus nicht kleinlich und sorgte sich nicht um die Konsequenzen, die sein Verhalten im Privatleben nach sich ziehen mußte. Er lebte so, wie es ihm gefiel und war bei der Auswahl seiner Kumpane nicht wählerisch. In diesem Punkt unterschied er sich stark von Cäsar, der großzügig und tolerant sein konnte, sich gleichzeitig jedoch von Speichelleckern und schädlichem Umgang zu distanzieren wußte. Hier hätte Antonius von Cäsar lernen können – und noch mehr von seinem Rivalen und späteren Todfeind, Cäsars Großneffen Oktavius, der sich im klaren darüber war, daß sich Privatleben und Auftreten in der Öffentlichkeit nicht trennen ließen, und der sein Leben lang selbst im Kreis seiner engsten Freunde die Rolle des Staatsmanns spielte.

Der bis dahin latente Konflikt zwischen Antonius und dem Senat kam offen zum Ausbruch, als sich Dollabella der Sache der zahlreichen römischen Schuldner annahm und ernsthaft Unruhe schürte. Von ihm angestachelt, in ihrem Zorn und ihrer Verzweiflung noch aufgepeitscht, besetzten diese Männer das Forum und verlangten lautstark, alle Schulden zu annullieren. Der aufgebrachte Senat betraute Antonius damit, die Ordnung wiederherzustellen. Antonius hatte klugerweise auf die Aufforderung zum Handeln gewartet, vermutlich, um die Verantwortung für das Folgende auf den Senat abwälzen zu können. Wenn dies das Motiv seines hinhaltenden Agierens war, sah er sich indes bald getäuscht. Er führte seine Truppen auf das Forum und ließ die Menge umstellen, vielleicht in der Hoffnung, schon allein die Anwesenheit der Soldaten könne die Aufrührer zur Vernunft bringen. Die Rangelei auf dem Forum eskalierte jedoch zu einer regelrechten Schlacht und forderte mehrere Todesopfer. Möglicherweise trägt Antonius daran nicht die Alleinschuld. Er hatte die Truppen zu Hilfe gerufen und war außerstande, auf halbem Weg umzukehren, als er erkannte, daß er das Forum nicht ohne blutigen Kampf würde räumen lassen können.

Der Senat zeigte sich angesichts der Geschehnisse natürlich schockiert und versagte Antonius die Unterstützung. Es kamen sogar Spekulationen auf, Antonius sei von Eifersucht und persönlicher Rivalität mit Dolabella zu seinem brutalen Durchgreifen getrieben worden, weil dieser Antonius' Frau Antonia verführt habe. Daran könnte ein Quentchen Wahrheit gewesen sein, denn Antonius schickte seiner Frau ungefähr zu jener Zeit den Scheidebrief. Letzteres ist Tatsache. Daraus jedoch eine Eifersuchtstheorie zu konstruieren, ist spekulativ. Daß Antonius sich von seinen Gefühlen zu unüberlegten Handlungen hätte hinreißen lassen, ist nicht bekannt. In schwierigen Situationen griff er energisch und effizient durch. Möglicherweise war sein Handeln in diesem Fall etwas zu effizient. Ergebnis des unglücklichen Zwischenfalles war jedenfalls, daß Antonius bei Cäsars Rückkehr in Ungnade fiel oder zumindest für eine Weile kaltgestellt wurde. Bei der Ämterverteilung für das Jahr 46 v.Chr. ging er leer aus. Lepidus wurde als zweiter Konsul neben Cäsar gewählt, und als dieser nach Afrika aufbrach, um den Krieg gegen die Pompeianer wieder aufzunehmen, nahm er nicht Antonius, sondern Dolabella mit. Dies muß für Antonius nur schwer erträglich gewesen sein, zumal Dolabella der eigentliche Urheber der Unruhe gewesen war und nun einen Platz in Cäsars Gefolge bei dessen Feldzug erhielt, während der Mann, der die Krawalle niedergeschlagen hatte, ohne Amt in Rom bleiben mußte und die Gunst Cäsars für alle ersichtlich verloren hatte. Cäsar konnte es sich nicht leisten, Antonius' hartes, wenn auch vielleicht nicht von Anfang an so beabsichtigtes Durchgreifen zu unterstützen, und ließ ihn aus politischen Gründen für eine Weile fallen. Noch schlimmer: Antonius mußte öffentlich eine Zahlung für Pompeius' Haus und Schätze leisten, ohne Rücksicht darauf, was er zum Sieg über den früheren Besitzer der nun von ihm genutzten Güter beigetragen hatte. Pompeius war Cäsars Feind, aber er war ein bedeutender Mann gewesen, der größte Römer seiner Zeit, und es konnte nicht angehen, daß ein ehemaliger *magister equitum* dessen Besitz in Rom an sich riß. Kriegsbeute wurde auf dem Schlachtfeld gemacht. In Rom war ein zivilisierteres Verhalten vonnöten.

Während Cäsar in Afrika weilte und seinen Feldzug gegen die Pompeianer mit dem Sieg von Thapsos am 6. April 46 beendete, war Antonius ohne Beschäftigung. Dies änderte sich auch nicht, als Cäsar im September seine berühmten Triumphzüge abhielt, vier an der Zahl. Gefeiert wurden seine Erfolge in Gallien, Ägypten, gegen Pharnakes von Pontos und Juba von Numidien. Den letzten Sieg hatte Cäsar eigentlich über Römer errungen, aber Juba war ein Bündnis mit den Pompeianern eingegangen und hatte sein Leben in der Schlacht verloren. So konnte Cäsar seinen Sieg im Bürgerkrieg als Triumph über eine fremde Macht feiern. Der kleine Sohn des numidischen Königs, ebenfalls Juba genannt, wurde im Triumphzug mitgeführt. Von der Hinrichtung, die auf ein solches Spektakel in der Regel folgte, blieb er jedoch verschont. Er wurde in Rom erzogen, später von Augustus zum Herrscher von Mauretanien erhoben und mit Kleopatra Selene verheiratet, der Tochter von Antonius und Kleopatra. Auch Arsinoë, Kleopatras Schwester und Cäsars Gegnerin im Kampf um Alexandria, wurde begnadigt. Nachdem sie dem römischen Volk im Ägypten-Triumphzug vorgeführt worden war, sandte Cäsar sie nach Ephesos. Dort war ihr jedoch kein

Kleopatra. Einfach gestaltet und kaum stilisiert, wirkt das Gesicht der ägyptischen Königin dennoch lebendig. Die individuell gehaltenen Gesichtszüge sprechen dafür, daß es sich tatsächlich um ein naturgetreues Portrait Kleopatras handeln könnte. Die Behauptung der antiken Geschichtsschreiber, Kleopatra sei nicht im klassischen Sinne schön gewesen, scheint sich hier zu bestätigen.

langes Leben vergönnt. Auf Anordnung Kleopatras ließ sie Antonius 41 v.Chr. hinrichten.

Während der letzten Jahre des Bürgerkriegs, als Cäsar in Afrika und Spanien gegen die Söhne und Anhänger des Pompeius kämpfte, hielt sich Kleopatra als sein Gast in Rom auf. Sie hatte auf Cäsars Landsitz jenseits des Tibers ihre Wohnung genommen, was in Rom für Gesprächsstoff sorgte. Sie muß Antonius bei einigen Anlässen begegnet sein. Für einen engeren Kontakt der beiden gibt es zu dieser Zeit jedoch noch keine Hinweise. Sie mag Antonius aufgefallen sein, aber da sie eindeutig an Cäsar gebunden war, emotional oder rein politisch, gebot ihm wohl die Vorsicht, sich zurückzuhalten. Er konnte seine Verführungskünste an allen anderen Frauen in Rom erproben und mag mißtrauisch darauf bedacht gewesen sein, mit nichts aus Cäsars Provinz, denn das war Ägypten inzwischen geworden, zu eng in Verbindung gebracht zu werden. Andererseits war er vielleicht bei offiziellen Anlässen zu abgelenkt, um von Kleopatra überhaupt Notiz zu nehmen. Irgendwann in jener Zeit heiratete er wieder, dieses Mal die Witwe von Clodius und Curio, die von den Römern als „schrecklich" bezeichnete Fulvia. Sie liebte er aufrichtig, wie alle uns erhaltenen Quellen, auch die Antonius-kritischen, bestätigen. Seine tiefe Zuneigung zu Fulvia wurde Antonius von seinen Feinden als unwürdiges und äußerst unrömisches Verhalten ausgelegt. Fulvia war eine intelligente und energische Frau, die ihre Aktivitäten bestimmt nicht auf Spinnen, Weben und das Beaufsichtigen der Speisekammer beschränkte. Sie war ehrgeizig, aber als Frau dazu gezwungen, ihre Ziele durch und über ihren jeweiligen Ehemann zu erreichen. Ihre ersten beiden Ehen führte sie mit Freunden des Antonius von zweifelhaftem Ruf, die in der Senatshierarchie nicht sehr weit aufgestiegen waren. Als Antonius' Frau bekam sie neuen Auftrieb und eine Möglichkeit, ihre ehrgeizigen Ziele umzusetzen, was notwendigerweise bedeutete, sich in politische und militärische Angelegenheiten einzumischen. Daß sie sich nicht stillschweigend unter das Joch als Ehe- und Hausfrau beugte, wurde ihr als schrecklicher Fehler ausgelegt, für den man Antonius verantwortlich machte. Man erzählte sich, es sei Fulvia, die ihn gezähmt und daran gewöhnt habe, den Befehlen einer Frau zu gehorchen. All dies wurde zusammengereimt und in die Welt gesetzt, als Antonius und Kleopatra anfingen, für Oktavian eine ernsthafte Bedrohung zu werden. Diesem gelang es, den Senat und das Volk davon zu überzeugen, die Königin Ägyptens stelle eine Gefahr für den römischen Staat an sich dar.

Cäsar griff in Rom energisch durch und veranlaßte Reformen, die er für notwendig erachtete, ohne sie dem Senat wie gewohnt zur Debatte zu stellen. Er wurde zum dritten Mal zum Diktator ernannt, und zwar für zehn Jahre. Seine vorrangige Aufgabe war die Reorganisation der Republik. Als eine seiner am weitesten reichenden Maßnahmen muß die Reform der Zeitrechnung angesehen werden. Zu diesem Zweck beschäftigte Cäsar einen ägyptischen Astronomen namens Sosigenes, dessen Berechnungen von einem Sonnenjahr von 365 Tagen mit einem zusätzlichen Schalttag alle vier Jahre ausgingen. Dies stellte einen entscheidenden Fortschritt gegenüber dem alten, auf dem Mondjahr basierenden römischen Kalender dar, der ständig überholt werden mußte. Während der Bürgerkriegsjahre waren derartige Aktualisierungen ausgeblieben, was dazu führte, daß die Jahreszeiten nicht mehr mit den ihnen zugeordneten Monaten übereinstimmten. Um diesen Mißstand zu beheben, ließ Cäsar dem November einige Tage hinzufügen. Daneben besaß er kaum Zeit, sich der vielen drängenden politischen Fragen anzunehmen. Sein alter Gegner Labienus und die Pompeiussöhne hatten Spanien unter ihre Kontrolle gebracht und mußten daran gehindert werden, ihre militärische Stärke und ihren politischen Einfluß weiter auszudehnen.

Antonius erhielt keine Stelle in Cäsars Heer. Lepidus wurde zum *magister equitum* ernannt, und Cäsars Großneffe Oktavius, selbst zu krank, um das Hauptheer zu begleiten, folgte mit einigen seiner Freunde auf eigene Initiative nach, kam jedoch zu spät, um an der Entscheidungsschlacht bei Munda am 17. März 45 v.Chr. noch teilnehmen zu können. Dennoch setzte er auf dem Weg sein Leben aufs Spiel. Es verlangte Mut und Einfallsreichtum, ohne Begleitung von Truppen in ein Kriegsgebiet zu reisen. Sein Handeln beindruckte Cäsar und könnte eine Rolle dabei gespielt haben, Oktavius in seinem Testament zu berücksichtigen, welches er auf einem seiner außerhalb Roms gelegenen Landsitze verfaßte, bevor er die Stadt zu einem weiteren Triumphzug betrat. Angeblich wurden die Oktavius betreffenden Passagen angehängt und könnten daher im ursprünglichen Text gefehlt haben. Über Cäsars Testament wurde viel diskutiert. Bis zu dieser Zeit hatte Oktavius noch kaum Gelegenheit gehabt, seinem Großonkel Intelligenz und Ausdauer zu beweisen. In Spanien begleitete er Cäsar überallhin, während dieser Grenzen festlegte, zwischen verfeindeten Völkern vermittelte und Gesandte empfing. Eine dieser Gesandtschaften, sie kam aus Sagunt, wandte sich an Oktavius selbst, in der Annahme, er könne bei Cäsar seinen Einfluß geltend machen und für die Saguntier das Gewünschte erreichen. Dies gelang Oktavius zur großen Freude der Biographen des späteren Augustus. Er war ein verschlossener Jugendlicher, raffiniert und intelligent, und wußte, wann es Zeit war, zu reden oder zu schweigen. Es hätte keinen größeren Gegensatz zu Antonius geben können, der lebensfroh und offen bis zur Indiskretion war und der vermutlich lärmend mit etwas herausplatzte, wenn er besser geschwiegen hätte, aber oft auch nicht erkannte, wann es angebracht war, etwas von sich zu geben, anstatt sich in brüskierendes Schweigen zurückzuziehen. Der gewöhnlich schweigsame jugendliche Oktavius reiste auf dem Rückweg mit Cäsar in dessen Sänfte. Dabei hatten beide wohl ausreichend Gelegenheit, sich auszutauschen und kennenzulernen.

Als Cäsar auf dem Landweg über Norditalien aus Spanien zurückkehrte, machte sich Antonius auf, ihn zu treffen. Als er jedoch Narbo, das heutige Narbonne, erreichte, wurde er mit dem Gerücht empfangen, Cäsar sei tot, woraufhin er nach Rom zurückeilte. Dieser Vorfall bot ihm auch Gelegenheit, Fulvia einen Streich zu spielen. Er betrat sein Haus in Verkleidung und gab vor, sein eigener Bote zu sein. Er übergab ihr einen Brief, in welchem Antonius seine unsterbliche Liebe zu seiner Frau bekundete, und beobachtete ihre Reaktion, die zu seiner vollständigen Zufriedenheit ausfiel. Fulvia hatte Tränen in den Augen und strafte damit die üblichen Beschreibungen Lügen, wonach sie zankhaft sei und ihr sanfte, anziehende Wesenszüge fehlten. An diesem Punkt ließ Antonius seine Verkleidung fallen, umarmte seine Frau und lebte auch weiterhin glücklich mit ihr zusammen. Plutarch übernahm die Anekdote in seine Biographie über Marcus Antonius, um dessen Charakter zu verdeutlichen. Man mag sich fragen, wie Antonius reagiert hätte, wenn Fulvia den Brief verächtlich weggeworfen hätte. Eine solche Situation war aber wohl kaum zu erwarten. Antonius war in der Regel ein hervorragender Menschenkenner, sein Fehler lag nicht darin, andere falsch zu beurteilen, sondern darin, daß er sich nicht von schädlichen Elementen lösen konnte.

Das Gerücht über Cäsars Tod war natürlich unbegründet. Also zog Antonius mit Gaius Trebonius wieder aus, um seinen früheren Befehlshaber zu treffen. Dieses Mal erreichte er, daß ihm Cäsar seine Fehler aus der Vergangenheit verzieh; in Cäsars eigener Sänfte durchquerte er Italien. Oktavius mußte in eine andere umsteigen. Niemand konnte noch Zweifel daran haben, daß Antonius Cäsars Gunst wiedergewonnen hatte. Dieser versprach ihm, ihn für das Jahr 44 v.Chr. zum Konsul an seiner Seite wählen zu lassen. Marcus Antonius war nun 39 Jahre alt, und seine bis dahin sprunghafte und unter Verzögerungen leidende politische Karriere begann eigentlich erst jetzt. Wahrscheinlich hatte er keine exakte Vorstellung von seiner Zukunft. Vielleicht träumte er von einem Armeekommando unter Cäsar, einem zweiten Konsulat, einem eigenen Prokonsulat in einer der Provinzen oder gar davon, Cäsar als Staatsoberhaupt zu beerben. Wahrscheinlich rechnete er mit einigen Jahren hart erarbeiteten Aufstiegs. An diesem Punkt seines Lebens konnte er nicht ahnen, daß in weniger als sechs Monaten eine Reihe verheerender Ereignisse seine Lehrzeit abrupt beenden und ihn innerhalb von zwei Tagen an die Spitze Roms bringen würde.

In Rom nahm Cäsar die Regierungsgeschäfte wieder auf. Der Tribun Lucius Antonius, Antonius' Bruder, brachte ein Votum des Volkes zustande, wodurch Cäsar ermächtigt wurde, für die folgenden Jahre die Konsuln selbst zu bestimmen. Aulus Hirtius und Vibius Pansa waren für das Jahr 43 als Amtsträger vorgesehen. Decimus Brutus und Lucius Munatius Plancus sollten 42 v.Chr. das Konsulat übernehmen, zuvor aber als Statthalter nach Gallien gehen – Brutus nach Gallia Cisalpina, Plancus in den jenseits der Alpen gelegenen Teil Galliens. Die übrigen Westprovinzen wurden ebenfalls unter die Verwaltung der Gefolgsleute Cäsars gestellt. Lepidus sollte sein Amt als *magister equitum* niederlegen und dafür Statthalter der Provinz Hispania Cisterior und des südlichen Gallien werden. Asinus Pollio sollte Hispania Ulterior übernehmen. Einer ging jedoch ohne die nach eigener Einschätzung verdiente Belohnung aus; Gaius Cassius Longinus war unter Crassus Quästor in Parthien gewesen und hatte viel dazu beigetragen, die römische Position im Osten nach dem Fiasko des Parther-Feldzugs wieder zu festigen. Er hatte auf ein wichtiges Amt hoffen können, das seine politische Karriere vorantrieb. Statt dessen wurde er lediglich zum Prätor für das Jahr 44 ernannt. Er glaubte, zu Höherem berufen zu sein und machte Cäsar insgeheim dafür verantwortlich, seinen Aufstieg zu blockieren. Solche Männer sind gefährlich.

Antonius beugte sich nicht in allem Cäsars Willen. Als Diktator betrachtete Cäsar sein Konsulat möglicherweise als überflüssig – es war sein fünftes – jedenfalls legte er es nach kurzer Zeit mit der Absicht nieder, Dolabella an seiner Stelle zum Konsul zu machen. Der hätte so notwendige politische Erfahrungen sammeln und Cäsar von der Belastung des politischen Alltagsgeschäfts in Rom befreien können. Antonius widersetzte sich indes bei jeder Gelegenheit dem Plan, Dolabella zu seinem Kollegen zu machen. Unter anderem griff er ihn in einer Rede im Senat an und löste eine erbitterte Debatte aus. Cäsar verließ empört das Gebäude. Nun besann sich Antonius seines priesterlichen Amtes als Augur und erklärte die Vorzeichen für ungünstig, woraufhin Dolabella nicht mehr legal zum Konsul gewählt werden konnte. Schließlich bekam er seinen Willen und konnte verhindern, daß Dolabella Konsul wurde. Cäsar trug ihm diese Eigenmächtigkeit anscheinend nicht nach. Dolabella jedoch verzieh ihm nicht.

Während das Jahr voranschritt, wurden immer mehr Stimmen gegen Cäsar und dessen Politik laut. Falls Cäsar sie wahrnahm, ignorierte er sie, weil tatsächlich nur eine kleine Fraktion des Senats und ein Bruchteil des Volks ernsthaft gegen ihn opponierten, und dies vor allem aus persönlichen Gründen, obwohl sich Cäsars Gegner alle Mühe gaben, ihre Unzufriedenheit als Kampf für politische Freiheit darzustellen. Es muß zynisch erscheinen, trifft jedoch zu, daß die Senatoren unter Freiheit hauptsächlich die Freiheit meinten, die unteren Gesellschaftsschichten und die Bevölkerung der Provinzen zu beherrschen und auszubeuten. Das römische Regierungssystem mußte also der Entwicklung des Imperiums angepaßt werden. Cäsar erkannte nur allzu deutlich, welche Maßnahmen dazu erforderlich waren, war aber nicht mehr jung und fürchtete, ihm könne die Zeit davonlaufen. Sein Mangel an Zeit und folglich Geduld führte jedoch zu seinem Scheitern. Es war nicht die Entwicklung an sich, die wachsende Unruhe verursachte, denn viele von Cäsars Maßnahmen waren hilfreich und vernünftig; es war eher die Art und Weise, wie er die beabsichtigten Änderungen herbeiführte. Mehr und mehr Bürger gewannen den Eindruck, Cäsar ignoriere die alten römischen Gebräuche und Gepflogenheiten, mache sich manchmal sogar über sie lustig. Cäsar gab von sich, „Republik" sei nur ein Name, was in der Tat unter seiner Regierung zutraf, den patriotischen Römern, deren Perspektive nicht über die römischen Stadtmauern und das die Stadt versorgende Umland hinausging, jedoch als Mißton in den Ohren klang. Cäsar stellte außerdem fest, Sulla müsse verrückt gewesen sein, seine Diktatur niederzulegen, ein Ausspruch, der diejenigen seiner Gegner, die sich passiv verhielten und vielleicht auf ein irgendwann eintretendes Ende seiner Herrschaft hofften, ihrer Illusionen berauben und sie aufrütteln mußte.

Der zunehmend von Cäsars Macht abhängige Senat überhäufte den Diktator mit Ehrungen. Cäsar hatte die Anzahl der Senatoren auf 900 erhöht und das Haus mit seinen Anhängern gefüllt. Nicht alle von ihnen kamen aus der römischen Oberschicht, die traditionell die Senatorenposten unter sich verteilte. Manche der neuen Senatoren waren nicht einmal gebürtige Römer. Cäsar schlug die Provinz Gallia Cisalpina, das Gebiet des heutigen Oberitalien, dem römischen Staatsgebiet zu, um die Basis des sich ausdehnenden römischen Imperiums zu erweitern. Den Völkern, die das Imperium bildeten und einen entscheidenden Beitrag zu seinem Wachstum leisteten, gewährte er die römische Staatsbürgerschaft. In der Stadt lief daraufhin der Witz um, die neuen Senatoren irrten durch Rom, weil ihnen niemand den Weg zum Senatsgebäude zeige. Die Römer waren beunruhigt über die zunehmende Anzahl der Fremden in römischen Staatsämtern. Noch härter traf es sie jedoch, daß Cäsar durch seine demonstrativ geübte Milde gegenüber seinen früheren Feinden ganz Rom in die Hände bekam. Er errichtete der *Clementia Caesaris*, der personifizierten und vergöttlichten Milde Cäsars, sogar einen Tempel, ließ sich als *Divus Julius*, als Gott, titulieren und erhob Antonius zu seinem Oberpriester. Über Bedeutung und Auswirkung des Divinitätskultes scheiden sich bis heute die Geister. Manche Historiker sehen darin den für die Römer am wenigsten erträglichen Aspekt der Herrschaft Cäsars. Andere gehen davon aus, daß Cäsar als eine Art Gott im Wartestand betrachtet wurde und erst nach seinem Tod ins römische Pantheon aufgenommen werden sollte. Demzufolge bestand zu keiner Zeit die Absicht, Cäsar noch zu Lebzeiten als Gott zu verehren. Die Römer konnten göttliche Helden – nach deren Tod – durchaus in ihr Weltbild integrieren. Es macht in diesem Zusammenhang Sinn, daß Antonius sein Amt als Priester des Cäsarkultes erst viele Jahre später, lange nach Cäsars Tod, antrat, zu einem Zeitpunkt, als er und Oktavian die römische Welt zwischen sich aufteilten.

Wenn irgend jemand in Rom geglaubt hatte, Cäsar würde nach dem Erreichen seiner unmittelbaren Ziele seine Macht abgeben und sein Amt niederlegen, mußte er sich getäuscht sehen, als der Politiker am 14. Februar 44 v.Chr. die Diktatur auf Lebenszeit annahm. Eigentlich war die Frage, ob Cäsar beabsichtige, die Monarchie wiedereinzuführen, nach diesem

Ereignis zweitrangig, beherrschte jedoch immer noch die Gedanken der Römer. Möglicherweise wollte Cäsar das Thema am folgenden Feiertag, dem Tag des Lupercalienfestes, ein für allemal zu den Akten legen. Dieses Fest war aus einem alten vorrömischen Fruchtbarkeitsritual hervorgegangen. Antonius' Handeln bei den Lupercalien des Jahres 44 war politisch motiviert; welche Absichten er dabei verfolgte, ist uns nicht bekannt. Die Motive der verschiedenen am Geschehen beteiligten Personen sind seit damals immer wieder untersucht worden, ohne daß sie tatsächlich ergründet worden wären. Niemand kann sagen, was in den Handelnden damals vorging oder warum sie gerade so agierten. Jedenfalls führte Marcus Antonius, als Priester nur mit einem Lendenschurz bekleidet, den traditionellen Rundlauf durch Rom aus und näherte sich dann dem Sitz, auf dem Cäsar der Zeremonie beiwohnte. Irgendwo unterwegs hatte Antonius ein Diadem aufgenommen, das er jetzt Cäsar darbot. Dieser wies es jedoch zurück. Die Menge applaudierte Cäsar. Wiederum bot Antonius Cäsar die Krone an. Als Cäsar sie nun energischer zurückwies, zollte die Menge seinem Verhalten lautstark Beifall. Diese Szene kann unterschiedlich bewertet werden. Antonius könnte das Ereignis aufgrund eigener Erwägungen initiiert haben, entweder in der Hoffnung, daß Cäsar die Krone annehmen und sich zum König erklären würde, oder mit der Absicht, Cäsar Gelegenheit zu geben, die Krone öffentlich zurückzuweisen und so Senat und Volk zu überzeugen, daß ihm an einer Wiedereinführung der Monarchie nicht gelegen war. Andererseits hätte Cäsar die Szene mit Antonius auch arrangieren können, um allen Spekulationen, er wolle König werden, ein Ende zu setzen. Wenn dies seine Absicht gewesen war, scheiterte er jedenfalls. Im Gegenteil: Die Affäre schürte das Feuer geradezu. Die Spekulationen nahmen überhand, selbst als Cäsar die ihm angebotene Krone dem Jupiter weihte und sie in dessen Tempel auf dem Kapitol bringen ließ, und obwohl er die Schreiber anwies, in den „Fasti", den offiziellen Mitteilungen des Staates, festzuhalten, Cäsar habe die Königswürde abgelehnt.

Solche Spitzfindigkeiten retteten Cäsar jedoch nicht. Weniger als einen Monat nach diesem Ereignis ermordeten die selbsternannten Befreier der Republik in einer Senatssitzung am 15. März – besser bekannt als die Iden des März – den Mann, den sie als Tyrannen bezeichneten. Die Sitzung sollte im Theater des Pompeius stattfinden, nicht im Senatsgebäude auf dem Forum. Es war durchaus üblich, Senatsversammlungen in anderen Gebäuden abzuhalten. Cäsar hatte also keinen Anlaß, Argwohn zu schöpfen. Die berühmte Geschichte vom Wahrsager ist allgemein bekannt: Dessen „Hüte dich vor den Iden des März" ist längst ein geflügeltes Wort. Cäsar schlug den Rat des Sehers jedoch in den Wind. Angeblich versuchte Cäsars Frau Calpurnia, ihn aufgrund eines warnenden Traums in der Vornacht am Besuch der Senatssitzung zu hindern, aber Cäsar war niemand, der auf Warnungen achtete, wenn er sich etwas in den Kopf gesetzt hatte. Decimus Brutus suchte ihn in seinem Haus auf, um ihn zum Theater des Pompeius zu begleiten, möglicherweise, um eventuellen Argwohn des Diktators zu zerstreuen, und natürlich um sicherzustellen, daß Cäsar an diesem Tag auch wirklich den Senat aufsuchte. Es wäre für die Attentäter ärgerlich gewesen, wenn ihr Opfer nicht erschienen wäre. Sie hätten dann die ganze Sitzung mit in den Gewändern versteckten Dolchen abwarten und anschließend still nach Hause gehen müssen, um noch einmal von vorne zu beginnen.

Als Decimus und Cäsar ihr Ziel erreicht hatten, warteten sie möglicherweise auf Antonius' Ankunft. Vielleicht war Antonius auch schon vor ihnen da und wartete auf Cäsar. Der genaue Ablauf der Geschehnisse ist unklar. Da die Verschwörer nicht planten, auch Antonius zu töten, mußte er abgelenkt werden, um Cäsar nicht beistehen zu können. Angeblich hatte sich Brutus, der Idealist, gegen einen Mord an Antonius ausgesprochen. Deshalb wurden ein oder zwei „Befreier" beauftragt, Antonius daran zu hindern, den Senat in Begleitung Cäsars zu betreten. So lenkte Decimus Brutus, vielleicht auch Gaius Trebonius, Antonius für einen Moment ab, während sich Cäsar ins Innere des Gebäudes begab. Wer genau welche Aufgabe übernommen hatte, geht aus den Quellen nicht hervor. Jedenfalls kann Antonius, der sich vor dem Theater befand, nichts Auffälliges bemerkt haben. Er wechselte wenige bedeutungslose Worte mit einigen der Verschwörer, bemerkte vielleicht sogar bei den Männern, die ihn ansprachen, eine gewisse Nervosität. Das war alles. Dann war auf einmal der Aufruhr aus dem Auditorium zu hören, woraufhin eine große Anzahl Senatoren das Gebäude hastig verließ, um sich in Sicherheit zu bringen. Vielleicht riefen einige etwas von „Mord", vielleicht versuchten sie aber auch nur schweigend, so schnell wie möglich nach Hause zu kommen. In der Zwischenzeit hatten sich Decimus Brutus und Trebonius wohl vorsorglich von Antonius entfernt, so daß er möglicherweise selbst herausfinden mußte, was geschehen war. Ob er in das Gebäude hineinging und dort Cäsars Leiche fand, ist unklar. Aus den Quellen geht hervor, daß er – eventuell als Sklave verkleidet, jedenfalls nicht im Gewand eines Senators – die Flucht ergriff und im Haus eines Freundes Schutz suchte. Später begab er sich dann nach Hause, verriegelte seine Tür und bereitete sich auf eine Belagerung vor.

Cäsar war tot. Antonius war sein engster Gefolgsmann, außerdem Konsul und hatte in offizieller Funktion dem Diktator jüngst die Königskrone angeboten. Dabei spielte es keine Rolle, ob dies in vollem Ernst oder als Teil eines listigen Plans geschehen war. Unumstößliche Tatsache war jedenfalls, daß Antonius als führender Anhänger Cäsars galt und daher erwarten mußte, als nächster auf der Liste der Mörder zu stehen. Als der erwartete Ansturm auf sein Haus ausblieb, muß Antonius in Ruhe seine Lage überdacht und dann Männer ausgeschickt haben, um Informationen zu sammeln. Er suchte wahrscheinlich auch nach Mitteln, um seine Position zu stärken, und begann, seine nächsten Schritte zu planen. Er war nicht mit ins Theater gedrängt und dort mit Cäsar niedergestochen, sondern bewußt auf die Seite gezogen worden. Die Verschwörer hätten ihn statt dessen auch in einer Ecke festhalten können, um ihm nach Cäsars Tod das gleiche Schicksal zu bereiten. Er war also von den Mördern verschont worden. Das hieß, daß der Anschlag ausschließlich Cäsar galt. Die Tatsache, daß in den folgenden Stunden niemand mit schweren Schlägen an seine Tür klopfte, sprach dafür, daß selbst in dem auf Cäsars Ermordung folgenden Durcheinander niemand auf den Gedanken gekommen war, ihn auf die Liste der Opfer zu setzen, falls eine solche Liste überhaupt existierte. Aufklärung war jetzt das Gebot der Stunde. Allmählich erfuhr Antonius wohl, daß nur eine kleine Gruppe unter Führung von Brutus und Cassius für die Verschwörung verantwortlich war. Diese hatten versucht, im Namen der Freiheit Reden an das Volk zu halten, waren aber vertrieben worden. Jetzt verschanzten sie sich auf dem Kapitol und wunderten sich, daß ihr heroischer Befreiungsschlag nicht mit tosendem Applaus aufgenommen worden war. Sie besaßen keine nennenswerte militärische Unterstützung, während auf der Tiberinsel mehrere Einheiten unter Lepidus' Befehl standen. Dieser ließ Antonius eine Botschaft zukommen, in der er ihm seine Soldaten zur Verfügung stellte. Antonius führte einen Teil der Legionäre auf das Marsfeld, während Lepidus das Kapitol umstellen ließ.

Offensichtlich waren nur 60 Männer an der Verschwörung beteiligt, also nur ein Bruchteil der 900 Mitglieder des von Cäsar erweiterten Senats. Die „Befreier" hatten idealistische Ziele, ihre Pläne gingen jedoch über die Ermordung Cäsars nicht hinaus. Aufrecht und bis zum Schluß voll edler Gesinnung, scheuten sie sich, Gewalt anzuwenden. Es machte für sie keinen Sinn, einen verhaßten Diktator durch ein noch despotischeres Regime zu ersetzen. Entsprechend trafen sie keine Vorbereitungen, in Rom oder den Provinzen die Macht zu übernehmen, sondern hingen der Illusion an, nach dem Tod des Tyrannen würde automatisch die Republik der guten alten Zeit wiederkehren, ein Staatswesen ohne die Notwendigkeit, Recht und Gesetz mit militärischen Mitteln oder anderen Zwangsmaßnahmen durchzusetzen. Die Reaktion des Volkes machte ihnen deutlich, in welch hohem Ausmaß sie den Kontakt zur Realität verloren hatten. Nur wenige Römer hatten sich nach Freiheit im idealistischen Sinne eines Brutus oder Cassius gesehnt. Cäsar hatte viel getan, um dem einfachen Volk das Leben zu erleichtern, und die Soldaten hatten keinen Grund gehabt, ihm zu grollen. Nur die Senatoren hatten sich unterdrückt gefühlt. Ohne klare Pläne für ihr weiteres Vorgehen waren sie Antonius nun ausgeliefert.

Antonius hob sich in Krisensituationen gewöhnlich durch seine Umsicht von anderen ab. Auch jetzt behielt einen klaren Kopf und handelte schnell, nachdem er die Lage erfaßt hatte. Als Konsul ordnete er für den 17. März eine Senatssitzung im Tempel des Tellus an, der ganz in der Nähe seines Hauses und nicht allzu weit von den Unterkünften seiner Truppen entfernt lag.

Bürgerkrieg: Antonius unterliegt

Noch vor der Senatssitzung stürzte sich Antonius in Aktivitäten und konnte seine Machtposition entscheidend ausbauen. Sein wichtigstes Ziel war jetzt, Cäsars Anhänger für sich zu gewinnen und die Truppen des Ermordeten unter seine Kontrolle zu bringen. Er begann zu sondieren, wer in Senat und Bevölkerung auf seiner Seite stand und wen er als potentiellen Gegner oder gar als Feind betrachten mußte. Lepidus entpuppte sich als Verbündeter. Er hatte bereits kurz nach Cäsars Ermordung Kontakt zu Antonius aufgenommen. Gemeinsam hatten sie in der Stadt Ruhe und Ordnung wiederhergestellt. Jetzt mußte Antonius sich um Männer wie Oppius und Balbus kümmern, zwei Freigelassene, die Cäsar als Sekretäre und Geldbeschaffer gedient hatten; außerdem um viele andere Politiker, Militärs und Geschäftsleute aus dem niederen Adel, die dem Getöteten nahegestanden hatten. In diesen Tagen wurde Rom von heimlichen Aktivitäten und Verhandlungen hinter den Kulissen beherrscht. Sklaven und Boten eilten von Haus zu Haus. Antonius versuchte, mit so vielen Anhängern des verstorbenen Diktators wie möglich Verbindung aufzunehmen. Als nächstes war es unerläßlich, Cäsars Papiere sicherzustellen. Calpurnia, die Witwe des großen Mannes, übergab Antonius sofort alle Unterlagen, ohne daß dieser viel Überzeugungsarbeit hätte leisten müssen. Cäsars Schreiber Faberius, der über viele wertvolle Informationen verfügte, stellte sich Antonius bereitwillig zur Verfügung. Auch Geld mußte beschafft werden. Zu diesem Punkt können die Quellen nur ungenaue Angaben machen. Unter anderem wird Antonius beschuldigt, aus der Schatzkammer des Ops-Tempels etwa 700 Millionen Sesterzen geraubt zu haben. Der größte Teil des Staatsschatzes war indes im Tempel des Saturn untergebracht und wurde von Antonius nicht angetastet. Dennoch wurden Vorwürfe erhoben, Antonius habe sich aus öffentlichen Mitteln bedient. Aus heutiger Sicht können wir uns kein eindeutiges Bild mehr über die verwirrenden Vorgänge machen. Mit Sicherheit hatte Antonius große

Ausgaben zu bestreiten: Die Soldaten mußten bezahlt, die Ansprüche von Cäsars Veteranen erfüllt werden. Selbst wenn es nach Cäsars Tod kurzfristig zu einem politischen Stillstand gekommen war, mußte sich eine Regierung provisorisch um die Verwaltung Roms und des Imperiums kümmern. Eine Zeitlang *war* Antonius die Regierung, und er trug diese Bürde hervorragend. Vieles mußte in kurzer Zeit erledigt werden. Zwischen dem 15. und 17. März ließ Antonius keine Sekunde ungenutzt verstreichen. Vermutlich kam er nach den schrecklichen, ganz Rom aufwühlenden Ereignissen im Theater des Pompeius kaum noch zum Schlafen.

Am 17. trat Marcus Antonius vor den Senat, für ihn wohl keine unbekannte Größe, zumal er die Tage vor der Sitzung sicherlich auch darauf verwandt hatte, die Ansichten und Einstellungen einiger wichtiger Politiker auszuloten. Es kam zu einer stürmischen Debatte, doch Antonius ließ alle Redner zu Wort kommen. Wenn es seine Absicht gewesen wäre, hätte er ganz Rom mit militärischen Mitteln unter seine Herrschaft bringen können, um dann den Würdenträgern seine Bedingungen zu diktieren. Statt dessen ging er ein gewisses Risiko ein und versuchte, den Normalzustand soweit wie möglich wiederherzustellen. Die römische Politik befand sich am Rande des Chaos, aber Antonius wollte weder diktatorische Kontrolle ausüben, noch war er – zumindest zu diesem Zeitpunkt – zum offenen Bürgerkrieg bereit. Die Wiederherstellung von Recht und Ordnung hatte für ihn absoluten Vorrang. Dieses Ziel war nur über eine umfassende Amnestie erreichbar. Cicero machte einen entsprechenden Vorschlag und fand bereitwillige Unterstützung. Um das Staatsschiff wieder in ruhige Gewässer zu lenken, mußte jedoch eine äußerst schwierige Situation überwunden werden.

Ein Mord war vor aller Augen verübt worden. Es handelte sich weder um einen blutigen Zusammenstoß auf der Straße, noch um eine Auseinandersetzung zwischen Betrunkenen, sondern um einen Meuchelmord, der bewußt in aller Öffentlichkeit ausgeführt worden war. Die viel diskutierte Frage war, wie man damit umgehen sollte. Wenn Cäsar unschuldig war, mußten die „Befreier" bestraft werden, was den Staat auseinanderreißen und zu einem weiteren Bürgerkrieg führen würde. War Cäsar jedoch zu Recht der Tyrannei beschuldigt worden, verdienten seine Mörder höchstes Lob. In der Folge hätten alle von Cäsar erlassenen Gesetze und Bestimmungen für ungültig erklärt werden können. Dies war jedoch, wie Antonius dem Senat überzeugend darlegte, undenkbar. Die meisten der Senatoren verdankten ihr Amt Cäsar, die meisten Beamten für dieses und die folgenden Jahre waren von Cäsar eingesetzt worden, die meisten der Provinzstatthalter hatte Cäsar ernannt. Cäsars Erlasse zu annullieren, hätte bedeutet, das gesamte römische Regierungssystem schlagartig aus den Angeln zu heben. Folglich war es besser, Cäsars politische Entscheidungen als Ganzes zu bestätigen, statt jede einzelne von ihnen noch einmal zu prüfen. Mit seinem Vorschlag konnte Antonius sich im Senat durchsetzen; er erreichte sogar noch mehr: Nicht nur die bereits realisierten Maßnahmen des Diktators wurden gebilligt, sondern auch diejenigen, die Cäsar vor seinem gewaltsamen Tod noch vorbereitet hatte. Damit gab der Senat Antonius freie Hand, aus Cäsars Nachlaß all die Erlasse auszuwählen, die nach seinem Ermessen der Republik und ihm selbst zum Vorteil gereichten. Antonius handelte vernünftig und gerecht, weder revolutionär noch selbstsüchtig, und keinesfalls diktatorisch. Dennoch begann das Volk schon bald an der Authentizität dessen zu zweifeln, was ihm Antonius als Vermächtnis und letzten Willen Cäsars präsentierte.

Versöhnung war das Gebot der Stunde. Es durfte nicht zu einer Jagd auf Cäsars Attentäter kommen, geschweige denn zu öffentlichen Prozessen, Lynchjustiz oder gar Bürgerkrieg. Wenn man die Umstände bedenkt, erreichte Antonius Gewaltiges, und die meisten Römer waren vermutlich angenehm davon überrascht, wie er die Staatsgeschäfte zwar mit fester Hand, aber gerecht führte. Als Beweis seines guten Willens sandte er seinen noch im Kindesalter stehenden Sohn als Geisel in das Lager der „Befreier" auf dem Kapitol. Nachdem der Senat der Amnestie zugestimmt hatte, luden Antonius und Lepidus die Attentäter als Gäste zum Mahl, um die neue Eintracht zu demonstrieren, die jetzt in der Stadt herrschte. Die Stimmung bei diesen Treffen war äußerst gespannt. Versöhnungsbereitschaft und unterdrückte Feindschaft hielten sich vermutlich die Waage. Was jetzt zählte, war zur Schau gestellte Friedfertigkeit, nicht das, was die Beteiligten wirklich empfanden.

Von Antonius wurde in diesen Tagen fast Übermenschliches verlangt, und Erleichterung war nicht in Sicht. Oberstes

Gebot war für ihn, sein persönliches Überleben zu sichern und an der Macht zu bleiben. Er sammelte eine Schutztruppe von 6.000 Mann um sich, eher als Rückversicherung denn zur Durchsetzung politischer Ziele mit aggressiven Mitteln. Anschließend mußte er verzweifelte Bürger aller Schattierungen und Klassen beruhigen, die von den gleichen Sorgen und Nöten getrieben wurden wie er selbst. Im Umgang mit ihnen mußte er sein Verhalten – abhängig davon, mit wem er es in welcher Situation zu tun hatte – zwischen freundschaftlicher Überzeugung und autoritärer Machtdemonstration ausbalancieren. Er war kein Freund Dolabellas und hatte dessen Ernennung zum Konsul erfolgreich blockiert, gewährte ihm jetzt jedoch das Amt, das ihm Cäsar zugedacht hatte.

Zwar war nun eine umfassende Amnestie erlassen und die Republik mit Mühe gerettet worden, ohne daß militärische Auseinandersetzungen nötig gewesen wären, doch das von Antonius angestrebte politische Gleichgewicht sollte rasch dauerhaft gestört werden. Der Konsul mag sich dessen zunächst noch nicht bewußt gewesen sein. Am 18. März beschloß der Senat, Cäsars Vermächtnis zu ratifizieren. Dieses barg einige politische Brisanz, zumal Cäsar in seinem Testament einige der Männer mit Geld und Gütern berücksichtigt hatte, die zu seinen Mördern gehörten. Seine Gärten schenkte er als öffentliche Parks dem Volk. Darüber hinaus wurde jedem römischen Bürger eine bestimmte Geldsumme ausbezahlt. Ein Viertel seines Vermögens sollte zwischen seinen Neffen Pedius und Pinarius aufgeteilt werden. Antonius gehörte zu den an zweiter Stelle Berücksichtigten, die mit kleineren Summen bedacht worden waren. Wenn er gehofft hatte, von Cäsars Hinterlassenschaft zu profitieren, mußte er enttäuscht sein. Daß sein Name unter den weniger bedeutenden Erben erscheint, spricht zumindest dafür, daß er nicht versucht hatte, Vorteil aus seiner Position als Testamentsvollstrecker zu ziehen oder einzelne Passagen des Schriftstückes zu seinen Gunsten zu fälschen. Daß er finanziell so gut wie leer ausging, war jedoch nicht der schwerste Schlag für ihn und machte ihm vergleichsweise wenig zu schaffen. Den mit Abstand größten Teil des Vermögens erbte Gaius Oktavius, Cäsars Großneffe, der Enkel seiner Schwester Julia. Das Geld alleine hätte den jungen Oktavius nicht viel weiter gebracht, obwohl es ihm sicherlich dabei half, in Cäsars Fußstapfen zu treten, was er bald schon tun sollte. Am Ende des Testaments befand sich auch ein Absatz, der Oktavius' Adoption durch Cäsar betraf, eine Klausel, die vielen antiken Geschichtsschreibern, aber auch modernen Historikern Probleme bereitet hat. Oktavius nahm diese Bestimmung jedenfalls sehr ernst. Er nannte sich von nun an Gaius Julius Cäsar, um seine Aufnahme in die Familie der Julier deutlich zu machen. Seinen zu Oktavianus gewandelten früheren Namen führte er hingegen immer seltener. Dennoch ist in der heutigen Geschichtsschreibung der Name Oktavian so weit verbreitet, daß er pedantisch erscheinen muß, wenn man darauf besteht, den jungen Mann bei dem Namen zu nennen, den er von nun an trug: Cäsar.

Obwohl es in Rom gängige Praxis war, einen Erben zu adoptieren, geschah dies fast immer noch zu Lebzeiten beider Parteien. Es besteht begründeter Zweifel daran, ob eine Adoption per Testament im römischen Recht überhaupt abgesichert war. Einige Historiker unserer Zeit gehen sogar davon aus, daß ein solches Vorgehen geradezu illegal erscheinen mußte. Vielleicht war dies der Grund, warum Oktavian alle Anstrengungen unternahm, die Adoption von einem öffentlich beschlossenen Gesetz bestätigen zu lassen. Antonius bot dafür vage seine Hilfe an. Er ging zwar nicht aktiv gegen Oktavian vor, zog jedoch hinter den Kulissen die Fäden, um die Legalisierung der Adoption zu verhindern. Oktavian mußte sein Vorhaben – vorübergehend – aufgeben. Er beabsichtigte jedoch nicht, auf die öffentliche Anerkennung als Cäsars angenommener Sohn zu verzichten. Als er einige Zeit später Konsul wurde, bestand seine erste Amtshandlung darin, ein entsprechendes Gesetz einzubringen, das schließlich auch die nötige Zustimmung erhielt. Oktavian beabsichtigte, Cäsars Platz einzunehmen, war jedoch vorsichtig genug, dies auf völlig legale Weise anzugehen.

Im März 44 v.Chr. wußte Antonius noch nichts von den Plänen, die Cäsars Großneffe mit sich herumtrug. Nachdem er seine eigene Position gefestigt hatte, ging Antonius daran, die Begräbnisfeierlichkeiten für den ermordeten Diktator zu organisieren. Die Zeremonie fand am 20. März auf dem Forum statt. Antonius hielt eine Ansprache, auf die sich Cicero zwar in seinen Werken bezieht, über deren Inhalt jedoch nichts bekannt ist. Sowohl Cassius Dio als auch Appian überliefern hehre Worte Antonius', die aber in keiner zeitgenössischen

Quelle ihren Niederschlag finden. Jeder der beiden Geschichtsschreiber benutzt vielmehr die Rede, um seinen eigenen Standpunkt zu den Ereignissen darzulegen. Trotz ihres offenbar literarischen Charakters könnten jedoch die von Dio und Appian überlieferten Versionen der Ansprache dem Geist der von Antonius tatsächlich gehaltenen Rede nahekommen. Das entscheidende Ereignis war ohnehin die Antonius' Worte begleitende Reaktion des Volkes, das noch deutlicher als an den Iden des März sein Mißfallen an der Ermordung des Diktators bekundete. Wir können jedoch nicht sagen, in welchem Umfang Antonius derartige Gefühlsausbrüche bewußt anstachelte oder inwieweit die Versammelten wirklich spontan reagierten und sich Antonius' Kontrolle entzogen.

Die „Befreier" erschienen der Öffentlichkeit nun in einem schlechten Licht. Antonius ermöglichte es Brutus und Cassius daraufhin, sich aus Rom abzusetzen, obwohl sie strenggenommen als Senatoren die Stadt nicht verlassen durften. Als politische Geste schaffte er die Diktatur ab. Dies kostete ihn nichts, brachte ihm jedoch beträchtlichen Rückhalt unter den Römern ein, selbst wenn sich an der Tatsache nichts änderte, daß derjenige, der das politische Prestige, die Truppen und die Unterstützung großer Teile des Volkes besaß, wie ein Diktator regieren konnte, ganz gleich, wie er sich bezeichnete. Cäsar war tot, aber seine Politik lebte weiter.

Dann ging Antonius dazu über, die Verwaltung der Provinzen neu zu regeln. Cäsar hatte bereits die Statthalterposten für das folgende Jahr vergeben; jetzt war jedoch etwas Feinabstimmung nötig. Der Senat bestätigte die Provinzstatthalter in ihren neuen Ämtern. Decimus Brutus machte sich auf den Weg in seine Provinz Gallia Cisalpina. Brutus und Cassius waren von Cäsar ursprünglich mit Aufgaben betraut worden, die sie aus Rom fernhalten und es ihnen ermöglichen sollten, die Zeit bis zum Antritt ihrer Statthalterposten sinnvoll zu nutzen. Sie waren vor allem für die Getreideversorgung in Kleinasien und Sizilien verantwortlich. Dolabella sollte die Provinz Syrien übernehmen. Für Antonius war Makedonien vorgesehen gewesen. Diese Aufteilung war jedoch Bestandteil der inzwischen hinfälligen Pläne Cäsars für den Donaufeldzug und den beabsichtigten Krieg gegen die Parther. Hätte Cäsar noch gelebt, wäre Antonius nach Ablauf seines Konsulats nach Makedonien gegangen, jetzt aber hatte sich eine

Marcus Antonius mit Bart und Schleier oder Kopftuch, abgebildet auf einem Silberdenarius aus dem Jahre 44 v.Chr. Das Portrait verweist auf Antonius' staatlich-religiöse Funktion. Bei dem gekrümmten Instrument unter seinem Kinn handelt es sich nämlich um einen lituus *– ein Horn, das mitunter im militärischen Bereich benutzt wurde, aber auch als Symbol der Auguren Verwendung fand. Die Abbildung zweier galoppierender Pferde und des Reiters mit der Kopfbedeckung auf der anderen Münzseite wird mit den Spielen des Apollo in Verbindung gebracht, ihre genaue Bedeutung ist jedoch nicht bekannt. Das Kopfmotiv erinnert an Cäsars Münzen, die kurz vor dem Silberdenarius ausgegeben wurden. Dort wird Cäsar ebenfalls verschleiert und nach rechts schauend dargestellt. Die Gestaltung des Silberdenarius könnte womöglich andeuten, daß Antonius nach den Iden des März in Cäsars Rolle zu schlüpfen versuchte.*

neue Situation ergeben. Parthien hatte an Bedeutung verloren. Oktavian beabsichtigte um jeden Preis, Cäsars Erbe in vollem Umfang anzutreten. Seine Rückkehr nach Rom machte deutlich, daß sich ein Machtkampf, falls es aus persönlichen oder politischen Motiven dazu kommen sollte, vor allem auf Rom konzentrieren würde. Antonius brauchte eine territoriale Machtbasis, die anders als Makedonien nahe am Brennpunkt des Geschehens lag. Seine Wahl fiel auf Gallia Cisalpina, von wo aus er die politischen Ereignisse in Italien verfolgen und lenken konnte. Dementsprechend ließ er ein Gesetz verabschieden, das ihm die Provinz zusprach und Decimus Brutus als Statthalter absetzte. Dabei unterstützte ihn Oktavian, der aktiv für Antonius Partei ergriff, um das Volk zur Verabschiedung des Gesetzes zu ermutigen. Oktavian und Antonius waren noch zur Zusammenarbeit gezwungen, um die Kontrolle über die Truppen zu behalten. Möglicherweise ging es Oktavian vor allem darum, Decimus, einen der Mörder Cäsars, aus dessen Amt zu entfernen, und weniger darum, Antonius zum Statthalter von Gallia Cisalpina zu machen. Das Hauptproblem war jedoch, daß Decimus Brutus nicht bereit war, seine Provinz kampflos abzugeben. Aus diesem Grund brauchte Antonius mehr Soldaten, als ihm jetzt zur Verfügung standen. Er beschloß, vier der fünf Legionen nach Rom zurückzurufen, die immer noch in Makedonien zur Umsetzung von Cäsars Feldzugsplänen bereitstanden. Er beließ eine Legion in der Provinz und setzte seinen Bruder Gaius als Statthalter ein. Auf diese Weise konnte er zwei Provinzen auf einmal kontrollieren und gleichzeitig beide Hälften der römischen Welt, die westliche und die östliche, überwachen.

Antonius' Zukunftspläne waren vernünftig. Seine Politik wurde jedoch durch Oktavians unablässiges Machtstreben empfindlich gestört. Nachdem er dem ermordeten Diktator bei dessen Begräbnisfeier seine Ehrerbietung bezeugt hatte, spielte Antonius seine Verbindung mit Cäsar eher herunter. Er schaffte die Diktatur formell ab und versuchte, den Blick der Römer auf die Zukunft der Republik zu richten. Oktavian dagegen führte ständig den Namen Cäsars im Mund und wies überall lautstark auf seine Verwandtschaft mit dem Diktator hin. Darüber hinaus nutzte er jede Gelegenheit, das Volk an dessen Verdienste zu erinnern. Schlimmer noch: Er schwor, Cäsars gewaltsamen Tod zu rächen. Mit seinem Auftreten heizte er die politische Stimmung in Rom an und machte alle Friedensbemühungen des Marcus Antonius zunichte. Als Oktavian versuchte, am Festtag der *Cerialia* Cäsars goldenen Sitz dem Volk zu zeigen, verwehrte Antonius es ihm. Als Gerüchte umgingen, Oktavian wolle sich als Nachfolger des verstorbenen Helvius Cinna zum Volkstribun wählen lassen, konnte Antonius auch dies unter Aufbietung all seines Einflusses verhindern. Ein letztes Mal zog Oktavian den kürzeren. Die folgenden Ereignisse verschafften ihm unablässig politische Vorteile. Während er prächtige Spiele zu Ehren Cäsars veranstaltete, erschien über mehrere Nächte hinweg ein Komet am Himmel. Das Volk sah in ihm ein Zeichen, daß Cäsar, wie schon zu dessen Lebzeiten proklamiert, tatsächlich zum Gott geworden war. Für Oktavian war es natürlich von großem

Antonius' jüngerer Bruder Gaius wurde 44 v. Chr. als Statthalter nach Makedonien gesandt, während Antonius beschloß, Gallien zu übernehmen. Dieser Silberdenarius zeigt den Kopf eines Mannes in makedonischer Tracht, mit Mütze und Chlamys, einem Umhang in griechischem Stil. Die Inschrift nennt ihn C. ANTONIUS. M.F. PRO. COS., also Gaius Antonius, Sohn des Marcus, Prokonsul. Auf der Rückseite der Münze sind religiöse Symbole und das Wort PONTIFEX erkennbar, was „Priester" bedeutet. Sein Priesteramt hatte Gaius Antonius von 45 v.Chr. bis zu seinem Tod im Jahre 42 v.Chr. inne. In diesem Jahr fiel er Cäsars Mördern in die Hände, und Brutus ließ ihn vor der Schlacht von Philippi hinrichten.

Vorteil, sich als Abkömmling eines Gottes bezeichnen zu können, und er machte exzessiv Gebrauch von dieser Möglichkeit. Münzen tauchten auf, die den *sidus Iulium* genannten Kometen, den Stern Julius Cäsars zeigten. Statuen Cäsars wurden mit Sternen dekoriert. Schließlich ging Oktavian sogar dazu über, sich *divi filius*, „Sohn eines Gottes", zu nennen.

Das Quellenmaterial legt nahe, daß alle späteren Probleme des Marcus Antonius in der Schonung seines Rivalen begründet lagen. Oktavian wird dort als der Geschädigte dargestellt, der beim ersten Zusammentreffen der beiden nicht mit der gebührenden Achtung behandelt und von Antonius um einen Teil seines Erbes betrogen worden sei, das dieser angeblich veruntreut hatte. Man muß jedoch berücksichtigen, daß die erwähnten Quellen nicht zeitgenössisch sind und die Antonius betreffenden Berichte nach Oktavians Aufstieg überarbeitet wurden. Darin wird vor allem betont, der junge Mann sei gezwungen gewesen, seine eigenen Besitztümer zu

Geld zu machen und seine Verwandten Pedius und Pinarius um finanzielle Unterstützung zu bitten, um den römischen Bürgern jene Summe ausbezahlen zu können, die ihnen in Cäsars Testament zugesprochen worden war. Antonius wird als der Schurke hingestellt, der die Römer absichtlich um das ihnen zustehende Erbteil betrog und so den unschuldigen Großneffen Cäsars in Bedrängnis brachte. Derart tendenziöse Berichte waren Teil der psychologisch geschickten Taktik Oktavians, mit deren Hilfe er schließlich auch den Sieg über Antonius davontragen sollte. Er war wesentlich gerissener als sein Gegner und überlistete ihn gelegentlich, was für die Theorie spricht, Antonius habe ihn unterschätzt. Antonius nahm seinen Rivalen aber sehr ernst und war sich bewußt, wie begrenzt seine eigenen Möglichkeiten waren. Allerdings geriet ihm sein Ruf als skandalumwitterte Persönlichkeit gegenüber seinem noch unbescholtenen, gerade neunzehnjährigen Kontrahenten zum Nachteil. Als Antonius ebenfalls die öffentliche Meinung für sich zu gewinnen versuchte, indem er behauptete, Oktavian habe gedungene Mörder in seine Leibwache geschmuggelt, erlitt er ein Fiasko. Niemand glaubte ihm. Manch römischer Bürger wünschte sich wohl sogar insgeheim, Oktavian hätte mit der ihm unterstellten Aktion Erfolg gehabt.

Infolge der hinterhältigen Aktivitäten Oktavians sowie durch Ciceros Schmähreden und Intrigen verloren allmählich zuviele einflußreiche Persönlichkeiten das Vertrauen zu Antonius. Nach den Iden des März hatte Cicero die politische Bühne gemieden. Zu Oktavian hatte er jedoch sofort nach dessen Ankunft in Italien Verbindung aufgenommen. Nach mehreren Monaten im politischen Abseits sah er im Herbst seine Chance gekommen, den römischen Staat zu retten, und schlüpfte wieder in die Rolle des heldenhaften Verteidigers der Republik, die er fast 20 Jahre früher als Konsul eingenommen hatte. Antonius berief für den 1. September eine Senatssitzung ein, an der Cicero jedoch nicht teilnahm. Auf der Tagesordnung standen Beratungen über die religiöse Verehrung Cäsars, die über alles hinausging, was bis dahin gewöhnlichen Sterblichen nach ihrem Tod zugestanden worden war. Bei der Senatsversammlung am folgenden Tag erklärte Cicero, er habe nicht teilgenommen, weil er einer so übermäßigen Ehrung nicht zustimmen könne. Dann stürzte er sich in die erste seiner heute als „Philippiken" bekannten Schmähreden und prangerte Antonius in dessen Abwesenheit als größten Feind des römischen Staates an. Selbstverständlich wurde Antonius der Inhalt der Rede hinterbracht. Ciceros Anklagen verloren bei ihrer Wiederholung wohl nichts von ihrer ursprünglichen Schärfe. Antonius benötigte 17 Tage, um es seinem Gegner mit gleichen Mitteln zurückzuzahlen. Der Wortlaut seiner Rede ist uns allerdings nicht erhalten geblieben. Wie jeder vernünftige Politiker mit Bezug zur Realität muß Antonius mit Opposition gerechnet haben, zumal er für Redefreiheit eingetreten war; als er jedoch Ciceros übertriebene Vorwürfe hörte, bedauerte er vielleicht einen Augenblick lang, die Stadt nicht völlig in seine Gewalt und alle Gegner zum Verstummen gebracht zu haben, als sich die Gelegenheit dazu geboten hatte.

Während der Krieg der Worte noch eine Weile andauerte, baute Oktavian seine Position aus. Ohne vom Senat die nötige Erlaubnis einzuholen, stellte er ein Privatheer auf, für das er Veteranen aus Cäsars Feldzügen rekrutierte. Diese widerrechtliche Maßnahme begründete er mit der Behauptung, er müsse sich vor Antonius schützen. Beide, Oktavian und Cicero, begannen jetzt, die Römer zu den Waffen zu rufen, jeder im eigenen Interesse. Cicero wollte unbedingt als Retter der Republik dastehen und war bereit, alle Tatsachen zu verdrehen, um dieses Ziel zu erreichen. Oktavian verlangte Macht – rechtlich legitimierte Macht, um Cäsar rächen zu können, und damit letztendlich absolute Macht. Es war nur eine Frage der Zeit, bis er und Cicero ein Bündnis schlossen. Alles, was noch fehlte, war ein Feind, der eine ernsthafte Bedrohung darstellte. Diese Lücke wurde jedoch bald geschlossen, denn es schien, als wolle Antonius Cäsars Beispiel folgen, nach Gallien gehen und von dort aus versuchen, die römische Politik zu beeinflussen. Die Senatoren betrachteten solche Bestrebungen mit Argwohn. Nun, da sie Cicero zunehmend erlaubten, die Sache des Senats zu vertreten, überzeugten sie sich selbst, daß sie eine Armee brauchten, die sie gegen Antonius einsetzen konnten. Oktavian befehligte ein Heer, allerdings ohne rechtmäßigen Auftrag. Diesen konnte er nur vom Senat erhalten. Was der einen Partei fehlte, konnte die andere Partei anbieten. Der Bürgerkrieg stand vor der Tür.

Die Ereignisse spitzten sich im November 44 zu. Als Antonius seine aus Makedonien eintreffenden Legionen aufsuchte, mußte er feststellen, daß er sich ihrer Treue nicht sicher sein konnte. Oktavian hatte bereits begonnen, sie auf seine Seite zu ziehen. Die Soldaten hatten Oktavian kennengelernt, als er in Apollonia auf den Beginn von Cäsars Donau-Feldzug wartete. Sie waren unter Cäsar ausgebildet worden und bereit, für ihn zu kämpfen. Nach dem Tod des Diktators waren sie vermutlich zwischen den beiden Führern der Cäsar-Partei hin- und hergerissen. Daher kann es nicht verwunderlich erscheinen, daß ein Teil der Truppen in seiner Loyalität schwankte. Antonius ließ etwa 300 Rädelsführer hinrichten. Angeblich wurde er von Fulvia begleitet, die sich an dem Blutvergießen ergötzte – vermutlich eine verleumderische Erfindung. Antonius bezahlte den Soldaten, die ihm die Treue hielten, mehr, als Cäsar den römischen Bürgern hinterlassen hatte. Dennoch sprachen die Legionäre angeblich von einer schäbigen Besoldung. Höchstwahrscheinlich machte sich Oktavian ihr Schwanken zunutze, indem er ihnen mehr Geld anbot, als sich Antonius leisten konnte.

Als er seine wankelmütigen Truppen nach Rom zurückführte, trug Marcus Antonius immer noch die Regierungsverantwortung. Oktavian und Cicero hatten ihr inoffizielles Bündnis noch nicht geschlossen. Oktavian war zu diesem Zeitpunkt ganz einfach ein Abenteurer, der illegal ein Heer unterhielt. Darüber hinaus hatte er einen schwerwiegenden Fehler gemacht. Voller Ungeduld hatte er einen Teil seiner Soldaten nach Rom geführt, um Antonius' Vergeltung zuvorzukommen. Dort hatte er jedoch nur wenig Unterstützung erhalten und war schließlich nach Norden abgezogen. Antonius eilte mit seinen Truppen nach Rom, um den Senat zusammenzurufen und Oktavian zum Staatsfeind und Gesetzlosen *(hostis)* erklären zu lassen. Dabei hatte er alle Aussichten auf Erfolg und das Gesetz auf seiner Seite. In Rom standen seine Helfer schon bereit. Unterwegs änderte er seine Pläne jedoch und marschierte nach Norden. Zwei seiner makedonischen Legionen, die IV. und die Martia, waren zu Oktavian übergelaufen. Antonius sammelte den Rest seines Heeres und machte in Tivoli halt, wo ihm viele Senatoren und Angehörige des Ritterstandes entgegenkamen und ihm Treue schworen. Diese spontane Loyalitätsbekundung bestätigte Antonius in seinem Vorhaben. Er führte sein Heer nicht nach Rom, wie Cicero prophezeit hatte, sondern zog sich zurück. Für sein Handeln hatte er verschiedene Beweggründe. Sein Konsulat endete in einem Monat. Er konnte nichts gewinnen, wenn er nach Rom zurückkehrte, sondern hätte nur Probleme aufgehäuft, ohne die Zeit zu haben, sie zu lösen. Auch wußte er, daß er dort im Senat und in der adligen Oberschicht Anhänger und Förderer hatte, die in seiner Abwesenheit seine Interessen vertreten würden. Es war besser, den Schwung der Ereignisse auszunutzen, alle loyalen Truppen mit sich zu führen und mit ihrer Hilfe Decimus Brutus aus Gallia Cisalpina zu vertreiben. Saß er dort erst einmal fest im Sattel, konnte er von dieser territorialen Machtbasis aus seinen Einfluß in Italien geltend machen. Ein hitzköpfiger Befehlshaber hätte seinem Zorn nachgegeben und hätte auf der Stelle einen Rachefeldzug nach Rom gestartet. Antonius war jedoch zu vernünftig, ein solches Vorgehen in Erwägung zu ziehen. Außerdem war er nicht ausreichend vorbereitet. Bei der Ankunft in Rom hätten sich aller Voraussicht nach genug Schwierigkeiten ergeben. Sich in Rom mit Hilfe seiner Truppen zu halten, wäre jedoch noch schwerer gefallen. Ein solches Vorhaben bedurfte ausführlicher Planung und verlangte entweder, über längere Zeit und unter großen Anstrengungen eine ausreichende Gefolgschaft aufzubauen oder alle Feinde schnell und gründlich auszuschalten. Als Marcus Antonius später tatsächlich in Begleitung zweier Amtskollegen nach Rom zurückkehrte, wählte er die zweite Variante.

Antonius rückte so nach Rimini an der Grenze zwischen Italien und Gallia Cisalpina vor. Als legal ernannter Statthalter bat er Decimus Brutus freundlich, ihm die Provinz zu übergeben. Vom Senat erhielt Decimus gleichzeitig die Anweisung, im Amt zu bleiben. Auf diese Weise verweigerte der Senat Antonius die Anerkennung und manövrierte ihn in eine mißliche Lage. Nach Rom konnte er nicht zurückkehren. Gelang es ihm jedoch, Decimus Brutus abzusetzen, verstieß er in den Augen des Senats gegen das Gesetz. Alles sprach dafür, möglichst schnell die Kontrolle über die Provinz an sich zu bringen. Decimus' Truppen waren zahlenmäßig unterlegen. Ihr Befehlshaber vermied deshalb eine offene Feldschlacht. Innerhalb kürzester Zeit wurde sein Heer in Mutina, dem heutigen Modena, eingeschlossen und bereitete sich darauf vor, die Stadt zu verteidigen. Antonius war nun zum Handeln gezwungen. Er brauchte schnelle Ergebnisse, wenn er einen Kampf an zwei Fronten vermeiden wollte. Die neuen Konsuln nahmen am 1. Januar 43 ihr Amt auf. Aller Voraussicht nach würde der Senat sie beauftragen, Decimus zu Hilfe zu eilen. Cicero gebärdete sich bereits als Retter des Staates und hatte begonnen, um Unterstützung für Oktavian zu werben. Kaum waren die neuen Konsuln eingesetzt, versuchte er, den jungen Befehlshaber und seine Armee vom Senat anerkennen zu lassen. Dafür gab es nur einen Grund. Sehr bald würde sich Antonius zwischen zwei Gegnern wiederfinden: den in Mutina eingeschlossenen Truppen des Decimus und dem Ersatzheer unter Oktavian und den Konsuln. Oktavian profitierte von dem Bündnis mit Cicero. Dieser präsentierte ihn der römischen Welt nicht als berechnenden Opportunisten, dem es um Selbsterhaltung und Rache für Cäsar ging, sondern als jugendlichen Helden, dessen rechtzeitiges Handeln den Staat vor Antonius gerettet hatte. Cicero überzeugte den Senat, den Großneffen Cäsars in seine Reihen aufzunehmen und ihn mit dem Amt und den Befugnissen eines Proprätors auszustatten. So verschaffte er Oktavian die gesetzliche Grundlage, mittels seiner Amtsgewalt *(imperium)* eine Armee zu befehligen. Zusätzlich sollte Oktavian behandelt werden, als habe er bereits eine Quästur innegehabt und so die Berechtigung erhalten, sich für jedes Staatsamt zu bewerben, das in der Ämterhierarchie normalerweise auf die Quästur folgte. Alle entsprechenden Beschlüsse wurden vom Senat unter völliger Mißachtung der Tatsache verabschiedet, daß Oktavian das Mindestalter für höhere Staatsämter noch lange nicht erreicht hatte. Cicero argumentierte, Jugend sei in politischen und militärischen Kreisen nicht unbedingt als Nachteil anzusehen, und legte schließlich Zeugnis für den guten Charakter seines Schützlings ab. Er bildete sich ein, den jungen Mann unter Kontrolle zu haben und ihn als Werkzeug zur Vernichtung seines Gegners Antonius einsetzen zu können. In seinem Eifer verschloß sich Cicero jedoch der Tatsache, daß Cäsars Großneffe möglicherweise eigene Ziele und Pläne haben könnte.

Die neuen Konsuln, Hirtius und Pansa, wurden tatsächlich ausgesandt, Decimus Brutus zu Hilfe zu eilen. Oktavian erhielt denselben Auftrag. Der Mutinensische Krieg stand kurz vor dem Ausbruch. Antonius hatte jedoch noch Anhänger im Senat. Lucius Calpurnius Piso und Quintus Fufius Calenus sprachen für ihn und versuchten, den drohenden Krieg abzuwenden, indem sie vorschlugen, eine Gesandtschaft solle Antonius bitten, Gallia Cisalpina aufzugeben. Antonius' Antwort klang vernünftig: Er würde Gallia Cisalpina verlassen, wenn er als Statthalter für fünf Jahre in die gallische Provinz jenseits der Alpen gehen dürfe. Er verlangte außerdem – durchaus legal – vom Senat, alle während seines Konsulats erlassenen Gesetze zu ratifizieren. Antonius kann kaum damit gerechnet haben, daß seinen Wünschen entsprochen würde. Vielmehr muß er sich über Ciceros unversöhnliche Haltung und dessen Überzeugungskünste im Senat im klaren gewesen sein.

Marcus Antonius erfaßte alle Implikationen des Bündnisses zwischen Oktavian, Cicero und dem Senat. Er erkannte die Schwäche einer Zusammenarbeit so ungleicher Partner und durchschaute die unterschiedlichen, wenn nicht sogar einander entgegengesetzten Ziele, die jeder der Teilnehmer mit diesem Projekt verband. Seine Antwort auf einen Brief von Oktavian und Hirtius ist uns zum Teil erhalten, weil Cicero in seiner 13. „Philippika" Passagen daraus zitiert und auf Antonius' Argumente eingeht. Was dieser schreibt, zeigt, daß er fester auf dem Boden der Tatsachen stand als mancher der Senatoren, die von Ciceros Redekunst in ihrer Haltung schwankend gemacht wurden.

Die Armee des Senats war erst im Frühjahr in voller Stärke einsatzbereit. Oktavian und der Konsul Hirtius schlugen ihr Lager bei Bononia, dem heutigen Bologna, auf und warteten auf den anderen Konsul, Pansa, der weitere Truppen aus Rom heranführen sollte. Im März näherten sie sich mit ihren Legionen Mutina. Als seine Gegner heranrückten, gab Antonius Bononia auf, verstärkte die Belagerung Mutinas und beschloß, eine der beiden Armeen anzugreifen, bevor die beiden Konsuln ihre Streitkräfte vereinigen konnten. Auf seine Kundschafter war Verlaß, und es war vernünftig, sich die Tatsache zunutze zu machen, daß der Feind seine Kräfte vorübergehend geteilt hatte. Seine Strategie ging fast auf. Am 14. April legte er einen Hinterhalt, überfiel Pansas Truppen, die hauptsächlich aus unerfahrenen, frisch rekrutierten Männern bestanden, und schlug sie. Pansa wurde verwundet und erlag einige Tage später seinen Verletzungen. Unglücklicherweise blieb Antonius keine Zeit, den Sieg abzusichern oder seine Armee neu zu formieren. Während seine Soldaten noch in der

Umgebung des Schlachtfelds zerstreut waren, erschien Hirtius mit seinem Heer, um seinen Kollegen zu retten, und brachte Antonius in Bedrängnis. Daß Antonius seine Truppen bei Einbruch der Dunkelheit halbwegs geordnet zurückziehen konnte, muß ihm als große Leistung angerechnet werden. Bekannt wurden diese blutigen Scharmützel als Schlacht von Forum Gallorum. Oktavians Aufgabe in der Schlacht bestand in der Verteidigung des Heerlagers bei Mutina. Er kam jedoch auch in den Genuß der Ehrungen, mit denen der Senat die Sieger überhäufte, und wurde gemeinsam mit den beiden Konsuln von den Soldaten als *Imperator* bejubelt, eine Bezeichnung, die fortan zum wichtigsten Titel der römischen Kaiser werden sollte.

Die nächste Schlacht folgte innerhalb weniger Tage. Sie fand bei Mutina statt. Der Konsul Hirtius fiel, aber Antonius mußte sich geschlagen geben. Ohne auch nur einen Augenblick zu zögern, traf er eine Entscheidung. Er gab die Belagerung von Mutina auf, sammelte den Rest seines Heeres und zog ab, um über die Alpen nach Gallien zu gehen. Er konnte nicht sicher sein, wie sein Empfang dort ausfallen würde. Während der letzten Monate hatte es so ausgesehen, als würden die anderen Statthalter der Cäsar-Partei – Munatius Plancus in Gallia Transalpina, dem Gallien jenseits der Alpen, Lepidus in Südgallien und Hispania Citerior sowie Pollio in Hispania Ulterior, dem Fernen Spanien, ihn unterstützen oder zumindest neutral bleiben, aber die Zeiten hatten sich geändert. Antonius' Niederlage versetzte Rom in einen Freudentaumel. In seinen Reden der letzten Wochen hatte Cicero gefordert, Antonius zum Staatsfeind und Gesetzlosen *(hostis)* zu erklären, aber die Senatoren hatten nicht gewagt, sich so eindeutig gegen den Feldherrn zu stellen. Jetzt, als sie sich nicht mehr in Gefahr wähnten, folgten sie Cicero bereitwillig und übertönten jeden, der versuchte, für Antonius Partei zu ergreifen. Die Niederlage seiner Partei im Senat wurde als entscheidend betrachtet. Man glaubte nicht, ihn in Rom je wiederzusehen. Um den Göttern für den errungenen Sieg zu danken, wurden 60 Tage andauernde Feiern angeordnet. Decimus Brutus wurde beauftragt, Antonius zu verfolgen und die Reste seines Heeres zu vernichten.

Für Antonius war es nunmehr höchste Zeit, sich über die Möglichkeiten klarzuwerden, die ihm noch blieben. Beim Rückzug über die Alpen im kalten Aprilwetter, umgeben von

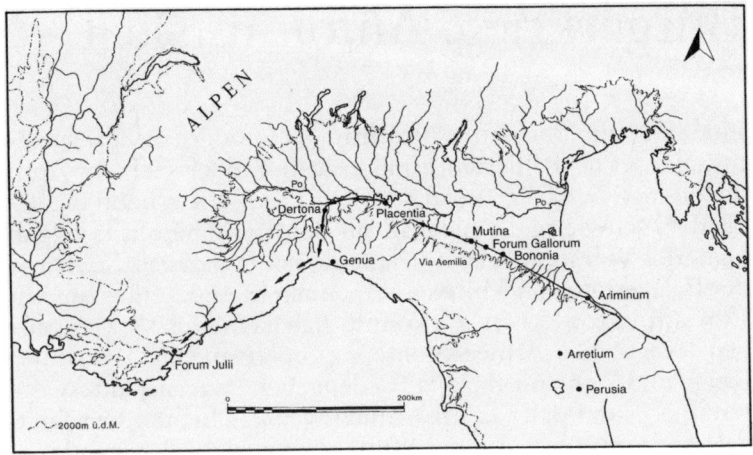

*Norditalien. Nach seiner Niederlage im Mutinensischen Krieg im April 43 v.Chr.
zog sich Antonius über Placentia (Piacenza) und Dertona (Tortona) nach Gallien
zurück. Rund 50 Kilometer westlich von Genua traf er auf Ventidius Bassus und
kam im Mai in Forum Julii (Fréjus) an.*

einer geschlagenen und hungernden Armee, deren Loyalität
auf eine schwere Probe gestellt wurde, abgeschnitten von
seiner Familie, deren Mitglieder von einem unversöhnlichen
Senat zu Gesetzlosen erklärt worden waren, mag Antonius begonnen haben, sich in die Rolle zu fügen, die sein Schicksal
für ihn bereithielt. Nach allem, was er getan hatte, um den
Staat zur Ruhe zu bringen, indem er Cäsars Mörder unbe-
helligt gelassen und sich selbst äußerste Zurückhaltung aufer-
legt hatte, hatte ihn Rom verstoßen. Nun gut. Es gab noch
andere Orte, andere Armeen. Er war noch nicht geschlagen.

Bürgerkrieg: Antonius siegt

Eine Alpenüberquerung ist selbst mit modernen Transport-
mitteln auf asphaltierten Straßen kein Kinderspiel. Im April
des Jahres 43 v.Chr. gestaltete sich dieses Unternehmen besonders schwierig. Schnee lag auf den Paßhöhen, und es gab
keinerlei Vorräte. Antonius hatte keine Zeit gehabt, sich vor
der Belagerung von Mutina und seinem hastigen Rückzug mit
Proviant einzudecken. Er konnte sich keinerlei Verzögerungen leisten. Die Armee mußte von der Hand in den Mund
leben und sich mit dem zufriedengeben, was sie unterwegs
vorfand – und das war erbärmlich wenig. Plutarch berichtet,
daß Antonius ohne mit der Wimper zu zucken abgestandenes
Wasser trank, um seine Männer zu ermutigen. In einer Krise
bewährte er sich in der Regel glänzend und nahm Belastun-
gen auf sich, an denen andere zerbrochen wären.

Antonius mußte befürchten, in Gallien um sein Überleben
kämpfen zu müssen, konnte sich andererseits jedoch nicht
sicher sein, daß seine Truppen sich nicht plötzlich gegen ihn
wenden würden, weil sie genug davon hatten, einem Verlierer
zu folgen. Möglicherweise machte er sich Gedanken darüber,
daß Treue ein höchst instabiler Wert ist und gewöhnlich von
dem Nutzen abhängt, den man durch entsprechendes Verhalten erzielt, wobei in der Regel das eigene Interesse den Ausschlag gibt. Er war ein Gesetzloser, ein vom römischen Staat
Geächteter, ohne Amt und offizielle Befugnis, Truppen zu befehligen. Viele würden seinen Tod willkommen heißen, und
derjenige, der ihn tötete, würde als Held gelten. Abgesehen
von seiner persönlichen Sicherheit ging es ihm gewiß auch
um die seiner Familie in Rom; möglicherweise wußte er zu
diesem Zeitpunkt noch nicht, daß Fulvia unter dem Schutz
von Ciceros großem Freund und Briefpartner Atticus stand,
der sich aus der Politik heraushielt, keine Partei ergriff, alle
und jeden ohne Rücksicht auf politische Verbindungen mit
Freundlichkeit behandelte und auf solche Weise ein hohes Alter erreichte.

Der Marsch nach Gallien bot für Antonius und seine Männer aber nicht nur Anlaß zur Verzweiflung, obwohl es in den
Bergen außer der Rinde der Bäume nichts zu essen und kein

sauberes Wasser gab, um den Durst zu stillen. Es stellten sich auch einige lichte Augenblicke ein. Am 3. Mai schlossen sich ihnen drei neue Legionen an. Antonius' Freund Ventidius Bassus hatte sie aufgestellt und führte sie ihm persönlich zu. Auf seinem Weg nach Norden hatte Bassus geschickt jede militärische Auseinandersetzung vermieden und Decimus Brutus' Truppen, die Antonius verfolgten, erfolgreich umgangen. Ventidius war ein abenteuerlustiger Mensch, dessen Leben in bescheidenen, schwierigen Umständen begonnen hatte. Seine Familie hatte im Bundesgenossenkrieg auf der Seite der Verlierer gestanden. Als Kind war Ventidius gefangengenommen und als eine der menschlichen Trophäen im Triumphzug des Pompeius Strabo, des Vaters Pompeius' des Großen, durch die Straßen Roms geführt worden. Ventidius hatte dann in der Armee Karriere gemacht und Cäsars Aufmerksamkeit geweckt. Viele Jahre lang war er ein treuer Gefolgsmann des Diktators gewesen. Nach Cäsars Tod galt seine Loyalität Antonius, den er mit frischen Truppen auf dem Rückzug nach Gallien begleitete. Nun gab es noch mehr Männer, die versorgt werden mußten, aber die Aussichten wurden täglich besser, denn Antonius betrat nun die Provinz Gallia Narbonensis und hatte jetzt genug Legionäre, um sich über jeden Versuch des rechtmäßigen Statthalters Marcus Aemilius Lepidus, ihn aufzuhalten, hinwegsetzen zu können. Allerdings schien niemand in der Lage oder bereit dazu, seinen Vormarsch zu stoppen. Sein Ruf als hervorragender Soldat eilte Antonius voraus, und mögliche Gegner mußten damit rechnen, daß er Truppen anführte, die wie er selbst erfahren, schlachterprobt, hungrig und zornig waren und nichts zu verlieren hatten. Mitte des Monats befanden sich Marcus Antonius und seine gesamte Armee in Gallien.

Lepidus mußte die schwierigste Entscheidung seines Lebens treffen. Er war einer von Cäsars ehemaligen Generalen, ein angesehener Patrizier, und verdankte Antonius, mit dem zusammen er nach Cäsars Ermordung die Ordnung in Rom wiederhergestellt hatte, das Amt des Pontifex Maximus. Er war ein enger Verbündeter, wenn nicht gar Freund des Antonius und verspürte wohl kein Bedürfnis, diesen zu bekämpfen. Andererseits wollte er sich nicht das Wohlwollen des Senats verscherzen, ohne welches ihm der weitere Aufstieg auf der Karriereleiter verwehrt blieb. Er unterhielt eine regelmäßige

Korrespondenz mit dem Senat, schrieb umfangreiche Briefe, hütete sich jedoch davor, allzu konkret zu werden, bevor er wußte, auf welche Seite die Waagschale sich neigen würde. Er konnte nicht sicher sein, daß Antonius, seines Amtes enthoben und zum Staatsfeind ernannt, als Sieger aus dem bevorstehenden Kampf hervorgehen würde. Lepidus dachte zweifellos daran, daß es ihn Karriere und Leben kosten konnte, wenn er sich einem Gesetzlosen anschloß. Er mußte auch auf seine Familie Rücksicht nehmen, deren Schicksal von seinem Handeln abhing.

Der Senat unter Führung von Cicero versuchte, ihn für seine Sache zu gewinnen. Cicero schmeichelte ihm, indem er ihm eine goldene Statue für seinen Beitrag zur Verständigung mit Sextus Pompeius errichten ließ. Dieser, einst Gegner Cäsars, befehligte seine Flotte jetzt im Auftrag des Senats, um die Seefahrt auf dem Mittelmeer zu schützen. Die Ehre, eine Statue auf dem Forum stehen zu haben, half Lepidus jedoch unter den gegenwärtigen Umständen nicht viel. Er vermied es solange wie möglich, sich festzulegen, schrieb besänftigende Briefe und setzte seine Legionen schließlich in Bewegung, um Antonius' Vormarsch aufzuhalten. Antonius lagerte am Ufer des Flusses Argenteus, also schlug Lepidus am anderen Ufer sein Lager auf. Die Soldaten begannen zu fraternisieren. Eines Tages wanderte Antonius, mit langen Haaren und Bart, zwanglos ins Lager des Lepidus. Ein Bündnis wurde geschlossen. Lepidus schrieb dem Senat, seine Soldaten hätten ihn zu diesem Schritt gezwungen.

Einige Historiker bezweifeln den Wahrheitsgehalt der Überlieferung, Antonius sei unbewaffnet bis zu Lepidus' Zelt spaziert. Wie die Allianz zwischen den beiden tatsächlich zustande kam, ist letztlich nicht von Belang. Festzuhalten gilt es aber, daß die Episode so sehr dem Charakter des Antonius entsprach, daß sie in der Antike bereitwillig als Wahrheit akzeptiert wurde. Auf sich selbst und die eigene Sicherheit keine Rücksicht zu nehmen und statt dessen alles auf eine Karte zu setzen – das war typisch für Antonius.

Der Senat ächtete Lepidus auf der Stelle. Sein eigener Bruder Aemilius Paulus leitete das Verfahren, vielleicht, um sich selbst von jedem Verdacht zu reinigen. Die Senatoren dachten möglicherweise gar nicht daran, daß ihr Handeln zwei der bedeutendsten Anführer der Cäsar-Partei zusammengeführt hatte. Diesen mußte ihre verzweifelte Situation Anlaß genug bieten, die ihnen gemeinsam zur Verfügung stehenden zehn Legionen gegen den Senat ins Feld zu führen.

Theoretisch waren Lepidus und Antonius an zwei Fronten bedroht. In Gallia Transalpina lagerte Plancus mit drei Legionen, flankiert von Pollio in Hispania Ulterior mit zwei weiteren Legionen. Von Italien her verfolgte Decimus Brutus Antonius mit erschöpften Truppen, die bei der Belagerung von Mutina beträchtliche Verluste erlitten hatten. Oktavian führte den Befehl, Decimus zu Hilfe zu eilen, nicht aus, sondern blieb mit seinen Truppen und denen des toten Konsuls Pansa in Oberitalien. Hier tat sich in der Front der Gegner ein Riß auf, den man ausnutzen konnte. Oktavians Verdienste bei den Schlachten um Mutina waren seines Erachtens nicht gewürdigt worden, und obwohl der Senat ihm feierlich versprochen hatte, für die Belohnung aufzukommen, die der junge Heerführer seinen Soldaten versprochen hatte, blieb das Geld aus Rom aus. Zwar war ein Komitee gebildet worden, das sich mit den Ansprüchen der Veteranen beschäftigen sollte, aber Oktavian gehörte ihm nicht an und konnte so seine eigenen Soldaten nicht persönlich vertreten oder ihre Interessen verteidigen. Außerdem war ihm auf vertraulicher Basis zugetragen worden, Cicero habe ihn in einer öffentlichen Rede erwähnt und gefordert, Oktavian solle ausgezeichnet, belohnt und unsterblich gemacht werden. Der Satz erscheint im Deutschen harmlos, ist im Lateinischen jedoch zweideutig. Das Wort *tollere*, unsterblich machen, kann sowohl dafür stehen, jemanden berühmt zu machen, als auch dafür, jemanden umbringen zu lassen. Cicero war ein Meister der Rede und konnte besonders vor Publikum dem Drang selten widerstehen, seine rhetorische Überlegenheit durchscheinen zu lassen. Heuchelei hielt er nicht für nötig, weil er immer noch glaubte, Oktavian unter seiner Kontrolle zu haben. Zu Beginn der Auseinandersetzung mit Antonius konnte er nicht erwartet haben, daß beide Konsuln im Kampf fallen würden. Daß Oktavian niemals wirklich mit Decimus Brutus, dem Helfer der Mörder Cäsars, zusammenarbeiten würde, schien Cicero nicht bewußt zu werden.

Über einen Monat blieb Oktavian mit seinem Heer in Oberitalien, gab vor, seine Truppen nicht kontrollieren zu können und ihrer angeblichen Weigerung, sich Decimus Brutus anzuschließen, nachgeben zu müssen. Im Juni wurde eine Abordnung aus Offizieren und Soldaten zum Senat gesandt, um für ihren Anführer das Amt eines Konsuls zu fordern. Der Senat lehnte ab, ohne über den Antrag zu beraten. Zweifellos erwartete Oktavian nichts anderes. Seine Bewerbung war Teil seiner ausgeklügelten Strategie, alle Möglichkeiten auszuschöpfen. Immerhin bestand eine geringe Chance, auf die Bitte seiner Soldaten hin zum Konsul gewählt zu werden, was ihm ermöglicht hätte, das Amt ohne größeren Aufwand und ohne Verletzung der Gesetze anzutreten. Wurde sein konsensorientiertes Vorgehen ignoriert, konnte er immer noch auf Gewalt zurückgreifen. Als ihm klar wurde, daß der Senat seine Forderungen ablehnen und nicht mit ihm kooperieren würde, marschierte Oktavian mit seinen Truppen schnurstracks nach Rom. Erst jetzt begann der Senat, sich ernsthaft Sorgen zu machen. Eiligst wurden zwei Legionen aus Afrika zurückbeordert und die Legion zu den Waffen gerufen, die Pansa in der Nähe Roms zurückgelassen hatte. Es war jedoch zu spät, um noch erfolgversprechende Maßnahmen einleiten zu können. Nach einer kurzen Episode – der Senat schöpfte für eine Weile aus dem unzutreffenden Gerücht, zwei Legionen Oktavians seien desertiert, neue Hoffnung – stellten sich die Senatoren der Realität und gaben nach. Kurz vor seinem 20. Geburtstag wurde Oktavian zum Konsul gewählt und trat das Amt am 19. August an. Mitkonsul wurde sein Verwandter Pedius.

Fern von Rom, in Gallien und Spanien, betrachteten Plancus und Pollio das Geschehen und beschlossen, es sei das Beste, nichts zu unternehmen und abzuwarten, wie sich die Lage entwickeln würde. Sie kannten Antonius und hatten vermutlich ihre Zweifel an der Einschätzung des Senats, er sei leicht zu schlagen. Pollio ging im Juli schließlich zu Antonius über. Plancus schwankte noch eine Weile und sandte Botschaften an Cicero, in denen er seine Überraschung und Verärgerung darüber ausdrückte, daß Oktavian Decimus nicht zu Hilfe kam. Im August führten Plancus und Decimus ihre Legionen zusammen. Dann wurde Oktavian jedoch zum Konsul ernannt, und Plancus fügte sich in das Unvermeidliche. Letztendlich waren er und Pollio Cäsars Generäle gewesen und fühlten sich bei einem Bündnis mit Antonius wohler als bei der Unterstützung von Cäsars Mördern. Die Soldaten des Decimus ahnten, was im Gange war, und liefen zu Antonius über. Decimus wurde von seinen Truppen allein gelassen. Nur wenige Offiziere blieben an seiner Seite. Er zog sich nach Norden zum Rhein hin zurück, wurde jedoch von einem gallischen Häuptling getötet, der auf Antonius' Befehl gehandelt haben könnte oder zumindest wußte, daß Antonius nicht das Geringste dagegen einzuwenden haben würde, wenn man ihm Decimus' Kopf als Geschenk präsentierte.

Jetzt war die Bahn frei für einen Pakt zwischen Antonius und Oktavian. Der letztere könnte schon lange vor seiner Ernennung zum Konsul über Boten Kontakt mit seinem Rivalen aufgenommen haben, was aber heute nicht mehr geklärt werden kann. Allerdings muß man von Oktavian erwarten, daß er mit der gebotenen Vorsicht bemüht war, Antonius' Gesinnung und Truppenstärke zu erkunden, bevor er selbst handelte. Bevor er sich auf ein Bündnis einließ, stärkte er seine Position. Nachdem er sein Konsulat angetreten hatte, ließ er als erstes seine Adoption per Gesetz bestätigen. Als Cäsars legitimer Erbe konnte er nun Anspruch auf alle hinterlassenen Besitztümer des Feldherrn erheben. Wichtiger noch: Er konnte sich an die Spitze von Cäsars zahlreichen *clientes* setzen, ohne deren Unterstützung kein römischer Politiker hoffen konnte, erfolgreich seinen Einfluß in der römischen Politik geltend zu machen. Zu dieser bedeutenden Gruppe gehörten vor allem ehemalige Gefolgsleute des Diktators und Römer, die auf irgendeine Weise von Cäsar abhängig gewesen waren. Als nächstes ließ Oktavian ein Sondergericht zusammentreten, um Cäsars Mördern den Prozeß zu machen. Daß sie nicht in Rom weilten und sich nicht selbst verteidigen konnten, störte ihn nicht. Diese Tatsache erleichterte vielmehr den Ablauf der Prozesse, die an einem einzigen Tag geführt und abgeschlossen wurden. Alle sogenannten „Befreier" wurden dabei für schuldig befunden. Sie wurden geächtet, ihre Besitztümer wurden eingezogen. Oktavians Rache beschränkte sich jedoch nicht auf die tatsächlichen Attentäter. Er ließ mehrere Männer verurteilen, die von der Verschwörung gewußt, diese jedoch nicht aufgedeckt hatten. Sie wurden als Mörder behandelt, obwohl sie mit dem eigentlichen Anschlag auf Cäsar nichts zu tun hatten.

Damit war der erste Schritt auf dem Weg nach Philippi getan. Weitere Schritte folgten im Osten. Brutus und Cassius hatten sich geweigert, die ihnen vom Senat erteilten Aufgaben zu erfüllen, und statt dessen begonnen, selbst das Kommando über die Provinzen im Osten zu übernehmen, während sie unterwegs ein Heer sammelten. Cicero hatte daraufhin den Senat veranlaßt, die beiden zu rechtmäßigen Statthaltern jener Provinzen zu ernennen, die sie sich ohnehin schon angeeignet hatten. Dieser Beschluß gewährte ihnen das legale Kommando über die von ihnen bereits aufgestellten Truppen. Nun jedoch, von Oktavian zu Gesetzlosen gemacht, wurden sie über Nacht zu bewaffneten Staatsfeinden und lieferten ihrem Gegner so einen Vorwand, ihnen den Krieg zu erklären. Diese Auseinandersetzung beabsichtigte der junge Konsul mit aller Konsequenz auszutragen, besaß jedoch selbst nicht die militärischen Mittel, seine Pläne umsetzen zu können. Um im Osten einen wirklichen Krieg zu führen, war er auf Antonius und Lepidus und die 22 Legionen angewiesen, die diese im Westen zusammengezogen hatten. Es war deshalb erforderlich, die Gesetze zu widerrufen, die Antonius und Lepidus zu Staatsfeinden erklärt hatten, und die beiden statt dessen wieder als rechtmäßige Heerführer einzusetzen. Die betreffenden Gesetze zu annullieren, überließ Oktavian dem Konsul Pedius und marschierte mit seinen Truppen nach Norden, um mit Antonius zusammenzutreffen, diesmal jedoch unter friedlicheren Vorzeichen. Lepidus mußte er als störenden Dritten in Kauf nehmen.

Auf einer Flußinsel, möglicherweise bei Bononia (Bologna), trafen die drei Generäle zusammen und konferierten zwei Tage lang, um die Einzelheiten eines der niederträchtigsten Bündnisse, das die Welt je gesehen hat, zu besprechen. Moderne Historiker bezeichnen es als das 2. Triumvirat. Strenggenommen hatte es nie ein erstes gegeben; bei dieser Bezeichnung handelt es sich um einen Terminus, der heute zur Beschreibung des inoffiziellen Paktes zwischen Pompeius, Crassus und Cäsar in den Jahren 60 und 59 v.Chr. gebraucht wird. Beiden Triumviraten gemein war die Tatsache, daß drei Männer zusammenkamen, um die Welt zu ihrem eigenen Vorteil zu organisieren, wozu sie aufgrund ihrer militärischen Macht, ihres politischen Einflusses und ihres überwältigenden Reichtums in der Lage waren. Der Hauptunterschied besteht darin, daß das sogenannte 1. Triumvirat eine vage gehaltene, informelle private Absprache war, wohingegen das 2. Triumvirat ein politisches Abkommen darstellte, das gesetzlich verankert, schriftlich fixiert, unterzeichnet und besiegelt wurde. Die offizielle lateinische Bezeichnung dieses Bündnisses lautete *Tresviri rei publicae constituendae*, wörtlich: „Drei Männer, ernannt, um die Republik wiederherzustellen". Das Gesetz, das diesem Abkommen staatspolitische Gültigkeit verschaffen sollte, wurde am 27. November 43 von dem Volkstribunen Publius Titius verabschiedet.

Die Triumvirn sollten in ihrer Machtfülle den Konsuln gleichgestellt werden, um eine politische Koexistenz mit diesen obersten Beamten zu ermöglichen, ohne ihnen verantwortlich zu sein. Dabei handelte es sich natürlich um eine Rechtsfiktion. In der Realität waren die Triumvirn den Konsuln mehr als ebenbürtig. In jedem Fall bestand kaum die Gefahr eines Konfliktes zwischen den gewählten Konsuln und den Triumvirn, weil alle Inhaber des Konsulates auf absehbare Zeit der Cäsar-Partei oder der politischen Gefolgschaft der Triumvirn angehören würden. Die Mitglieder des Triumvirats waren bevollmächtigt, Gesetze zu erlassen, Beamte und Provinzstatthalter zu nominieren, vor allem aber dazu, sich selbst als Statthalter einer Provinz einzusetzen. Pompeius und Cäsar hatten beispielhaft gezeigt, daß der Weg zu Machtübernahme und Machterhalt darin bestand, Einfluß in Rom geltend zu machen oder gar selbst präsent zu sein, gleichzeitig jedoch Truppen in einer oder mehreren Provinzen zu befehligen. Andererseits hatte der Verlauf von Cäsars Diktatur auf Lebenszeit bewiesen, daß es nicht von Vorteil war, das Volk seiner Hoffnung auf eine freie und bessere Zukunft zu berauben. Deshalb beschränkten die Triumvirn ihre Macht auf fünf Jahre und konnten so den Anschein erwecken, sie hätten lediglich aus einer Notlage der Republik heraus außergewöhnliche Maßnahmen ergriffen, um Gesetz und Ordnung wiederherzustellen – und würden nach Erreichen dieses Ziels ihre Macht wieder abgeben. Dies geschah natürlich nicht. Nach Ablauf der selbstgesetzten Frist wurde das Triumvirat um weitere fünf Jahre verlängert.

Ab dem 27. November des Jahres 43 v.Chr. lag alle Macht in den Händen der Triumvirn. Nach kurzer Zeit war Lepidus kaltgestellt. Die beiden Hauptanwärter auf die Führung des römischen Imperiums waren nun Marcus Antonius und Oktavian. Tatsächlich beherrschten diese beiden zusammen die römische Welt, und es spielte keine große Rolle, ob die Legitimation ihrer Macht eines Tages offiziell abgelaufen sein würde. Nur ein sehr tapferer oder selbstmörderisch veranlagter Bürger konnte auf den Gedanken kommen, Männer der illegalen Machtausübung zu bezichtigen, die auf die Unterstützung von 180.000 Bewaffneten zurückgreifen konnten.

Ihre Statthalterschaft in den Provinzen war für die Triumvirn von großer Bedeutung. Antonius war der mächtigste Partner des Bündnisses und war sich dessen bewußt. Auch die anderen beiden waren sich darüber im klaren und akzeptierten seine Forderung, die gallischen Provinzen diesseits und jenseits der Alpen zu übernehmen. Aus dieser Machtbasis heraus konnte Italien beaufsichtigt und kontrolliert werden. Lepidus wurde als Statthalter der Provinz Gallia Narbonensis bestätigt. Außerdem wurde ihm ganz Spanien zugesprochen. Oktavian sollte Sardinien, Sizilien und die Provinz Africa regieren. Diese drei Gebiete waren nicht vollständig befriedet, einige Gegenden nicht einmal zugänglich, aber wenn Oktavian sich als Statthalter dort etablieren konnte, war er in der Lage, die Getreideversorgung Roms zu regulieren. Das entscheidende Hindernis für seine Herrschaft stellte die umfangreiche und kampferprobte Flotte des Sextus Pompeius dar, die Oktavian zuerst besiegen mußte, bevor er daran denken konnte, die ihm zugesprochenen Provinzen unter seine Kontrolle zu bringen. Alle Triumvirn planten, ihre Provinzen von Legaten verwalten zu lassen, während sie sich andernorts machtpolitischen Aufgaben zuwandten. Zu diesen gehörte in erster Linie ein entschiedener Feldzug gegen die „Befreier".

Die drei Männer planten, sich über eigens arrangierte Ehen auch verwandtschaftlich aneinander zu binden. Die Verlobung von Lepidus' Sohn mit Antonia, der Tochter des Marcus Antonius, war bereits als Bestandteil des Bündnisses erfolgt. Darüber hinaus hatte Antonius nach den Iden des März Lepidus das Amt des Pontifex Maximus verschafft. Er hatte keine weiteren Töchter, deshalb wurde vorgeschlagen, Oktavius solle Clodia, die Tochter Fulvias und ihres ersten Ehemannes Clodius, zur Frau nehmen. Ihre verwandtschaftlichen Bindungen bedeuteten den Triumvirn vermutlich recht wenig, dienten jedoch als Demonstration der Einheit gegenüber dem Rest der römischen Welt. Dreh- und Angelpunkt war Antonius, der beide seiner Kollegen durch Ehen mit Mitgliedern seiner Familie an sich binden konnte. Dies veranschaulichte auch seine Stellung als Kopf des Dreierbündnisses.

Hauptanliegen des Triumvirats war es, Cäsars Ermordung durch Beseitigung der „Befreier" zu rächen. Nicht nur die tatsächlichen Attentäter, auch ihr ganzer Kreis von Anhängern und Abhängigen standen im Blickfeld der Rächer. Um dieses Vorhaben durchführen zu können, erforderte es gründliche Vorbereitungen und rücksichtsloses Vorgehen. Im Osten würde es mit Brutus, Cassius und ihren Anhängern zum Krieg kommen, aber bevor die Triumvirn zu diesem Feldzug aufbrechen konnten, war in Rom noch vieles zu erledigen. Sie konnten ohne Unterstützung und bedingungslose Loyalität ihrer Truppen nicht auf einen erfolgreichen Ausgang ihres Unternehmens hoffen. Deshalb bestand das vordringlichste Anliegen der drei Machthaber darin, sich der Treue ihrer Anhänger und Untergebenen zu versichern. Ihre Soldaten mußten belohnt, ihre Armeen verjüngt werden; Veteranen mußten entlassen und auf dem Land angesiedelt, neue Männer rekrutiert werden, um die Reihen der Legionen wieder aufzufüllen. 18 italische Städte und Regionen wurden ausgesucht, in denen die Veteranen Parzellen zugeteilt erhielten, auf denen sie sich niederlassen konnten.

Die Soldaten wurden über die sie betreffenden Vorhaben und die wichtigsten Bestandteile des Dreierbündnisses zwischen den Führern der Cäsar-Partei informiert. Oktavian als Konsul machte sie mit den getroffenen Vereinbarungen bekannt. Er behielt jedoch Einzelheiten, die das zweite Stadium des beschlossenen Programms betrafen, für sich. Vor allem schwieg er über die Todeslisten, auf denen sich viele der bedeutendsten Männer Roms wiederfanden. Eine vorläufige Aufstellung von 17 Namen wurde angefertigt und dem Konsul Pedius in Rom übersandt. Von diesem organisierte Ausschreitungen führten zur Beseitigung der betreffenden Männer. Die Stadt wurde abgeriegelt, um das Entkommen der zum Tode Verurteilten zu verhindern. Wenn Pedius geglaubt hatte, der Schrecken sei nach Abschluß dieser blutigen Episode vorbei, hatte er sich getäuscht; die Säuberungen begannen jetzt erst richtig. Zahllose weitere Namen erschienen auf der Liste der Todeskandidaten, als die Triumvirn ihren Einzug in Rom hielten.

Man hat behauptet, das entscheidende Motiv für die Verfolgungswelle sei gewesen, die Reichtümer der Opfer an sich zu bringen, zumal die Verurteilten, selbst wenn sie ihr Leben retten konnten, all ihr Vermögen verloren. Zweifellos benötigten die Triumvirn für ihre Zwecke große Summen und waren nicht kleinlich in ihrer Entscheidung, woher das Geld zu nehmen sei; aber in bezug auf die Vollstreckung der Todeslisten war der Erwerb von Vermögen eher eine angenehme Begleiterscheinung. Hauptanliegen war es, Italien von tatsächlichen oder potentiellen Gegnern zu säubern. Keine politische Gruppe sollte noch dazu in der Lage sein, in Rom und Italien die Macht zu übernehmen, während der Krieg im Osten im Gange war.

Rom hatte zuvor schon Mord und Totschlag in großem Ausmaß erlebt, was die Säuberungswelle des Jahres 43 n.Chr. jedoch nicht entschuldigen kann. Diese Episode bleibt als ein dunkles Kapitel im Leben der Triumvirn in Erinnerung und kommt allen Verbrechen gleich, die Sulla oder Marius in den bürgerkriegsähnlichen Auseinandersetzungen der jüngeren Vergangenheit zu verantworten hatten. Kaltblütig nahmen die Triumvirn in ihre Todeslisten selbst Mitglieder ihrer eigenen Familien auf, möglicherweise auch, um ihre rücksichtslose Unparteilichkeit zu demonstrieren. Lepidus scheute sich nicht, seinen Bruder Aemilius Paullus, der zu seiner Ächtung beigetragen hatte, zum Tode zu verurteilen. Antonius ließ seinen Onkel auf die schwarze Liste setzen. Das berühmteste Opfer war Cicero, dessen Name mit denen seines Bruders und seines Neffen in der ursprünglichen Aufstellung von 17 Verurteilten erschienen war. Alle drei kamen bald ums Leben, obwohl sie ihrem Schicksal durchaus hätten entkommen können. Sie brachen auf, um sich den „Befreiern" anzuschließen, wankten jedoch in ihrem Entschluß, was sich als tödlicher Fehler herausstellte. Ciceros Bruder und Neffe kehrten nach Rom zurück, um Geld und Vermögen zu retten, und wurden getötet. Cicero selbst wurde auf dem Weg an die Küste von einer Gruppe Soldaten gefangengenommen und starb tapfer. Sein Kopf und seine Hände wurden an die Rednerbühne des Forum Romanum genagelt, nachdem Fulvia seine Zunge mit Nadeln durchbohrt hatte, um sich für die in den „Philippischen Reden" geäußerten Vorwürfe gegen Antonius zu rächen.

Die uns überlieferten Berichte von der scheußlichen Verstümmelung Ciceros könnten durchaus zutreffen. In diesem Fall stellen sie kein Ruhmesblatt in Antonius' Karriere dar. Es ist wahr, daß Cicero Antonius' Stiefvater ohne mit der Wimper zu zucken zum Tode verurteilt und Antonius später als angeblich größten Feind des Staates zur Zielscheibe seiner äußerst feindseligen Polemiken gemacht hatte, um den Senat und das Volk gegen ihn aufzuwiegeln. Cicero hatte alle möglichen Beschuldigungen gegen Marcus Antonius erhoben, die über den politischen Bereich hinausgingen und als schwere persönliche Beleidigungen aufgefaßt werden mußten. Manchmal waren seine Anklagen derart übertrieben gewesen, daß jedermann an ihrer Stichhaltigkeit zweifeln mußte. Antonius war ernsthaft herausgefordert worden, aber seine Behandlung der Leiche Ciceros kann selbst im Kontext der barbarischen Zeiten, in denen er lebte, nicht entschuldigt werden. Es geht auch nicht an, alle Verantwortung auf Fulvia zu schieben, da Antonius im Streitfall das letzte Wort gehabt haben würde. Hätte er Fulvias Handlungen nicht unterstützt, seine Frau hätte die später gegen ihn erhobenen Vorwürfe richtigstellen können. War sein größter Feind einmal tot, hätte Antonius ihm ein angemessenes Begräbnis zugestehen können, obwohl Cicero als Staatsfeind hingerichtet worden war. Statt dessen beschloß er, Cicero in vier Teilen ins Jenseits zu schicken.

Die antiken Geschichtsschreiber und viele moderne Historiker haben versucht, Oktavians Mitschuld an Ciceros Tod zu ignorieren und Antonius die Alleinverantwortung zuzuschreiben. Lepidus wird von ihnen in der Regel freigesprochen, ist jedoch zumindest der Beihilfe an der Hinrichtung schuldig. Cicero hatte ihm eine goldene Statue errichten lassen und mit allen Mitteln versucht, ihn für den Senat zu gewinnen. Es gibt jedoch keine Hinweise, daß Lepidus widersprochen hätte, Cicero auf die Todesliste zu setzen. Vielmehr wird berichtet, daß Oktavian anfangs versucht habe, Cicero zu retten, von seinen beiden Kollegen jedoch überstimmt worden sei. Die Realität könnte allerdings auch völlig anders ausgesehen haben. Als er dessen Unterstützung brauchte, um seine Position als militärischer Befehlshaber vom Senat sanktionieren zu lassen, war Oktavian zur Verwirklichung seiner politische Ziele ein Bündnis mit Cicero eingegangen. Dieser hatte sich daran beteiligt, da er innerhalb kurzer Zeit keine eigene Armee aufstellen konnte, um Antonius anzugreifen. Zwischen den beiden Politikern hatte nie eine echte Freundschaft bestanden. Als Antonius auf der Flucht war und sich nach Gallien zurückzog, betrachtete Cicero den Krieg als so gut wie gewonnen und machte im Verlauf des Geschehens deutlich, daß er Oktavian nicht nur fallenzulassen beabsichtigte, sondern den jungen Heerführer sogar beseitigen lassen wollte. Oktavian hatte keinen Grund, Cicero besonders zu mögen und hatte von dem Redner selbst dann keine besondere Unterstützung zu erwarten, wenn er sich für dessen Schonung stark gemacht hätte. Tatsächlich gab es allen Anlaß, Cicero zu töten, um ihn daran zu hindern, weiterhin Ärger heraufzubeschwören. Er hatte den von Antonius nach den Iden des März zustande gebrachten Frieden gestört. Und auch der Mutinensische Krieg ging hauptsächlich auf Ciceros politische Invektiven zurück. Bei seiner feindseligen Haltung wäre es nahezu unmöglich gewesen, ihm in der römischen Politik weiterhin freie Hand zu lassen. Man könnte sagen, daß Cicero mit seiner Beredsamkeit sein eigenes Todesurteil unterschrieben hatte. Die Triumvirn konnten es nicht riskieren, daß er während ihrer Abwesenheit in Rom von seiner Gabe Gebrauch machte. Oktavian und Lepidus müssen folglich in gleichem Umfang wie Antonius für den Tod des Redners verantwortlich gemacht werden. Es ist sogar wahrscheinlich, daß der Name Marcus Tullius Cicero als erster auf der Liste der 17 zur Ermordung freigegebenen Männer erschien und daß die Triumvirn das gegen ihn verhängte Todesurteil einstimmig fällten.

Nach Ende des zweitägigen Treffens bei Bononia zogen die Triumvirn getrennt nach Rom. Jeder hielt an einem anderen Tag mit seinem Gefolge und vielen Soldaten seinen Einzug. Die letzteren wurden entgegen allen Gepflogenheiten in der Stadt untergebracht. Es konnte kein Zweifel daran bestehen, daß Rom nun fest unter Militärherrschaft stand. Oktavian, der Konsul, betrat die Stadt als erster. Als Antonius in Rom einzog, verließ Fulvia vermutlich die Sicherheit von Atticus' Haus, um ihren Mann zu empfangen. Über Einzelheiten ihres Wiedersehens kann man nur Mutmaßungen anstellen. Antonius hatte wohl viel zu tun, was für die römische Geschichte, aber auch für seine eigene Zukunft von entscheidender Bedeutung war. Über seine innere Befindlichkeit kann man nur spekulieren. Fast zwei Jahre waren seit der Ermordung Cäsars vergangen, durch die Antonius mit einem Schlag seines Freundes und Mentors beraubt worden und zum einzigen Haupt des Staates aufgestiegen war. Aus seiner Sicht war er seitdem sehr ungerecht behandelt worden. Er hatte im März 44 die Ordnung wiederhergestellt, ohne auf diktatorische Maßnahmen zurückzugreifen, und hatte versucht, die verfeindeten Parteien miteinander auszusöhnen. Die Belohnung für seine Mühen und das, was man eine gewisse Selbstverleugnung nennen könnte, hatte aus Mißtrauen und offener Feindseligkeit bestanden und schließlich zu seiner Verbannung geführt. Von Brutus verschont, war er nichtsdestotrotz zum mittellosen Flüchtling degradiert worden. Es war genau ein Jahr her, daß er in Unkenntnis dessen, was ihn erwartete, nach Gallia Cisalpina aufgebrochen war. Während dieses Jahres hatte er Schlachten gegen andere Römer geschlagen, war besiegt worden, im Gebirge fast erfroren, hatte sich von Wurzeln und Rinde ernährt und dann alles aufs Spiel gesetzt, als er sich schutzlos ins Lager eines früheren Verbündeten begab.

Der Antonius, der jetzt nach Rom zurückkehrte, hatte sich in jener Zeit zweifellos verändert. Einige charakteristische Züge seiner Persönlichkeit waren möglicherweise noch erkennbar, aber man durfte es ihm nicht verdenken, wenn ihm sein Sinn für Humor etwas abhanden gekommen und seine Liebe für Wein, Weib und Gesang zu einer leeren Routine geworden war, mit der er die wenigen freien Stunden zu füllen versuchte, die ihm noch verblieben. Der Mann, der Rom im Jahre 44 v.Chr. verlassen hatte, war noch der alte Antonius gewesen, wagemutig, voller Zuversicht und toleranter Gutmütigkeit. Der Mann, der zurückkehrte, zeigte ein kaltes, zielstrebiges und mordlüsternes Verhalten. Wenn der Krieg, den er so lange zu verhindern gesucht hatte, nun doch stattfinden mußte, dann sollte es so sein. Dabei mußte man jedoch gründlich vorgehen. Gefangene sollten keine gemacht werden. Vergebung war letztendlich nur Inkonsequenz, und Cäsars Ermordung demonstrierte die Erfolglosigkeit derartiger Bemühungen. Dieses Mal sollten keine Fehler mehr gemacht werden. Die neuen Listen der zur Ermordung freigegebenen Männer wurden am 28. November angeschlagen, einen Tag nach der Bestätigung des Triumvirats durch den Senat. Unmittelbar darauf begann in ganz Italien das Morden. Pedius starb – an der Aufregung oder gebrochenem Herzen oder an beidem. Inmitten der Schlächterei kann Antonius nicht anders als unversöhnlich und zum Durchgreifen entschlossen aufgetreten sein. Seine Zukunftserwartungen waren vermutlich auf das unmittelbare Ziel der Vernichtung seiner Feinde gerichtet. Über das hinaus konnte er keine spezifischen Pläne machen.

Ihr chronischer Geldmangel stellte ein ernsthaftes Problem für die Triumvirn dar. Sie sahen sich genötigt, auf außergewöhnliche Maßnahmen zurückzugreifen, um ihre finanzielle Misere zu beheben. Sich der Tempelschätze zu bemächtigen, versprach jetzt nicht mehr soviel Erfolg wie früher, da schon zu viele Männer auf diesen Gedanken gekommen waren, Julius Cäsar eingeschlossen. Eine als sakrosankt betrachtete Quelle des Reichtums waren die in der Obhut der Vestalinnen befindlichen privaten Spareinlagen. Bisher hatte niemand gewagt, sich jener Gelder zu bemächtigen. Die Triumvirn eigneten sich all diese Vermögen ohne Rücksicht darauf an, wer das Geld deponiert hatte. Ihre Handlungsweise entspricht dem Vorgehen einer modernen Militärjunta, die alle Sparguthaben einer der größten Banken gewaltsam in ihren Besitz bringt. Die auf unterschiedliche Art erworbenen Summen waren für die Zwecke des Triumvirats jedoch nicht ausreichend. Daher ließen die Triumvirn Steuern, die vor Jahren abgeschafft worden waren, wieder erheben und ersannen neue Abgaben, um ihre Schatztruhen zu füllen. Die Konsuln des Jahres 42, Lepidus und Plancus, führten eine Vermögensteuer ein, die sich auch auf die bisher von Abgaben befreiten Frauen erstreckte. Unerwartet trafen die neuen Machthaber jedoch auf den Widerstand der Römerinnen. Fulvia hatte daran wohl keinen Anteil, aber Oktavians Schwester und Antonius' Mutter schlossen sich den Protestierenden an. Hortensia, die Tochter von Ciceros großem Rivalen in den Gerichtshöfen, führte eine Abordnung zu den Triumvirn an, die darauf bestand, daß Frauen, die schließlich kein Stimmrecht in der Politik, geschweige denn in der Regierung besaßen, von der Besteuerung befreit bleiben sollten. Die Frauen erklärten sich zu jedem Opfer bereit, sollte Rom selbst bedroht werden, weigerten sich jedoch, einen Bürgerkrieg, den sie nicht mit beschlossen hatten, als einen solchen Fall zu betrachten. Widerwillig gaben die Triumvirn nach. Die Zahl der Frauen, die einen gewissen Prozentsatz ihres Vermögens abtreten mußten, um ihre Steuerpflicht zu erfüllen, wurde von 1.400 auf 400 herabgesetzt.

Ferner verhalfen die Triumvirn zur Legitimation der eigenen Herrschaft dem noch zu Lebzeiten des Diktators initiierten Cäsar-Kult zum endgültigen Durchbruch. Der verstorbene

Staatsführer, dessen Mörder die neuen Machthaber gerade gnadenlos abgestraft hatten, wurde nun offiziell als Gott betrachtet. Über seine kultische Verehrung wachte Antonius als sein Priester. Oktavian profitierte als „Sohn eines Gottes" indes noch mehr als sein Rivale von der öffentlichen Wertschätzung des *Divus Julius*. Nun erst, Anfang des Jahres 42, konnte er wirklich größtmöglichen propagandistischen Gewinn aus Cäsars Vergöttlichung ziehen, vermochte geschickt für sich selbst und für sein Streben nach Rache für die Ermordung seines Adoptivvaters zu werben. Er rief dem Volk bei jeder sich bietenden Gelegenheit den göttlichen Cäsar in Erinnerung, gab in seiner Armee *Divus Julius* als Paßwort und Parole aus und ließ dieses Motto später bei der Belagerung von Perusia sogar auf Wurfgeschossen anbringen. Antonius tat es Oktavian später gleich, ließ sich im Osten als neuer Dionysos feiern, mitunter auch als neuer Herakles. Schon Cäsar selbst hatte sich ja als Nachkomme der Göttin Venus bezeichnet. Derartige Divinitätsansprüche waren jedoch eher symbolisch aufzufassen und bezogen sich auf mythische Wesen, Götter und Helden einer weit zurückliegenden Zeit, mußten also den Römern nur wenig real erscheinen. Oktavian nahm für sich jedoch eine enge Verwandtschaft mit einer tatsächlich existierenden, historisch verifizierbaren Person in Anspruch, die Symbol und Realität in sich vereinigte. In diesem Sinne erschien Oktavian den Zeitgenossen als Gottessohn glaubhafter als Antonius, dessen verschwenderisches Auftreten als neuer Dionysos zwar Eindruck machte, die Menschen des Ostens jedoch nicht überzeugte.

Auf einer eher praktischen Ebene wurden alle Bestimmungen und Gesetze, die Cäsar als Diktator erlassen hatte, bestätigt. Jeder der verbleibenden Senatoren und Staatsbeamten schwor einen Eid, sich an sie zu halten und ihre Gültigkeit zu sichern. Antonius hatte bereits im Jahre 44 v.Chr. versucht, dies durchzusetzen, nun erreichte er sein Ziel. Es ging nicht nur um eine Loyalitätsbekundung gegenüber dem ermordeten Cäsar, sondern um eine Grundlage für die Zukunft. Antonius' Verdienste in der Vergangenheit und die Legitimation für den heraufziehenden Krieg, ja sein ganzes Schicksal, waren eng mit Cäsar verbunden. Ebenso erwuchsen Oktavians Ziele aus dem Boden, den der Diktator bereitet hatte. Hätte Antonius auf eigene Faust gekämpft, ohne auf Cäsar zu ver-

weisen, hätte er selbst seine Sache vielleicht als gerecht betrachtet. Wie jedoch das römische Volk geurteilt hätte, muß
offen bleiben. Deshalb kämpfte er als Gefolgsmann eines toten
Befehlshabers gegen die „Befreier", obwohl er anfangs selbst
Konsul, später Mitglied des Triumvirats und als solches führender Kopf der römischen Regierung war. Oktavians Karriere
als Cäsars Nachfolger zeichnete sich bereits ab, doch Antonius
mußte sich noch eine Grundlage für ein Imperium schaffen.

Die römische Welt sah einem weiteren Bürgerkrieg entgegen, der das Imperium in zwei Hälften zu spalten drohte. Die
Teilung des römischen Einflußbereichs in separate Territorien
war damals schon fast erfolgt: Im Westen hatten die Cäsarianer
die Macht, im Osten saßen die „Befreier". In Rom und im
Westen ernannten Antonius und seine Kollegen neue Beamte
und Provinzstatthalter, um die Lücken zu schließen, die sich
durch Tod oder Flucht der ursprünglichen Amtsinhaber zu
Sextus Pompeius oder zu den „Befreiern" aufgetan hatten. Das
Konsulat war offenkundig das wichtigste Staatsamt und mußte den Triumvirn und ihren Anhängern für die nächsten Jahre
gesichert werden. Die Konsuln des Jahres 42, Lepidus und
Plancus, hatten ihre Posten bereits angetreten. Für das Jahr 41
waren P. Servilius Isauricus und Lucius Antonius vorgesehen,
für 40 v.Chr. wurden Asinius Pollio und Gnaeus Domitius
Calvinus nominiert. Diese waren vor allem Antonius' Gefolgsleute, die er von Cäsar übernommen hatte. Als Konsuln
des Jahres 39, in dem die Kriege voraussichtlich beendet
waren, setzten Antonius und Oktavian sich selbst ein. Bei der
Vergabe der übrigen Beamtenposten wurden die Triumvirn
später beschuldigt, diese vor allem als Belohnung an Freunde
und Anhänger vergeben zu haben. Obwohl diese Behauptung
sicher ein Körnchen Wahrheit enthält, ist es doch äußerst unwahrscheinlich, daß ungeeignete oder zweifelhafte Charaktere
bedeutende Ämter erhalten hätten, welchen Dank die Triumvirn solchen Leuten auch schulden mochten. Als sie Rom
zurückließen, mußten sich Antonius und Oktavian der Herrschaft im Westen mit Hilfe ausgewählter, vertrauenswürdiger
Männer versichern. Die westliche Hälfte der römischen Welt
war nun fest in der Hand der Cäsarianer, und die Triumvirn
beabsichtigten, daß dies noch eine Weile so blieb.

Der Osten wurde fast ausschließlich von den „Befreiern"
kontrolliert. Brutus und Cassius hatten Territorien für ihre

Aureus mit einer Abbildung des Brutus. Auf der Rückseite des Goldstücks ist eine Ansammlung militärischer Trophäen dargestellt, die sich auf Erfolge des Cäsarmörders während seiner Rekrutierungsaktivitäten im Osten beziehen. Casca Longus, dessen Name sich ebenfalls auf der Rückseite der Münze befindet, war einer von Brutus' Legaten.

eigenen Zwecke besetzt und rekrutierten mit allen zur Verfügung stehenden Mitteln neue Truppen. Brutus sammelte in Makedonien ein Heer um sich und setzte Antonius' Bruder Gaius, der als Statthalter in die Provinz gesandt worden war, gefangen. Cicero, zu dieser Zeit noch am Leben, gab ihm den Rat, Gaius zu töten. Einige Zeit widersetzte sich der edelgesinnte Brutus, gab jedoch schließlich nach, möglicherweise, als er vom Tod Ciceros hörte, und befahl, Gaius Antonius hinzurichten. Antonius hatte also mehr als einen Mord zu rächen, als er den Feldzug gegen die „Befreier" antrat. Die Gefangennahme und der spätere Tod Gaius' Antonius nahmen den Cäsarianern im Osten fast jeden Einfluß.

Dolabella erging es letztlich nicht besser als Gaius. Nachdem sein Konsulat ausgelaufen war, reiste er über Makedonien und Thrakien nach Syrien, um dort die Statthalterschaft zu übernehmen. Er besiegte und tötete Trebonius, den noch vom Senat ernannten rechtmäßigen Prokonsul und Statthalter der Provinz Asia. Der Kampf um Syrien begann. Cassius erreichte die Region über den Seeweg als erster. Er genoß im Osten bereits beträchtlichen Respekt, da er unter Crassus an dem katastrophalen Partherfeldzug teilgenommen und nach dem Rückzug des geschlagenen Heeres in Syrien gute Arbeit geleistet hatte. Mit Hilfe verläßlicher Gefolgsleute und einer sicheren Basis konnte er die Dolabella von Kleopatra zu Hilfe gesandten vier Legionen zerstreuen und die Soldaten zum Überlaufen bewegen. Diese vier und die acht Legionen, über die Cassius bereits gebot, brachten seine Truppenstärke auf zwölf seiner Sache treu ergebene Legionen. Als er und Brutus ihre Streitkräfte vereinigten, waren die „Befreier" weit überlegen. Dolabella wurde in Laodicea belagert, wo er weder Hoffnung auf Hilfe noch mögliche Fluchtwege hatte. Aus Verzweiflung beging er Selbstmord. Die „Befreier" hatten nun die meisten der östlichen Provinzen im Griff und kontrollierten außerdem das Meer. Sie hatten eine eigene Flotte und in Sextus Pompeius einen potentiellen Verbündeten, den sie aufgrund seines lang andauernden Kampfes mit den Cäsarianern als Verwandten im Geiste betrachten konnten. Zum Glück für die Triumvirn schöpften weder Sextus noch die „Befreier" die Möglichkeiten eines Bündnisses aus, sondern beschlossen jeweils, auf eigene Faust zu handeln. Trotz der Uneinigkeit ihrer Feinde blieb die Bedrohungslage für die Cäsarianer subjektiv aber annähernd gleich, denn sie konnten ja nicht ahnen, daß sich Sextus und die „Befreier" nicht zusammenschließen würden. Die Triumvirn gingen davon aus, entweder beide Parteien einzeln bekämpfen zu müssen oder, noch schlimmer, einer hervorragenden, kombinierten Land- und Seestreitmacht gegenüberzustehen.

Männer, Geld und Schiffe wurden zusammengezogen, um den Krieg gegen die „Befreier" und Sextus Pompeius eröffnen zu können. Als erstes sandte Oktavian seinen Freund Salvidienus Rufus nach Sizilien, wo er versuchen sollte, Sextus Pompeius die Insel zu entreißen und seine Flotte aus dem Mittelmeer zu vertreiben. Vom Erfolg dieses Unternehmens hing viel ab. Der Truppentransport von Italien nach Griechenland war viel weniger riskant, wenn Pompeius' Schiffe nicht mehr die Seewege unsicher machten. War Sizilien einmal gewonnen, erlangten die Triumvirn die unmittelbare Kontrolle über die römische Getreideversorgung und erhielten darüber hinaus eine bedeutende Marinebasis. Unglücklicherweise schlug der Eroberungsversuch fehl. Die Seeleute des Sextus Pompeius waren denen des Salvidienus an Erfahrung weit überlegen und drängten dessen Flotte schnell zurück.

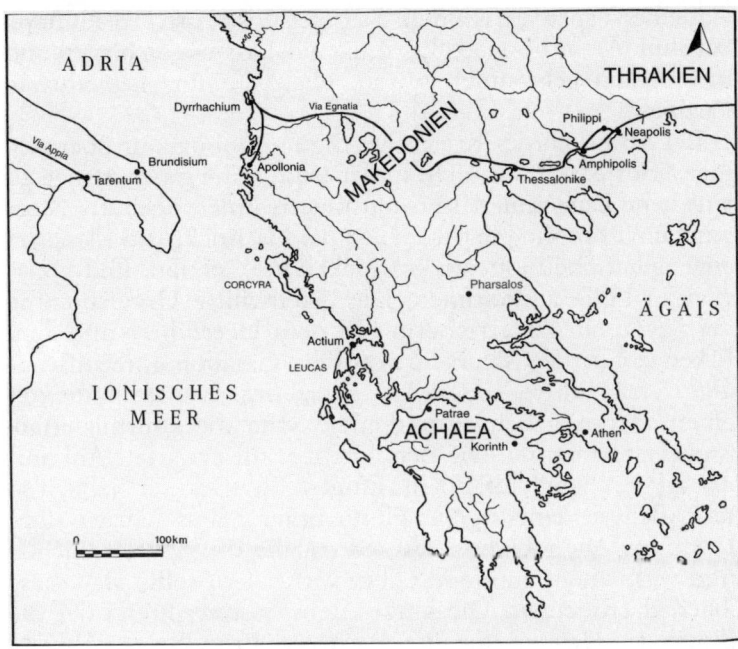

Makedonien und Griechenland, wo Antonius an mehreren Schlachten teilnahm. Er kämpfte unter Cäsar bei Dyrrhachium und Pharsalos und besiegte Cassius und Brutus bei Philippi. Die Schlacht von Actium besiegelte seinen Untergang.

Die Cäsarianer verschwendeten nun keine Zeit mehr auf dieses spezielle Projekt, sondern beschlossen, den Feldzug im Osten mit vereinten Kräften zu führen. Der Krieg war weitgehend eine Angelegenheit der wärmeren Jahreszeiten, und es war nicht ratsam, nach Ablauf des Sommers das Mittelmeer zu überqueren. Entsprechend würde sich jede Verzögerung auf die Kosten für Sold und Proviant auswirken und die Chancen verringern, den Feldzug noch in diesem Jahr zu beginnen, während gleichzeitig die „Befreier" ihre Truppen aufstocken und weitere Vorräte und Geldmittel ansammeln konnten. Möglicherweise bot sich diesen sogar die Gelegenheit, die Parther auf ihre Seite zu ziehen – eine besonders bedrohliche Aussicht. Tatsächlich sandte Brutus Quintus Labienus, den Sohn von Cäsars erbittertem persönlichen Feind Titus Labienus, mit der Bitte um Unterstützung zu Orodes von Parthien. Dies wurde

95

jedoch erst später, nach dem Sieg der Cäsarianer bei Philippi, bekannt. Als er hörte, daß Brutus und Cassius geschlagen und ums Leben gekommen waren, blieb Quintus Labienus in Parthien.

Bei Ausbruch des Krieges verfügte Antonius nur über wenige Schiffe und war nicht in der Lage, seine ganze Armee zu einem großangelegten Invasionsunternehmen über das Meer schaffen. Er profitierte jedoch von der Nachricht, daß Kleopatra eine ägyptische Flotte ausgeschickt hatte, um ihm und Oktavian zu Hilfe zu kommen. Die bereitwillige Unterstützung der ägyptischen Herrscherin galt dem Heerführer und dem Erben Cäsars, des Vaters ihres Sohnes Cäsarion. Ihre aufwendige Geste führte letztendlich zu nichts, da ihre Flotte von einem der plötzlich auftretenden Mittelmeerstürme erfaßt und zerstört wurde. Die Berichte über die erwartete Ankunft der ägyptischen Schiffe beunruhigten die „Befreier" jedoch so sehr, daß sie eine eigene Flotte unter Staius Murcus und Domitius Ahenobarbus aussandten, die die Ägypter suchen und vernichten, zumindest aber verhindern sollte, daß diese ihr Ziel erreichten. Die kurze Atempause, während der die Flotte des Gegners die Blockade von Brundisium abbrach, nutzte Antonius, um schnell acht Legionen unter Decidius Saxa und Norbanus Flaccus über die Adria zu schaffen und an der unbewachten Küste von Makedonien zu landen, von wo aus das Heer über die Via Egnatia ostwärts nach Thessalonike und weiter nach Thrakien eilte, um jene Pässe zu besetzen, die auf der Route von Asien nach Europa lagen. Durch sein blitzschnelles Handeln konnte Antonius im Osten Fuß fassen. Sein Vorstoß erfolgte möglicherweise nicht ins Blaue hinein. Es ist wahrscheinlich, daß Antonius über die Bewegungen der feindlichen Truppen zu Lande und zur See informiert war und so schnell wie möglich versuchte, daraus Vorteil zu ziehen, bevor Murcus und Ahenobarbus wieder den Hafen blockierten oder Brutus und Cassius zum Angriff übergehen konnten. Durch die hohe Geschwindigkeit, mit der Antonius seine Operation ausführte, wurden Brutus und Cassius überrumpelt und gezwungen, sich der neuen Bedrohung zuzuwenden. Sie führten ihre Armeen nach Thrakien und eilten entlang der Via Egnatia nach Westen, um den Vormarsch von Norbanus und Saxa aufzuhalten. Antonius' Generäle zogen sich nach Amphipolis zurück und richteten sich auf eine Belagerung ein. Mit gesicherter Verbindung nach Neapolis, ihrer Versorgungsbasis an der Küste, schlugen Brutus und Cassius westlich des Ortes Philippi ihr Heerlager auf. Damit waren die Vorbereitungen für die Entscheidungsschlacht abgeschlossen.

Um den Rest seiner Armee über die Adria zu bringen, brauchte Antonius günstige Westwinde, war also vom Wetter abhängig. Außerdem benötigte er weitere Schiffe, mit denen er das Blockadegeschwader unter Staius Murcus und Domitius Ahenorbarbus angreifen konnte. Sein Mangel an Ruderschiffen machte ihm zu schaffen, aber selbst so konnte Antonius die feindliche Flotte durch Beschuß gelegentlich auf Distanz halten und einige seiner schwerfälligen Segelschiffe durch die Blockade bringen. Die Einschiffung seines Heeres gestaltete sich auf diese Weise jedoch zäh und langwierig. Erst als Oktavian nach Abbruch des Versuches, Sizilien zu erobern, Antonius mit Ruderschiffen verstärkte, besserte sich die Lage. Beide Heerführer beschlossen, die „Befreier" mit vereinten Kräften anzugreifen. Für kurze Zeit zog Staius Murcus seine Blockadeschiffe vor Brundisium zurück. Wieder ergriff Antonius seine Chance. Er und Oktavian setzten den größten Teil ihres Heeres nach Dyrrhachium über. Nun galt es, die Armeen von Brutus und Cassius aufzuspüren und sie so schnell wie möglich zur Schlacht zu stellen. Verzögerungen würden die schwierige Versorgungslage für Antonius' Männer und Pferde nur verschlimmern. Alles erinnerte an den Feldzug gegen Pompeius und die Schlacht von Pharsalos. Das bedeutete jedoch auch, daß sich Antonius keine Illusionen über sein Vorhaben machte und sich im Ernstfall seiner beträchtlichen Erfahrungen bedienen konnte.

Oktavian war krank und von der Überfahrt nach Dyrrhachium so geschwächt, daß Antonius ohne ihn auf der Via Egnatia nach Osten aufbrechen mußte. Ihm war zweifellos überbracht worden, daß sich Norbanus und Saxa in Amphipolis verschanzt hatten. Auch wußte er inzwischen, wo sich das Lager von Brutus und Cassius befand. Antonius eilte zu seinen acht Legionen nach Amphipolis, wo er nur eine Legion in den Befestigungsanlagen zurückließ und den Rest des Heeres in Richtung Philippi führte. Er sandte eine kleine Gruppe von Legionären aus, um die Stärke des gegnerischen Heerlagers auszukundschaften. Brutus und Cassius hatten sich alle landschaftlichen Gegebenheiten zunutze gemacht. Sie hatten

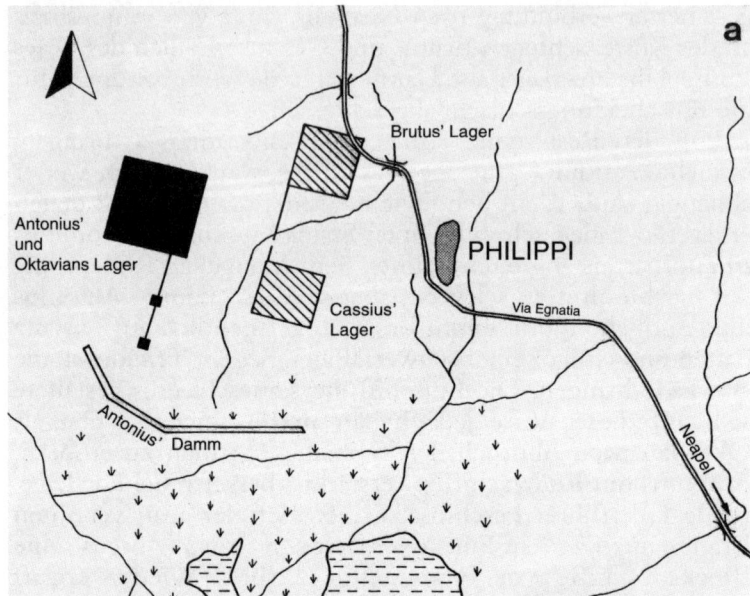

Die erste Schlacht von Philippi, Oktober 42 v. Chr.: Antonius errichtet einen Damm über das Sumpfgebiet, um Brutus und Cassius vom Nachschub abzuschneiden und in Cassius' Rücken zu gelangen.

sich jeweils jenseits der Heerstraße festgesetzt. Das nördliche Lager, das des Brutus, lag am Rand des Gebirges, das seine Flanke deckte. Cassius befand sich mit seinen Truppen im südlichen Lager, dessen eine Seite durch ein Sumpfgebiet gesichert wurde. Beide Lager waren von gut bewachten Wällen umgeben. Antonius demonstrierte dennoch Zuversicht. Obwohl er die Lage insgeheim anders beurteilt haben könnte, errichtete er einen befestigten Stützpunkt und beschloß, die „Befreier" von ihrem Nachschub abzuschneiden. Dies war nur zu erreichen, wenn man versuchte, über einen befestigten Pfad durch das Moor in den Rücken von Cassius' Heerlager zu gelangen. Die notwendigen Arbeiten wurden heimlich begonnen und blieben eine Zeitlang unentdeckt. Inzwischen war Oktavian in einer Sänfte aus Dyrrhachium angekommen, immer noch krank, aber gewillt, seinen Teil zu der Rache an Cäsars

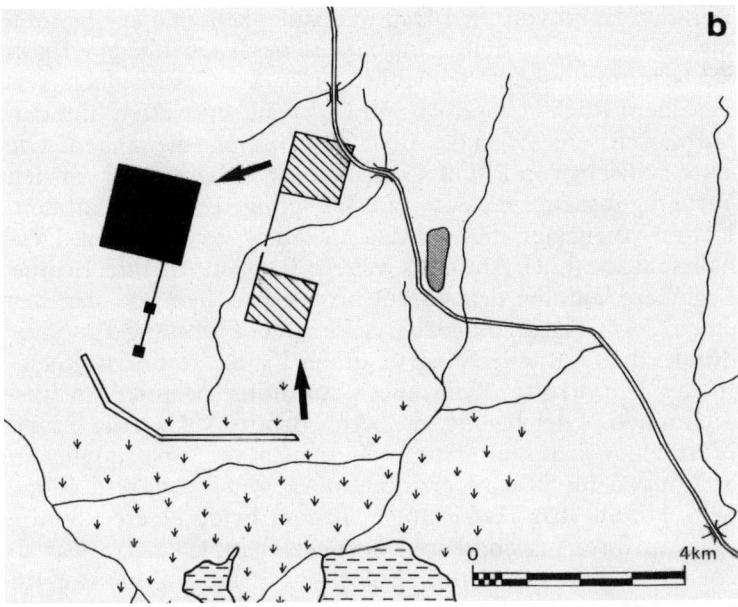

*Die erste Schlacht von Philippi, Oktober 42 v.Chr: Antonius schlägt Cassius und
vertreibt ihn aus seiner Stellung. Cassius zieht sich nach Nordosten zurück und be-
geht anschließend Selbstmord. Zur gleichen Zeit besiegt Brutus Oktavians Truppen
und erobert dessen Lager. Oktavian überlebt in einem Versteck im Moor.*

Mördern beizutragen, und höchstwahrscheinlich bestrebt, die
Lorbeeren des Siegers nicht Antonius allein zu überlassen. Mit
einem geschlagenen Antonius, der sich mit den Resten seines
Heeres nach Dyrrhachium zurückschleppte, selbst mit der
Nachricht von Antonius' Vernichtung und Tod hätte er durchaus leben können. Wäre einer dieser beiden Fälle eingetreten,
hätte Oktavian einen Teil der Verantwortung für das Fiasko auf
sich genommen, sein Heer neu gesammelt und einen weiteren
Feldzug begonnen, einen verzweifelten letzten Versuch, Rache
zu nehmen. Blieb Oktavian jedoch in Dyrrhachium im Bett
liegen, während ein siegreicher Antonius den Krieg für sich
entschied, wäre der erstere dem Vergessen anheimgefallen. Nur
Antonius wäre der siegreiche Rächer Cäsars gewesen, der allei-
nige Held der Soldaten, der einzige Eroberer. Oktavian mußte
sich dort befinden, wo die Schlacht geschlagen wurde.

Um den Feind von dem Damm abzulenken, den er über den Sumpf bauen ließ, stellte Antonius seine Truppen jeden Tag in Schlachtordnung auf. Schließlich bemerkte Cassius doch, was in seinem Rücken vorging, und ließ Wälle aufwerfen, um den Vormarsch seines Feindes über den Sumpf aufzuhalten. Die erste Schlacht von Philippi begann – als Scharmützel vor den Verteidigungsanlagen. Antonius ließ einige Kohorten auf dem Damm vorrücken, die von Cassius angegriffen wurden. Deshalb schickte ihnen Antonius weitere Truppen zu Hilfe. Brutus' Legionäre konnten den Kampf im Süden sehen und starteten einen Gegenangriff, möglicherweise in der Hoffnung, Antonius durch einen schnellen Angriff an der Flanke zu überwältigen. In der Verwirrung überrannten Antonius' Männer Cassius' Stellungen. Gleichzeitig eroberte Brutus Oktavians Lager. Nun sah es so aus, als hätten die Armeen ihre ursprünglichen Stellungen im Uhrzeigersinn um 90 Grad verlagert. Keine Seite konnte ihre Eroberungen halten, beide Heere mußten sich auf ihre Ausgangsbasen zurückziehen. Oktavian war so vorsichtig gewesen, sich im Sumpf zu verbergen und war auf diese Weise der Gefangennahme glücklich entgangen. Später ließ er verlauten, ein Traum habe ihn gewarnt, nicht in der vordersten Schlachtreihe zu kämpfen. Dies ist durchaus möglich. Es sind schon seltsamere Dinge geschehen. Das wichtigste Ergebnis der ersten Schlacht war, daß Cassius, aus seinem Lager vertrieben, zu früh aufgab, weil er irrtümlich annahm, Brutus sei besiegt und getötet worden. Statt auf Bestätigung durch zuverlässige Berichte zu warten, nahm er das Schlimmste an und beging Selbstmord.

Brutus war jetzt als Heerführer alleine, aber immer noch in einer ziemlich starken Position. Er ließ Gräben und Palisaden um seine Stellung ziehen und wartete ab, im Bewußtsein, daß Antonius bald durch sein Nachschubproblem geschwächt werden würde, wenn er selbst nur lange genug durchhielt. Es gab keinen Grund, unter derartigen Umständen zur Schlacht anzutreten. Es könnte jedoch sein, daß Brutus' Offiziere und selbst einige Soldaten davon ausgingen, Antonius' Heer sei leicht zu schlagen. Sie hatten Blut geleckt und drängten zum Angriff. Möglicherweise überredeten sie Brutus zur Schlacht. Auf jeden Fall ließ Brutus aus unerklärlichen Grund sein Heer zwei Wochen nach dem ersten Gefecht in Schlachtordnung antreten. Antonius traute seinen Augen nicht. Er nahm die

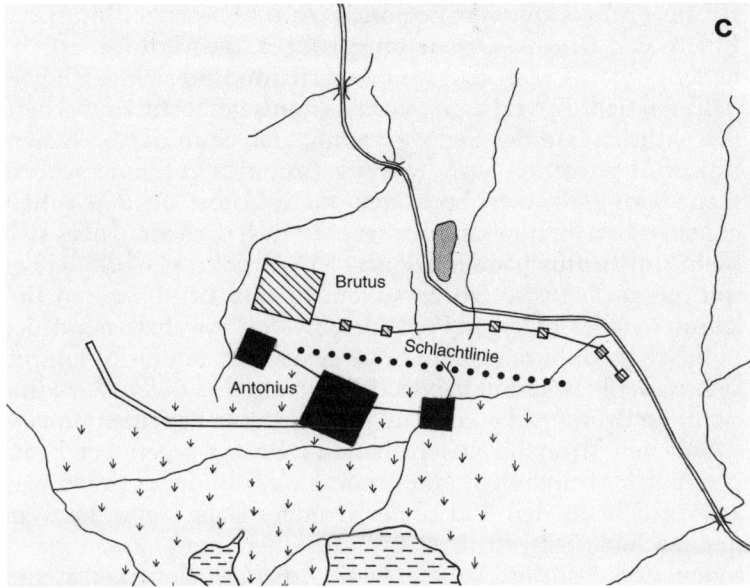

Die zweite Schlacht von Philippi, November 42 v. Chr.: Brutus übernimmt Cassius' Lager. Antonius setzt seine Umgehungsbewegung fort. Brutus läßt Vorposten errichten, um mit seinem Gegner Schritt zu halten. Im November stellt er sich zur Schlacht. Antonius und Oktavian gelingt es, Brutus einzukreisen und dessen Heer zu schlagen.

Herausforderung jedoch sofort an. Dieses Mal ließen sich Oktavians Legionäre nicht überrennen, wurden allerdings zurückgedrängt. Antonius versuchte, in Brutus' Flanke zu gelangen. Dabei könnte es sich um eine Finte gehandelt haben, denn als Brutus seine Reserve auf die bedrohte Seite warf, bogen Antonius' Truppen zu einem Angriff auf das Zentrum des gegnerischen Heeres ein. Wie Alan Roberts in seinem Buch über Marcus Antonius darlegt, könnte es sein, daß Brutus in eine von seinem Gegner vorbereitete Falle lief. Möglicherweise wartete Antonius einfach vorsichtig ab, bis er die schwächste Stelle der gegnerischen Aufstellung entdeckte, ergriff dann seine Chance und warf alle verfügbaren Legionäre dorthin. Jedes der Szenarien spricht für Antonius' Einfallsreichtum und die schnelle Ausführung seiner Eingebungen.

Brutus entkam mit vier Legionen. Antonius setzte ihm nach. Einem von Brutus' Offizieren gelang es, die Verfolger aufzuhalten, indem er Brutus' Rolle übernahm und sich gefangennehmen ließ. Er verlangte, vor Antonius gebracht zu werden, der natürlich auf der Stelle erkannte, daß er an der Nase herumgeführt worden war. Marcus Antonius reagierte jedoch nicht zornig, sondern beruhigte die Soldaten, die den Fehler gemacht hatten, und sagte, er sei eher froh darüber, daß es sich nicht um Brutus handele, denn er hätte nicht gewußt, wie er mit diesem hätte verfahren sollen. Er und Brutus waren Bekannte, vielleicht sogar Freunde gewesen und hatten auf der politischen Bühne Seite an Seite gestanden. Antonius könnte sich tatsächlich gefreut haben, daß er nicht den Befehl zur Hinrichtung Brutus' geben mußte. Im Gegensatz zu seinem unversöhnlichen Groll auf Cicero hatte er Brutus gegenüber keine persönliche Feindschaft empfunden, obwohl dieser direkt verantwortlich für den Tod seines Bruders Gaius Antonius war. Letztendlich half Brutus Antonius aus seiner Zwangslage, indem er Selbstmord beging. Seine Anhänger flohen entweder in verschiedene Richtungen, zu Sextus Pompeius oder Ahenorbarbus, oder gingen zu Antonius und Oktavian über. Einer der berühmtesten Überläufer war der Dichter Quintus Horatius Flavius, der sich von nun an bis zu seinem Tod in Oktavians Gefolge aufhielt und uns unter dem Namen Horaz bekannt wurde.

Wer sich nicht ergab, wurde getötet. Man sagt Oktavian dabei äußerste Grausamkeit nach. Er kostete seine Rache voll aus, indem er die letzten Verschwörer ins Jenseits schickte. Angeblich ließ er einen Vater und dessen Sohn würfeln, um zu entscheiden, wer von beiden am Leben bleiben dürfe, und lachte, als der Gewinner des grausamen Spiels über der Leiche des Verlierers Selbstmord beging. Der Legende nach feierten die Soldaten Antonius als Sieger, verabscheuten Oktavian jedoch. Diese Geschichte wird in der Regel mit Oktavians Grausamkeit in Verbindung gebracht. Wenn die Berichte zutreffen, könnte die Apathie der Soldaten auf der Tatsache beruhen, daß Antonius die Schlacht im Alleingang gewann, während Oktavian krank darniederlag. Möglicherweise berücksichtige auch Antonius selbst nicht, daß Tapferkeit viele Erscheinungsformen annehmen kann, unter anderem auch die Fähigkeit, Krankheit zu überwinden und sich zumindest in einen Teil der Kämpfe einzuschalten. Es besteht kein Grund daran zu zweifeln, daß Oktavian tatsächlich krank war. In den vergangenen Monaten hatte Antonius ihn jedoch eher als Klotz am Bein empfunden. Marcus Antonius wäre ganz gut alleine zurecht gekommen, hätte er nur über Oktavians Truppen verfügen können, ohne sich mit deren Anführer plagen zu müssen. Vermutlich betrachtete er Cäsars Erben eher als Belastung, weniger als einen hilfreichen Verbündeten.

Nach dem Sieg wurde Brutus' Leichnam in Antonius' Lager gebracht. Der siegreiche Feldherr bedeckte den Toten mit seinem eigenen Mantel und ordnete ein würdiges Begräbnis seines Gegners an. Oktavian dagegen verlangte, der Leiche den Kopf abzuschlagen und ihn der Cäsarstatue in Rom vor die Füße zu werfen. Im Hinblick darauf, wie er selbst Ciceros Leiche behandelt hatte, konnte Antonius dieses Ansinnen kaum aus ethischen Gründen ablehnen. Oktavians Wunsch wurde erfüllt. Gleichzeitig rächte sich Marcus Antonius an Hortensius, dem Offizier, der seinen Bruder Gaius getötet hatte. Antonius ließ ihn bei Gaius' Grabstätte hinrichten.

Auf den Sieg bei Philippi folgte vermutlich schnell Ernüchterung. Die „Befreier" waren tot oder in alle Winde zerstreut. Die Schlachtfelder mußten geräumt werden. Hunderte militärischer Einheiten mußten neu organisiert, Legionäre ausbezahlt und auf dem Land angesiedelt werden. Die Provinzen waren neu aufzuteilen. Die römische Herrschaftsorganisation im ganzen Osten bedurfte eines sorgfältigen Neuaufbaus. Die Regierung Roms und ganz Italiens mußte auf eine feste Grundlage gestellt werden. Es galt, Freunde von Feinden zu unterscheiden, die chaotischen Finanzen neu zu ordnen und die bedrohte Versorgung mit Nahrungsmitteln sicherzustellen. Sextus Pompeius war immer noch im Besitz all seiner Macht. Die Liste der jetzt wartenden Aufgaben war endlos. Außerdem mußten die Triumvirn – aus praktischen Gründen und entsprechend des tatsächlichen Kräfteverhältnisses auf zwei Partner reduziert – ihre Macht absichern und ihre Herrschaft verlängern lassen. Sie konnten ihre Armeen nicht vollständig auflösen und mußten einen legitimen Vorwand finden, sie zumindest teilweise bestehen zu lassen. Aus den Truppen ihrer eigenen Heere und jener der „Befreier" bildeten die Sieger elf Legionen, fünf für Oktavian und sechs für Antonius. Da sie sich jedoch bereits im Osten des Imperiums befanden, wo

Antonius weitere Soldaten benötigte, wurde vereinbart, daß ihm Oktavian zwei Legionen leihweise zur Verfügung stellen und bei seiner Rückkehr nach Italien zum Ausgleich zwei der in den westlichen Provinzen stationierten Legionen übernehmen sollte. Er erhielt den Auftrag, die Veteranen über Landschenkungen zu versorgen und den Krieg gegen Sextus Pompeius wieder aufzunehmen. Als Provinzen sollte er Spanien, Sardinien, Korsika und Sizilien erhalten, falls er Sextus die Insel entreißen konnte, darüber hinaus Africa. War Lepidus noch zu trauen, sollte er an Oktavians Stelle nach Africa gehen. Bewahrheiteten sich jedoch die Gerüchte, denen zufolge Lepidus mit Sextus verhandelt und sich gar mit diesem verbündet hatte, sollte er aus dem Triumvirat ausgeschlossen werden und Oktavian Africa behalten. All dies klingt nach einer Absprache, Lepidus in Mißkredit zu bringen und aus der Regierung zu entfernen. Falls ein solcher Plan jedoch existierte, wurde er nicht mit Erfolg ausgeführt. Lepidus blieb noch einige Jahre Mitglied des Triumvirats, obwohl er in den Kriegen oder bei wichtigen Entscheidungen keine Rolle spielte.

Antonius erhielt den Löwenanteil der Beute, was seine Position als Erster unter Gleichen zum Ausdruck brachte. Er sollte zwei gallische Provinzen über seine Legaten Calenus, Plancus und Ventidius regieren, die dort etwa 17 Legionen zur Verfügung hatten. Gallia Cisalpina wurde Pollio zugesprochen, bis die Provinz endgültig dem italischen Staatsgebiet angegliedert wurde, eine Zukunftsmaßnahme, die sowohl für Antonius als auch für Oktavian beschlossene Sache war. Mit entscheidendem Einfluß im Westen und an der Spitze großer Armeen in einer unangreifbaren Position, wollte Antonius im Osten bleiben, um in angemessener Zeit das letzte Großprojekt Cäsars, den Feldzug gegen die Parther, wieder in Angriff zu nehmen. Lepidus schien kaum noch zu zählen. Nachdem sie die ganze römische Welt gemäß ihren Wünschen und zu ihrem gemeinsamen Vorteil aufgeteilt hatten, trennten sich die beiden Triumvirn. Oktavian kehrte nach Italien zurück, wo seine vordringlichste Aufgabe darin bestand, die Veteranen, wie auf dem Treffen von Bononia zu Beginn des 1. Triumvirats vereinbart, auf dem Land anzusiedeln. Antonius blieb im Osten, der sich nach den von Brutus und Cassius veranstalteten Umwälzungen in einem chaotischen Zustand befand. Einige Staaten und Provinzen hatten mit den „Befreiern" sympathisiert, andere ihnen Widerstand geleistet. Wieder andere hatten versucht, ihre Neutralität zu bewahren, waren jedoch dazu gezwungen worden, finanzielle Mittel oder Nachschub für die Heere von Brutus und Cassius zu stellen. Welcher Seite sich diese Staaten und Provinzen auch angeschlossen hatten – das Ergebnis blieb gleich. Viele Gebiete waren verarmt oder hatten auf irgendeine Art und Weise Schaden genommen. Es war nicht zu erwarten, daß jede Stadt und jeder Staat Marcus Antonius mit offenen Armen empfangen würde. Es gab viel zu erledigen. Antonius reiste weit und viel, ließ Schäden beheben, hielt Gericht, erhob Tribute und ließ, wenn nötig, Strafen vollstrecken. Genauere Zeitangaben lassen sich für seine Aktivitäten nur schwer ermitteln. Die meisten Quellen berichten lediglich, daß Antonius über Winter nach Athen ging, als habe er im Osten nichts anderes getan und alle Probleme und Schwierigkeiten ignoriert. Wir müssen jedoch in Betracht ziehen, daß Antonius die nach der Schlacht von Philippi formierte riesige Armee nicht einfach sich selbst überlassen konnte. Ebensowenig waren die dringenden Bedürfnisse der östlichen Provinzen des römischen Imperiums und der angrenzenden abhängigen Staaten zu übersehen. Stabilität im Osten war unbedingt notwendig. Dies erforderte, die Truppen an strategisch bedeutsamen Orten zu stationieren und unter den Befehl zuverlässiger Offiziere zu stellen. Römische Statthalter und Könige abhängiger Reiche mußten mit Respekt und politischem Feingefühl behandelt werden. Dies alles konnte Antonius nicht in wenigen Monaten erreichen.

Erst als sich die Lage weitgehend beruhigt hatte, ging er nach Athen, der Stadt seiner Studienzeit. Er konnte es noch nicht wissen, aber jetzt brach das letzte, ruhmreichste Jahrzehnt seines Lebens an.

Die Verlockungen des Orients

Antonius vergnügte sich im Winter 42/41 in Athen. Seinen Aufenthalt dort schien er als verdienten Urlaub zu betrachten. Die Jahre nach Cäsars Tod waren äußerst anstrengend und nervenaufreibend gewesen. Deshalb legte Antonius nach einer Rundreise durch die östlichen Provinzen, und nachdem die Truppen sicher untergebracht waren, die Uniform des Feldherrn ab und wurde zum Privatmann. Großzügig und gebefreudig wurde er zum Wohltäter Athens. Auf griechische Weise gekleidet, ließ er sich gerne im Theater und bei Zirkusspielen sehen. Er besuchte Vorträge und nahm an Debatten teil. Seine freiwillige Rückkehr nach Athen legt nahe, daß er bereits in seinen Studientagen all das, was die Stadt zu bieten hatte, zu schätzen gewußt hatte. Nun bevorzugte er Athen aus anderen Gründen, unter anderem wegen dessen geeigneter Lage – nicht zu weit von Rom entfernt, aber noch in Reichweite der östlichen Territorien. Athen genügte mehreren Anforderungen gleichzeitig. Die Verbindungen zum Rest der Welt waren – soweit das in der Antike möglich war – ausgezeichnet, im Winter war das Klima recht mild, und es gab zahlreiche Vergnügungsmöglichkeiten. Zweifellos genoß es Antonius, in die Welten von Wissenschaft und Bildung einzutauchen, um die blutigen Ereignisse der letzten Jahre zu vergessen.

Er mochte die griechische Lebensart. Sie befreite ihn von der strengen, immer wieder aber auch in Extreme umschlagenden Atmosphäre Roms, wo er selbst als Triumvir und siegreicher Heerführer ständig vor Angriffen und Intrigen seiner Feinde hätte auf der Hut sein müssen. In Athen konnte Marcus Antonius er selbst sein, wie es in Rom niemals möglich gewesen wäre. Da er sich in einer Position unangreifbarer Macht befand, konnte er es sich erlauben, sich in Vergnügungen zu stürzen. Niemand störte sich daran, daß er in Gesellschaft von Schauspielern und Schauspielerinnen umherzog, dem Essen mit Genuß zusprach, Wein trank, bis spät in die Nacht hinein feierte und sich dem Müßiggang hingab.

Als das Frühjahr kam, mußte er sich allerdings wieder seinen Pflichten widmen. Zu den römischen Provinzen im Osten

Marcus Antonius erscheint auf der Vorderseite dieses Goldstücks aus dem Jahre 42 v. Chr. mit der Bezeichnung IIIVIR (Triumvir). Die Rückseite zeigt den Gott Mars, der seinen Fuß auf einen Schild setzt und einen Speer in der rechten Hand hält. Lucius Mussidius Longus, dessen Name auf der Münzrückseite angegeben ist, war einer der vier Beamten (Quattuorviri), die zwischen 42 und 40 v. Chr. Goldmünzen mit Portraits der Triumvirn prägen durften. Die Abbildung römischer Politiker auf Münzen war damals noch ein relativ neues Phänomen. Der erste Römer, der sein Portrait auf Geldstücke prägen ließ, war Cäsar.

gehörten Asia, Bithynia (die heutige westliche und nördliche Türkei) und Syrien. In den größeren Nachbarstaaten herrschten Könige, die als Freunde Roms galten. Außerdem gab es eine Menge kleinerer Territorien, die von Potentaten verschiedenster Art regiert wurden. Sie alle mußten aufmerksam und zuvorkommend behandelt werden, besonders wenn Antonius sie dazu bewegen wollte, die Mittel für seine zahlreichen Unternehmungen und den Unterhalt für seine Legionäre bereitzustellen. Ferner sollten die Staaten, die unter Brutus und Cassius gelitten hatten, durch Reparationen entschädigt werden. Bei denen, die den „Befreiern" ihre Unterstützung hatten zukommen lassen, mußte Antonius mit besonderem Fingerspitzengefühl vorgehen. Er ließ Griechenland unter der Aufsicht von sechs Legionen unter Lucius Censorinus zurück und nahm zwei Legionen mit sich nach Ephesos. Dort begrüßte man ihn als neuen Dionysos, den Gott des Weins und der Ausschweifung, dessen Attribute Antonius' Charaktereigenschaften entsprachen. Einem nüchternen Römer voller *dignitas* und *gravitas* mußte dies höchst seltsam erscheinen, es war aber ein Brauch des Ostens, also spielte Antonius sein Spiel entsprechend den östlichen Gepflogenheiten. Pompeius hatte die gleiche Behandlung erfahren, als er durch seine Eroberungen im Osten berühmt geworden war. Das Auftreten als neuer Dionysos verlieh Antonius im Osten jene Macht und jenes Ansehen, die ihm durch nüchterne Realitätsbezogenheit nicht in gleichem Maße zugewachsen wären. Außerdem konnte ihm sein neuer Status als lebender Gott als Gegengewicht zu Oktavians Anspruch dienen, der „Sohn eines Gottes" zu sein.

Antonius wählte Pergamon als Stützpunkt und berief Vertreter der östlichen Staaten zu einem Treffen ein. Seine erste Forderung, die Steuern der kommenden Dekade gleich im ersten Jahr zu entrichten, wurde mit Unglauben aufgenommen. Brutus und Cassius hatten ähnliches verlangt, um ihren Krieg zu finanzieren, und hatten so den Reichtum im größten Teil des Ostens bereits abgeschöpft. Nun wollte der Sieger gar noch mehr. Einer der Sprecher verlangte ironisch, wenn Antonius mächtig genug sei, um eine zweite Steuererhebung zu verlangen, nachdem die „Befreier" bereits eine in eigenem Sinne durchgeführt hatten, so möge er doch für einen zweiten Sommer und eine zweite Ernte sorgen. Antonius mochte offenes, geistreiches Auftreten. So ließ er sich auf einen Teilkompromiß ein, wonach die Steuern für neun Jahre innerhalb von zwei Jahren zu bezahlen waren. Nachdem er so Finanzierung und Versorgung seiner Truppen geregelt hatte, konnte Antonius großzügig sein. Er vergab mehreren Städten, die Brutus und Cassius – in der Regel allerdings gezwungenermaßen – unterstützt hatten. Es war auf jeden Fall besser, die Vergangenheit ruhen zu lassen und einen Neuanfang zu wagen. Aus einer geschwächten, aber funktionierenden Volkswirtschaft war mehr Gewinn zu ziehen als aus einer zugrunde gerichteten, wie sehr auch der Wunsch nach Rache Antonius' Gedanken beherrscht haben mag. Er versuchte, die schlimmsten von den „Befreiern" angerichteten Schäden zu beheben, und legte hier und dort einige Grenzen neu fest. Athen und Rhodos erhielten, nicht nur zur Stärkung ihrer politischen Macht, sondern auch aus ökonomischen Gründen, einige benachbarte Inseln zugesprochen.

Die uns vorliegenden Quellen bieten kaum weitere Details über die Verwaltungsmaßnahmen, die Antonius im Osten traf.

Die wenigen bekannten Tatsachen erwecken den Anschein, Antonius habe lediglich auf Bitten und Wünsche anderer reagiert, statt selbst die Initiative zu ergreifen. Man hat ihm daher vorgehalten, die Regelung der komplizierten politischen und administrativen Angelegenheiten des Ostens nur sehr langsam und zögerlich angegangen zu sein, als habe er kein wirkliches politisches Interesse daran gehabt und sei nur bestrebt gewesen, die erfolgversprechenden Entwicklungen voranzutreiben und auszunutzen, wohingegen er alle anderen Dinge ihren Gang habe gehen lassen. Wäre er jedoch auf typisch römische Weise mit eiskalter Logik und brutaler Effizienz vorgegangen, hätte man ihm Willkür, Anmaßung und Arroganz nachgesagt. So konnte man im Osten jedoch nicht regieren. Es war vermutlich ziemlich einfach, die politische Lage aus einiger Entfernung emotionslos zu überblicken, die Probleme zu analysieren und dann vorzuschlagen, welche Maßnahmen ergriffen werden mußten, welchen Verlauf die Grenzen nehmen sollten und wer sich wem unterzuordnen hatte. Derartige Pläne jedoch vor Ort umzusetzen, wäre fatal gewesen. Die Städte des Ostens blickten auf eine lange Geschichte zurück. Die Machtverhältnisse gestalteten sich dort äußerst komplex, sie glichen einem unüberschaubaren Netz vielfältiger, ineinander verschlungener politischer Stränge. Ebenso waren die Beziehungen der Städte untereinander unbeständig und wechselhaft. Es war daher einfach, das empfindliche Kräftegleichgewicht zu stören, aber äußerst schwierig, den einmal angerichteten Schaden wieder zu beheben. Jahre später regierte der stets vorsichtige und beherrschte Staatsmann Augustus den Osten mit äußerster Behutsamkeit, wobei er sich in der Regel zurückhaltend und abwartend verhielt und erst dann eingriff, wenn es sich nicht mehr vermeiden ließ.

Die Staaten, die an das Partherreich grenzten, mußten besonders umworben werden. Selbst wenn sie sich mit den Parthern nicht im Kriegszustand befanden, mußten die Römer gute Beziehungen zu diesen Grenzstaaten unterhalten, um Zugang zu den wichtigsten Straßenverbindungen zu haben und verläßliche Informationen über die Absichten des Feindes zu erlangen. Im Kriegsfall befanden sich diese Territorien an der Front, waren als erste einem Einfall der Parther ausgesetzt und hatten entsprechend die Möglichkeit, einem römischen Invasionsheer den Weg nach Parthien zu versperren. Es war ein Gebot der Vorsicht, mit den Herrschern der Grenzstaaten auf gutem Fuß zu stehen, um einem siegreichen Heer die Heimkehr, einem geschlagenen jedoch den schnellen Rückzug in das eigene Herrschaftsgebiet zu sichern. Die Loyalität der Städte und Staaten an der Grenze mußte verdient oder erkauft und dann eifrig gepflegt werden. In Galatien, einem Gebiet im Zentrum der heutigen Türkei, regierte beispielsweise Deiotaros, der sich während des Bürgerkriegs auf die Seite von Brutus und Cassius geschlagen hatte. Antonius ließ ihn nicht durch einen anderen Regenten ersetzen. Es war in jedem Fall besser, sich auf einen König verlassen zu können, der sein Volk und das Terrain kannte, als zu versuchen, einen geeigneten Ersatzherrscher zu finden, der die Fronten wechseln oder abgesetzt werden konnte, sobald sich die Römer in sicherer Entfernung befanden. Im Königreich von Kappadokien, im Osten der heutigen Türkei, herrschte hingegen Aufruhr. Zwei Rivalen, Archelaos (auch Sisina genannt) und Ariarathes, kämpften um den Thron. Antonius unternahm eine Inspektionsreise und machte Ariarathes zum König. Man sagt ihm eine kurze Affäre mit Glaphyra, der Mutter des Archelaos nach. In diesem Fall ging die Initiative möglicherweise nicht von Antonius aus. Die Episode erscheint eher als Versuch Glaphyras, Antonius zugunsten ihres Sohnes zu beeinflussen, wobei der Römer die Situation schamlos ausnutzte. Hier zeigt sich indes auch, daß Antonius seine Entscheidungen durchaus unabhängig von seinen erotischen Affären treffen konnte. Daß er Ariarathes als König bevorzugte, mag den Erfordernissen des Augenblicks entsprochen haben. Später mußte Antonius seine Entscheidung jedoch revidieren. Ariarathes erwies sich als illoyal. So erhielt Glaphyras Sohn Archelaos schließlich doch das Königreich Kappadokien.

Gemeinsam überwachten Deiotaros von Galatien und Ariarathes von Kappadokien große Bereiche des Ostens in unmittelbarer Nähe zu Parthien. Nun blieb noch Armenien, der ständige Konfliktherd der römisch-parthischen Politik. Bevor er jedoch die Lösung dieses Problems in Angriff nahm, wandte Antonius seine Aufmerksamkeit Ägypten zu. Er benötigte umfangreiche Finanzmittel und außerdem eine Flotte. Obwohl er begonnen hatte, große Mengen an Geld anzuhäufen und Schiffe bauen zu lassen, versprach der Reichtum Ägyptens, beide Projekte beträchtlich voranzubringen. Antonius

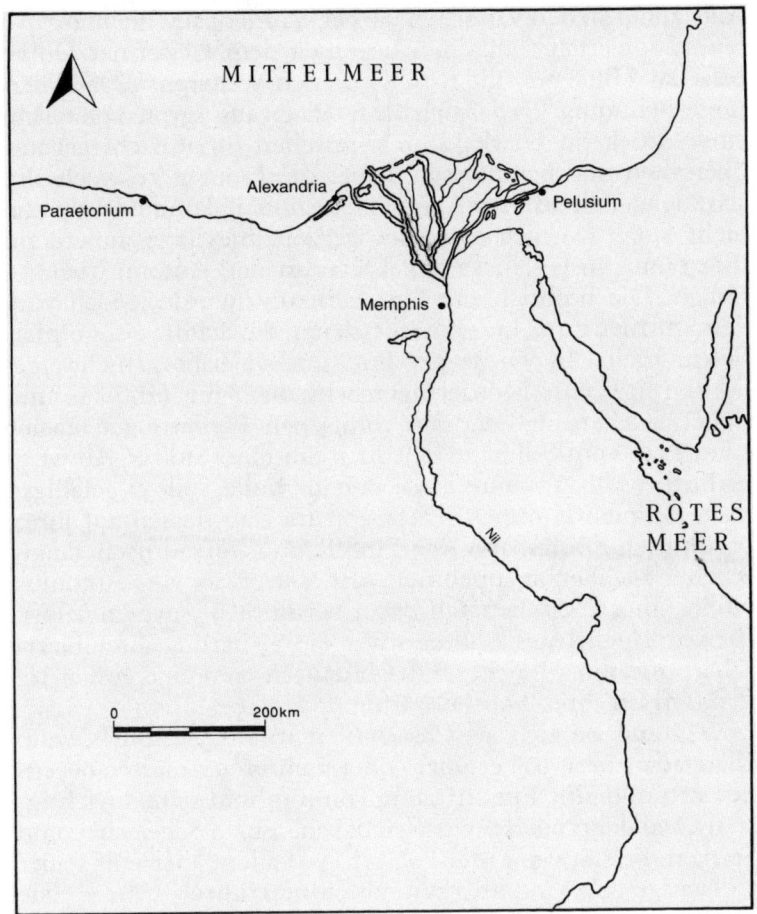

Ägypten

wollte nicht selbst nach Ägypten reisen, um nicht als Bittsteller zu erscheinen und sich gegenüber Königin Kleopatra in einer untergeordneten Position zu befinden. Als siegreicher römischer Triumvir ließ er seinen Gesandten Quintus Dellius nach Alexandria gehen. Auf irgendeine Weise konnte Dellius Kleopatra jedoch davon überzeugen, Antonius in Tarsos aufzusuchen, offensichtlich um sich so gegen Vorwürfe zu verteidigen, sie habe Cassius unterstützt. Diese Anklage ging indes vollständig an den Tatsachen vorbei, da Kleopatra die in Ägypten stationierten römischen Legionen dem Cäsarianer Dolabella zu Hilfe gesandt hatte. Für den weiteren Verlauf der Unternehmung, bei der sich die Soldaten aus Ägypten plötzlich einer drückend überlegenen römischen Streitmacht gegenübersahen und beschlossen, lieber die Fronten zu wechseln als einen aussichtslosen Kampf zu beginnen, konnte Kleopatra nicht verantwortlich gemacht werden. Sie hatte außerdem ihre Flotte ausgeschickt, um Oktavian und Antonius beizustehen. Die beabsichtigte Unterstützung wurde jedoch von den Stürmen zunichte gemacht, denen die Schiffe zum Opfer fielen. Vielleicht wurde der Vorwurf, sie habe gemeinsame Sache mit Cäsars Mördern gemacht, auch nur erhoben, um sicherzustellen, daß sie den römischen Forderungen nachkam. In diesem Fall hätte es jedoch nur einer stolzen Antwort bedurft: Wenn Antonius etwas von ihr wolle, solle er gefälligst nach Ägypten kommen. Da Kleopatra statt dessen auf ihrer berühmten Königsbarke den Fluß Kydnos hinauf nach Tarsos segelte, ist aber anzunehmen, daß sie etwas von Antonius wollte. Ihre Ziele betrafen dabei vermutlich Ägypten selbst. Ihr vordringlichstes Anliegen war die Sicherung ihrer Herrschaft und ihres Reiches. Gleich danach kam eine gesicherte Zukunft für ihren Sohn Cäsarion.

Während sie sich als Cäsars Gast in Rom aufhielt, muß Kleopatra Antonius bei einem oder mehreren Anlässen begegnet sein und eine Einschätzung von ihm und seinen wichtigsten Charakterzügen gewonnen haben, seinen Schwächen und Stärken, Begabungen und Fehlern, vor allem aber von seiner vielseitigen Verwendbarkeit als Unterführer Cäsars. Sie mochte ihn vermutlich, obwohl sie beabsichtigt haben könnte, ihn als Werkzeug ihrer Pläne zu gebrauchen, als sie nach Tarsos kam. Die Vernunft gebot es, mit dem römischen Triumvir und Oberbefehlshaber der römischen Armeen im östlichen Teil des Imperiums auf gutem Fuß zu stehen. Es könnte in Kleopatras Absicht gelegen haben, Antonius' Einstellung zu erkunden, bevor er seinen Fuß auf ägyptischen Boden setzte, und die Chance zu ergreifen, den Römer auf Distanz zu halten. Immerhin waren die Römer geschickt darin, Territorien, die sie eher zufällig betraten, ihrem Imperium einzuverleiben und sie in Provinzen zu verwandeln, bevor deren Einwohner sich des Geschehens bewußt wurden. Ein solches Schicksal hoffte sie möglicherweise von ihrem Land abzuwenden, indem sie zu Antonius reiste, bevor dieser zu ihr kam.

Es gibt zahllose unterschiedliche Darstellungen des Treffens. Obwohl einige Filmproduzenten für ihre Neuinszenzierungen große Mühe und ungeheure Summen aufgewandt haben, bleibt Shakespeares Version des Geschehens wohl unerreicht. Das wirkliche Ereignis könnte jedoch noch weit prunkvoller und fantastischer verlaufen sein, als alle fiktiven Szenarien nahelegen. Kleopatra beabsichtigte, einen überwältigenden Eindruck zu hinterlassen, und verfügte über Reichtum und Mittel, ihren Plan in die Tat umzusetzen. Sie war scharfsinnig, entschlossen und verfügte eher über die Gabe der Verführung als über körperliche Schönheit. Ihre bezauberndsten Eigenschaften waren angeblich ihre angenehme, musikalische Stimme und ihre Art zu reden. Wir haben keinen Anlaß, den Wahrheitsgehalt dieser Legende anzuzweifeln. Kleopatra verfügte jedenfalls über eine beträchtliche Sprachbegabung. Unter anderem hatte sie die Sprache der einheimischen Ägypter gelernt und war so das erste Mitglied der griechischstämmigen Ptolemäerdynastie, das die Sprache seiner Untertanen beherrschte.

Appian zufolge verfiel ihr Antonius auf der Stelle, bereit, ihrer geringsten Laune zu gehorchen, und vergaß mit der Zeit Rom und alles, wofür die Stadt und ihr Imperium standen. Appians Deutung ist jedoch Bestandteil der Propaganda des Antonius-Rivalen Oktavian, die Marcus Antonius als einen Schwächling im Banne einer bösartigen ägyptischen Königin darstellte. Es handelt sich hierbei um einen geschickten Schachzug der Partei Oktavians, der Antonius in ein schlechtes Licht rückt und Anlaß für weitere Verleumdungen bietet. Gleichzeitig wird der Beherrscher des römischen Ostens durch die Behauptung entschuldigt, er befände sich in den Krallen einer Macht, die ihn an Kraft und Bösartigkeit weit übertreffe und entsprechend noch weit mehr zu fürchten war. Kleopatra war sowohl Ausländerin als auch Frau – eine, die nicht wußte, was ihr als solcher zustand, und die sich eine Männerrolle anmaßte – und somit doppelt verdächtig. Indem ihr alle Schuld am Bürgerkrieg zwischen Oktavian und Antonius zugeschoben wurde, konnten die Römer einen Schandfleck ihrer eigenen Geschichte vertuschen. Oktavian wurde zum Retter Roms gemacht, Antonius vom römischen

Feldherrn zum tragischen Opfer, und danach wurde an der Königin, die seinen Niedergang verursacht hatte, Rache genommen.

Spätere Autoren haben die Legende von Antonius und Kleopatra modifiziert oder ausgeschmückt. Die Romantiker halten sich an die Liebesgeschichte. Zyniker führen das Bündnis zwischen Antonius und Kleopatra ausschließlich auf politische Zweckmäßigkeit zurück. Tatsache ist, daß Antonius mit Kleopatra auf ihrem prachtvollen Schiff auf dem Kydnos in Tarsos speiste und nach dem Treffen nach Alexandria ging, wo er den Winter 41/40 ausschließlich in ihrer Gesellschaft verbrachte. Später gebar ihm Kleopatra Zwillinge, einen Jungen und ein Mädchen, die er als seine leiblichen Kinder anerkannte. Diese wenigen gesicherten Fakten lassen sich auf so vielfältige Art ausschmücken und deuten, daß es unmöglich erscheint, die Wahrheit herauszufinden. Es bleibt nichts anderes übrig, als eine Lesart zu wählen und die Ereignisse nach eigenem historischem Ermessen zu interpretieren. Politische Überlegungen spielten mit ziemlicher Sicherheit eine Rolle im weiteren Verlauf des Geschehens. Angenommen, Antonius wäre nach Italien zurückgekehrt, und es wäre Oktavian gewesen, der im Osten geblieben wäre, er wäre Kleopatra früher oder später in irgendeiner Angelegenheit persönlich gegenübergestanden. Die Spekulationen, wie sich das Schicksal der römischen Welt in diesem Fall gestaltet hätte, könnten ein eigenes Kapitel füllen. Oktavian war jünger, berechnender und viel kaltblütiger als Antonius. Man könnte vielleicht sagen, Oktavian war zielstrebiger, festgelegter, gleichzeitig jedoch weit flexibler in der Wahl seiner Mittel als sein Gegner. Er hätte Kleopatra auf andere Weise benutzt und sie, obwohl sexuellen Affären nicht abgeneigt, auf ihre Rolle als Königin von Ägypten beschränkt. Der Reichtum des Landes hätte ihn an sie gebunden. Letztendlich hätte er alles an sich gerissen, der letzte Akt seines Vorgehens wäre jedoch vermutlich nur als Fußnote in die Geschichte eingegangen und hätte wohl kaum die Phantasie von Dichtern und Drehbuchschreibern bereichern können.

Nach ihrem berühmten Besuch in Tarsos kehrte Kleopatra nach Ägypten zurück. Antonius versprach, ihr zu folgen, sobald er seine Pläne zur Reorganisation und Verwaltung der Provinzen verwirklicht hatte. Es gab Ärger in Syrien, wo sich die Bevölkerung dem hohen, von Rom auferlegten Tribut wi-

Eine Büste Kleopatras. Dieses Fundstück aus Nordafrika befindet sich jetzt im Cherchel Museum in Algerien. Bei der Portraitierten könnte sich jedoch auch um Kleopatra Selena handeln, die Tochter von Antonius und Kleopatra, die in der Frühphase des römischen Kaiserreichs mit dem mauretanischen König Juba II. vermählt wurde.

dersetzte. Seinerzeit herrschte kein Mangel an aufstrebenden Führern, die – teilweise mit parthischer Unterstützung – versuchten, aus der Unruhe politisches Kapital zu schlagen. Antonius' Antwort bestand darin, Palmyra zu überfallen, das sich zwischen den Großreichen der Römer und der Parther befand, jedoch keinem der beiden Imperien direkt unterstand. Das Unternehmen sollte als Demonstration seiner Macht dienen. Die genaueren Gründe für Antonius' Handeln bleiben jedoch unklar. Möglicherweise wurden sie von späteren Geschichtsschreibern verschwiegen, um sein Verhalten unverantwortlich und sinnlos erscheinen zu lassen. Der Überfall hatte nur geringe Wirkung, denn die Bewohner von Palmyra verließen ganz einfach die Stadt, nahmen ihre Habseligkeiten mit sich über den Euphrat und warteten dort, bis Antonius' Legionäre wieder abzogen. Appian beschuldigt Antonius, mit

diesem Angriff aus heiterem Himmel ein politisches Chaos in
Syrien ausgelöst und anschließend zusätzliche Tribute erhoben zu haben. Nach Appians Auffassung ging Antonius nach
Ägypten, bevor er die Probleme gelöst hatte, so vernarrt war er
in dessen Königin. Die Anschuldigungen beruhen vermutlich
nicht auf der Wahrheit, können aber aus Mangel an gesicherten Informationen nicht ganz widerlegt werden. Antonius
kannte Syrien aus erster Hand, alle Probleme des Landes und
alle Vorteile, die es bot. Er wußte, daß eine Invasion Ägyptens
von Syrien aus durchführbar war. Er hatte dies schon einmal
geschafft und überlebt. Marcus Antonius hätte Syrien sicherlich kaum den Rücken zugewendet, ohne die politischen
Angelegenheiten dort geordnet zu hinterlassen. Er ernannte
Decidius Saxa zum Befehlshaber der römischen Truppen in
Syrien, einer der Generale, die seine Vorhut im Vorfeld der
Schlacht von Philippi nach Makedonien geführt hatten, und
einer seiner vertrauenswürdigsten Unterführer. Nachdem alles zu seiner Zufriedenheit geregelt war, ging Antonius nach
Ägypten.

Die Bewohner von Alexandria mochten Antonius und
seinen Humor. Sie sagten ihm nach, er habe in Rom seine tra-
gische Maske aufgesetzt, diese für sie jedoch mit seiner ko-
mischen Maske vertauscht. Er gründete einen Zirkel „der
unvergleichlichen Lebemänner", der sich Vergnügungen aller
Art widmete. Zahlreiche Anekdoten über seinen Lebenswan-
del sind in die Legende eingegangen, könnten allerdings weitgehend der Wahrheit entsprechen und geben uns Auskunft
über den Menschen Antonius und sein Verhältnis zu Kleopatra. Auf einem Angelausflug, bei dem er nichts gefangen
hatte, schickte er seine Sklaven unter Wasser, um einige frisch
gefangene Fische an seiner Angelschnur befestigen zu lassen.
Als er seine Beute einholte, gab er vor, alle Fische auf einen
Zug gefangen zu haben. Am nächsten Tag ließ Kleopatra ihre
eigenen Sklaven tauchen, um einen gesalzenen Fisch an
Antonius' Schnur festzumachen. Antonius brachte ihn ans
Tageslicht, sah seine List vom Vortag entdeckt, nahm es jedoch
mit Humor auf und war sich vermutlich ziemlich sicher, wer
ihm diesen Streich gespielt hatte. Solche spielerischen Vergnügungen, wenn auch in ihren Details vielleicht nicht ganz
der Wahrheit entsprechend, können als repräsentativ für
Antonius' Abenteuer in Alexandria gelten. Schon aus politi-

schen Gründen erschien es dem obersten römischen General im Osten wohl angemessen, der Königin von Ägypten zu schmeicheln, um sich ihrer Treue zu Rom zu versichern. Kleopatra mag das Ganze als listiges Manöver betrachtet haben, den römischen Triumvir zu unterhalten und so die Selbständigkeit ihres Landes zu bewahren. Das Verhältnis der beiden ging jedoch weit über derartige Gesichtspunkte hinaus.

Über Antonius' Pläne für den Osten und für sein weiteres Leben kann nichts Genaues gesagt werden. Einige Geschichtsschreiber nehmen an, Kleopatra habe alle seine Gedanken, die sich in diese Richtung bewegten, zerstreut, so daß er überhaupt keine zusammenhängenden Pläne hatte. Andere behaupten, er habe ein strategisches Konzept verfolgt, das der Nachwelt leider verlorenging. Ob Antonius zu jener Zeit konkrete politische Ziele verfolgte oder nicht, seine Anhänger wie auch seine Kritiker gehen davon aus, daß er den Angriff auf das Partherreich gleich nach der Schlacht von Philippi geplant haben muß, denn ihn führte er tatsächlich aus. Cäsar hatte sich ja mit gleichen Plänen getragen, und Antonius muß in dieser Angelegenheit als Cäsars Erbe betrachtet werden. Unsterblicher Ruhm erwartete ihn, wenn es ihm gelang, die römischen Legionen ins Partherreich zu führen, um Rache für Crassus zu nehmen. Mit diesem Projekt könnte sich Antonius ständig beschäftigt haben. Er setzte sich jedoch nicht unmittelbar nach der Schlacht von Philippi in Bewegung. Eine Unternehmung von solch enormer Bedeutung durfte nicht aus einer Laune heraus und aufs Geradewohl gestartet werden. Bevor Antonius eine Armee über die Grenzen des römischen Imperiums hinausschicken konnte, mußte die Lage im römischen Osten stabilisiert werden. Aber erst, als der Bürgerkrieg zwischen ihm und Oktavian fast schon zum Ausbruch gekommen wäre und durch den Pakt von Brundisium noch einmal abgewendet werden konnte, begann Antonius, sein Heer gegen die Parther in Bewegung zu setzen. Dies geschah als Antwort auf einen parthischen Angriff auf Syrien, den Antonius' General Ventidius Bassus zurückschlagen konnte. Bis zu diesem Zeitpunkt hielten sich Antonius' Interessen im Westen und sein Anspruch auf den östlichen Teil des Imperiums die Waage. Er könnte durchaus beschlossen haben, seinen Partherfeldzug hinauszuzögern und seine Zeit in

Ägypten zuzubringen, um den Ausgang der politischen Ereignisse in Italien abzuwarten.

Während Antonius in Alexandria Kleopatras Gesellschaft genoß, sah sich Oktavian großen Problemen gegenüber. Nach dem Sieg von Philippi galten seine Interessen hauptsächlich Italien und der Versorgung seiner altgedienten Veteranen – eine undankbare Aufgabe, die verlangte, große Ländereien neu zu verteilen und dort bereits seßhafte Bauern zu vertreiben. Zweifellos muß Oktavian mit Schwierigkeiten gerechnet haben, doch die sich nun ergebenden umfangreichen Komplikationen hatte er wohl nicht erwartet. Anfangs ebnete ihn sein taktvolles und diplomatisches Vorgehen den Weg. Dann jedoch traf er auf aktiven Widerstand, der von Lucius Antonius, dem Konsul, und dessen Schwägerin Fulvia ins Leben gerufen wurde. Der zweite Konsul war Servilius Isauricus; in Wirklichkeit herrschten laut Cassius Dio jedoch Lucius und Fulvia. Die ganze Episode mutet seltsam an und könnte durch die Revision der Geschichtsschreibung unter Augustus inhaltlich verzerrt worden sein. Lucius hatte dennoch zwei potentielle Druckmittel gegen Oktavian in der Hand. Zuerst nahm er sich der Sache der Soldaten aus Antonius' Legionen an und behauptete, Oktavian habe sie ungerecht behandelt. Oktavian zeigte sich kooperationsbereit. Er löste das Problem, indem er Vertretern der Antonius-Partei erlaubte, die Landschenkungen an die Veteranen Antonius' zu überwachen. Nachdem er mit seinen ursprünglichen Forderungen nichts mehr ausrichten konnte, änderte Lucius indes seine Taktik und begann, die enteigneten Bauern aufzuwiegeln, die ohnehin schon aufgebracht waren und eigentlich keiner weiteren Anstachelung mehr bedurften. Nun saß Oktavian in der Klemme. Wie er sich auch entscheiden mochte, er mußte sich auf anhaltende Schwierigkeiten gefaßt machen. Es schien, als ob Lucius und Fulvia mit aller Energie seinen politischen Niedergang betrieben.

Die Soldaten erkannten klar, daß ein Krieg drohte. Da sie von einer möglichen Auseinandersetzung direkt betroffen waren, versuchten sie, den Frieden wiederherzustellen, indem sie in Teanum ein Zusammentreffen zwischen Lucius und Oktavian arrangierten. Beide Politiker erschienen wie geplant und diskutierten die Probleme, ohne jedoch zu einem Ergebnis zu kommen. Die Lage verschlechterte sich zusehends.

Lucius und Fulvia flohen nach Praeneste, wobei sie ihre Furcht vor Oktavian öffentlich zur Schau stellten. Wenn Politiker ihre Angst vor jemandem oder etwas publik machen, bedeutet dies in der Regel, daß sie kriegerische Maßnahmen ergreifen werden, um sich selbst zu schützen. Dem Objekt dieser Angst wiederum bleibt nichts anderes übrig, als es seinen Gegnern gleichzutun. Oktavian zog daher so viele Truppen zusammen, wie er nur konnte, und unterstellte sie seinem Freund Marcus Vipsanius Agrippa. Er rief seinen Legaten Salvidienus Rufus zurück, der mit sechs Legionen auf dem Weg nach Spanien war, um dort das Amt des Statthalters zu übernehmen. Während Oktavian verzweifelt Soldaten rekrutierte, marschierte Lucius nach Rom, wo er verkündete, das Triumvirat auflösen und die Republik wiederherstellen zu wollen. Nachdem ihm der Senat auch formell das Kommando über sein Heer übertragen hatte, zog er Oktavians Legionen entgegen. Agrippa umging die Senatsarmee unter Lucius jedoch mit einer schnellen Bewegung seiner Truppen, postierte sich im Rücken seiner Gegner und schnitt ihnen so die Verbindung nach Rom ab. Lucius geriet in Panik, zog mit seinem Heer nach Perusia im Norden, wo Oktavian keine Zeit verschwendete, sondern ihn sofort belagerte. Die Auseinandersetzung war nur kurz und endete im Februar 40, als eine Feuersbrunst, ausgelöst möglicherweise durch einen unglücklichen Unfall, die Stadt zerstörte. Oktavian ließ jeden Gefangenen hinrichten, der auf irgendeine Weise etwas mit Cäsars Tod zu tun hatte. Lucius wurde verschont. Schließlich war er Antonius' Bruder. Ihn zu töten, hätte zu gewaltigen Problemen geführt. Lucius wurde – scheinbar als Statthalter – nach Spanien geschickt, war in Wirklichkeit jedoch eine Art Gefangener, den Oktavians Männer scharf bewachten.

Welche Rolle Antonius bei diesen Ereignissen spielte, muß offen bleiben. Niemand kann mit Sicherheit sagen, ob Lucius und Fulvia aus eigener Initiative und ohne Antonius' Wissen versucht hatten, dessen Interessen zu vertreten, oder ob sie letztendlich Ausführende seiner Anweisungen waren. Als Lucius davon sprach, die Republik in ihrer alten Form wiederherzustellen, gehörte es vermutlich zu seinem Plan, Antonius mit der Ausübung der Staatsgewalt zu betrauen, und zwar nicht mehr als außerordentlichen Triumvir, sondern als rechtmäßigen Konsul in der althergebrachten Bedeutung dieses Amtes. Blutsverwandtschaft garantiert zwar noch keine Loyalität. Dennoch fällt es schwer zu glauben, Lucius habe vorgehabt, die Position seines Bruders zu untergraben und sich selbst zum obersten Regenten zu machen. Noch unwahrscheinlicher erscheint, daß Fulvia geplant haben könnte, ihren Ehemann an der Staatsspitze ablösen zu lassen und ihm seine politische Macht zu entziehen. Es stellt sich die Frage, wieviel Marcus Antonius von dem sich ausbreitenden Krieg wußte. Plutarch entlastet ihn, indem er darauf besteht, daß Antonius die ersten Nachrichten von dem Geschehen in Italien während seines Aufenthaltes in Alexandria erhielt. Cassius Dio andererseits ist sicher, daß Antonius die ganze Affäre steuerte, das Kriegsgeschehen jedoch nur als Beobachter verfolgte und vorgab, von nichts zu wissen. Zwischen diesen beiden Extrempositionen liegt irgendwo der tatsächliche Verlauf der Ereignisse, der jedoch nicht mehr rekonstruiert werden kann, da es mehrere Möglichkeiten gibt, die gesicherten Fakten miteinander zu verknüpfen.

Die Behauptung, Antonius habe von den Entwicklungen in Italien nichts bemerkt, erscheint wenig glaubwürdig. Trotz aller Schwierigkeiten einer Reise im Winter mußten sich seine Freunde und Feinde vor Eifer fast überschlagen haben, ihm Neuigkeiten aus Rom zu bringen – die ersteren, um ihn zu warnen, die letzteren, um ihn in Mißkredit zu bringen. Es ist jedoch durchaus möglich, daß Antonius derart von Kleopatra eingenommen war, daß er sich weigerte, sich von Nachrichten aus Rom ablenken zu lassen, und erst zu handeln begann, als ihm klar wurde, daß sich die politische Lage in Italien beträchtlich zu seinem Nachteil veränderte. Im Vorfeld der Kämpfe zwischen Lucius und Oktavian gab er seinen Generälen in Gallien jedenfalls keine eindeutigen Anweisungen. Diese unternahmen nichts von Bedeutung, um Lucius zu unterstützen, was jedoch nicht unbedingt dafür spricht, daß Antonius vollkommen unschuldig an den politischen Wirren in Italien war. Zu seiner Entlastung müßte bewiesen werden, daß er völlig ahnungslos von den Aktivitäten seiner Frau und seines Bruders war und so das Opfer ihres fehlgeleiteten Ehrgeizes wurde. Um Antonius hingegen einen Teil der Verantwortung für das Geschehen zuschreiben zu können, müßte man andererseits nachweisen, daß er bemerkte, was in Italien vor sich ging, jedoch nichts unternahm, um den drohenden Waffengang zu verhindern. Dies hätte möglicherweise in der Hoffnung erfolgen können, daß an ihn ein offizieller Hilferuf aus Rom ergehen würde. Im schlimmsten Fall hat Antonius den Aufruhr in Italien sogar selbst geplant, nicht allein, um Oktavian in Verruf zu bringen, sondern um als der Mann auftreten zu können, der als einziger in der Lage war, die Ordnung wiederherzustellen. Ziele eines solchen Konzepts könnten die Alleinherrschaft und die freie Verfügung über alle bewaffneten Einheiten der römischen Welt gewesen sein. Präzedenzfälle für ein solches Vorgehen gab es ja in der jüngsten Geschichte Roms. Antonius war deren Zeuge gewesen und hatte seinen Teil daraus gelernt.

Tatsächlich entwickelten sich die Dinge jedoch in eine andere Richtung. Antonius verließ Ägypten und reiste nach Athen, während überall um ihn herum alte Konflikte aufbrachen und neue Schwierigkeiten entstanden. Zu Beginn des Jahres 40 überrannten die Parther Syrien, möglicherweise als Antwort auf Antonius' Machtdemonstration in Palmyra, das im römisch-parthischen Grenzgebiet gelegen war. Dabei wurden alle Errungenschaften des Marcus Antonius in Syrien zunichte gemacht. Decidius Saxa kam ums Leben. Herodes floh von Judäa nach Rom und wurde durch Antigonos, einen Anhänger der Parther, ersetzt, der an seiner Stelle die Herrschaft in Jerusalem übernahm. Obwohl der größte Teil des römischen Ostens unversehens in Auflösung begriffen war, konnte Antonius nur wenig tun, um das Gleichgewicht der Kräfte wiederherzustellen, wollte er nicht die Ereignisse im Westen ignorieren und dort möglicherweise ganz an Einfluß verlieren. Oktavian war aus dem Perusinischen Krieg erfolgreicher und stärker denn je hervorgegangen. Antonius' Anhänger in Italien wurden in die Defensive gedrängt. Ein Bürgerkrieg schien unvermeidlich.

Die meisten von Antonius' Verbündeten und die Mitglieder seiner Familie hatten nach dem Fall von Perusia die Flucht ergriffen. Ventidius Bassus blieb in Italien, um den Rest der Antonius loyal gebliebenen Truppen zu sammeln. Antonius sandte ihn schließlich in den Osten, um die Situation dort in den Griff zu bekommen, während er sich persönlich um das sich zunehmend verschlechternde Verhältnis zu Oktavian kümmerte. Fulvia reiste mit Antonius' General Plancus nach Griechenland. Plancus blieb kaum etwas anderes übrig, da seine Legionen zu Oktavian übergelaufen waren. Fulvia erwartete in Rom wenig Sympathie und eilte daher zu ihrem Ehemann. Dankbar empfing sie Antonius angesichts der Wirren in Italien offenbar nicht. Es könnte zudem aufgrund der für beide emotional bedeutsamen Kleopatra-Affäre zu einer nicht wieder gutzumachenden Verstimmung gekommen sein. Selbst wenn Antonius in keiner persönlichen Beziehung zu der ägyptischen Königin gestanden hätte, wäre Fulvia wohl von berechtigter Eifersucht darüber verzehrt worden, daß ihr Mann so viel Zeit mit einer anderen Frau verbrachte. Sie mag begriffen haben, daß ihre persönlichen Angelegenheiten hinter politischen Erfordernissen zurücktreten mußten, aber es war offensichtlich, daß Antonius seine Mission mit Vergnügungen in großem Umfang verband und daß sein Verhältnis zu Kleopatra nicht auf die diplomatische Ebene beschränkt blieb. In dieser Angelegenheit könnte es zu heftigen Auseinandersetzungen zwischen den Eheleuten gekommen sein. Jedenfalls ließ Antonius Fulvia in Griechenland zurück, obwohl sie schwer erkrankt war. Ihm war vielleicht nicht klar, daß sie ihre Gesundheit nicht wieder erlangen würde. Antonius sollte sie nicht wiedersehen.

Er konnte es sich nicht leisten, Zeit zu verschenken, sondern mußte so schnell wie möglich nach Italien. Dennoch hat man ihm Gefühllosigkeit gegen die Frau vorgeworfen, die sich energisch für ihn eingesetzt hatte und von der man annahm, daß er sie eigentlich sehr liebte. Die von seinen Gegnern verbreitete einseitige Deutung der Ereignisse hat möglicherweise die Wahrnehmung der Zeitgenossen und das Urteil der Historiker über Marcus Antonius und sein Handeln beeinflußt. Unter anderen Umständen hätte man ihn vielleicht für seinen stoischen Heroismus gelobt und gesagt, er habe seine Pflicht wie ein echter Römer erfüllt, indem er seine eigenen emotionalen Bedürfnisse zurückstellte und die Frau, die er liebte, verließ, um seine Aufgabe als Staatsführer wahrnehmen zu können. Hätte er über seine Feinde triumphiert oder wäre Oktavian jung gestorben, wäre unser heutiger Eindruck vom Menschen Antonius möglicherweise ein ganz anderer.

Auch Antonius' Mutter Julia floh aus Italien und suchte Schutz bei Sextus Pompeius, der Antonius irgendwann ein Friedensangebot machte und ein Bündnis vorschlug. Der genaue Zeitpunkt hierfür ist uns nicht überliefert. Julias freund-

liche Aufnahme bei Sextus können wir allerdings als Indiz
dafür werten, daß bereits vor dem Fall von Perusia Verhandlungen zwischen dem Pompeiussohn und Antonius aufgenommen worden waren. Antonius reagierte freundlich auf
das Angebot seines ehemaligen Gegners, verpflichtete sich
jedoch zu nichts. Er versprach, sich mit Sextus zu verbünden,
falls es ihm nicht gelingen sollte, sich mit seinem Rivalen zu
verständigen. Falls es ihm jedoch gelang, mit Oktavian Frieden zu schließen, versprach er, sich darum zu bemühen,
Sextus und seine Anhänger wieder mit dem Senat und dem
Volk von Rom, wie es offiziell hieß, auszusöhnen. Diese
Offerte an Sextus war mit Sicherheit auch als Botschaft an die
Öffentlichkeit und Antonius' Gegner gedacht. Es handelte
sich um eine ehrenhafte und vernünftige Entscheidung, bei
der durchaus vernehmbar die Drohung mitschwang, was
geschehen könnte, wenn die Verhandlungen mit Oktavian
fehlschlugen. Mit Hilfe einer Flotte das Mittelmeer zu kontrollieren, war ein verlockender Gedanke. Diesem sich zu ver-
schließen, konnte sich Antonius nicht leisten. Anstatt sich jedoch mit Sextus Pompeius zu verbünden, wählte er die weniger brisante Allianz mit Domitius Ahenobarbus, der seine
Flotte nach der Schlacht von Pharsalos zusammengehalten
und seitdem seine Unabhängigkeit bewahrt hatte. Domitius
war ein Anhänger der Republik und damit dem Senat geneh-
mer als Sextus, zumal er nicht wie jener die Küsten unsicher
gemacht und die Versorgung Roms mit Nahrungsmitteln
unterbrochen hatte. Als Partner war Domitius für Antonius
politisch unbedenklich und ein wertvoller Helfer beim Überwachen der Seewege. Vereint näherten sich die Verbündeten
Brundisium, fanden dort jedoch ein großes Truppenaufgebot
des Oktavian vor und mußten feststellen, daß ihnen die Tore
der Stadt verschlossen waren.

Mit ziemlicher Sicherheit muß Antonius daraus gefolgert
haben, daß Oktavian seine Truppen angewiesen hatte, die Stadt
zu verteidigen und ihm die Landung zu verwehren. Verärgert
machte er sich daran, die Stadt zu belagern. Gleichzeitig entsandte er Truppen mit dem Auftrag, die nahegelegene Stadt
Sipontum zu besetzen. Oktavians Antwort bestand darin, daß
er Agrippa die Rückeroberung der Stadt befahl und Publius
Servilius Rullus beauftragte, Antonius von der Küste vor
Brundisium zu vertreiben. Dieser griff jedoch an, bevor Servi-

Ein Goldstück aus dem Jahr 41 v. Chr., das von Gnaeus Domitius Ahenobarbus ausgegeben wurde. Bei der abgebildeten Person könnte es sich um Ahenobarbus selbst handeln. Diese Zuschreibung ist jedoch umstritten. Der Tempel des Neptun auf der Rückseite symbolisiert offensichtlich Ahenobarbus' Karriere als Seeoffizier unter Brutus und als unabhängiger Flottenkommandeur nach der Schlacht von Philippi. Ahenobarbus verbündete sich 40 v. Chr. mit Antonius und verstärkte dessen Truppen mit seinen Schiffen. Er blieb bis zur Endphase der Schlacht von Actium bei Antonius. Dann ging er, bereits krank, zu Oktavian über und starb kurz darauf.

lius bereit war, und drängte Oktavians Truppen zurück. Viele von Servilius' Männern fielen im Kampf, weitere wechselten rechtzeitig die Fronten und schlossen sich Antonius an. Da retteten die Legionäre die Situation. Sie verspürten nicht den Wunsch, sich gegenseitig zu töten, nachdem sie unter Cäsar Seite an Seite gekämpft hatten. Jetzt galt ihre Treue einem der beiden Nachfolger Cäsars. Darüber hinaus hatten sie genug vom Krieg, besonders von einem Krieg, der ihnen keinen dauerhaften Ruhm, keine reiche Beute aus fernen Ländern, sondern nur die Aussicht auf weitere Kämpfe einbrachte, bis eine Partei als Sieger feststand oder sich die Gegenspieler zu einer Einigung bereit fanden.

Diplomatie und Kompromißbereitschaft verhinderten so im September 40 v.Chr. den Ausbruch eines weiteren Bürgerkriegs. Oktavians Reiterfreund Maecenas, ein Zivilist, trat als dessen Sprecher auf. Für Antonius ergriff Pollio das Wort. An den ersten Gesprächen beteiligte sich auch Lucius Cocceius Nerva, der keiner der beiden Parteien angehörte. Als die Verhandlungen begannen, hatte sich die Lage zu Oktavians Gunsten verändert. Er hatte seine Verbindung mit Fulvias Tochter Clodia beendet. Da Clodia noch sehr jung war, war die Ehe möglicherweise ohnehin nie vollzogen worden. Nun nahm Oktavian Scribonia zu Frau, die Schwester des Lucius Scribonius Libo, dessen Tochter mit Sextus Pompeius verheiratet war. Oktavians Absichten lagen offen zutage. Er heiratete nicht aus Zuneigung, sondern aus politischen Überlegungen heraus, um ein politisches Bündnis mit Sextus anzubahnen. Antonius dämmerte vermutlich, daß er an der Nase herumgeführt wurde. Wahrscheinlich bereute er jetzt, den vor wenigen Monaten angebotenen Pakt mit Sextus ausgeschlagen zu haben. Oktavian befand sich nun in einer starken Verhandlungsposition und wurde zudem noch vom Zufall begünstigt. Im Sommer 40 starb plötzlich Fulvius Calenus, Antonius' Legat in Gallien. Oktavian übernahm auf der Stelle das Kommando über Calenus' Legionen, ohne daß sie dagegen auch nur geringsten Widerstand leisteten. Er rechtfertigte sein Handeln damit, Antonius' Interessen schützen zu wollen. Seine eigenen Bedürfnisse kamen indes mit Sicherheit nicht zu kurz, als er die gallischen Truppen seinem Befehl unterstellte. Nun kontrollierte er Gallien und hatte unversehens eine Menge weiterer Soldaten in Reserve. Oktavians Hauptsorge bestand zweifellos darin, den beträchtlichen Problemen vorzugreifen, die auf ihn zugekommen wären, wenn ein anderer Calenus' Legionen an sich gerissen hätte, vor allem wenn dieser andere vorgehabt hätte, im Sinne der bei Perusia geschlagenen Lucius Antonius und Fulvia aufzutreten. Daß Oktavian derart überraschend vom Schicksal begünstigt wurde, muß Antonius das Gefühl gegeben haben, sein Glück habe ihn verlassen. Er nahm deshalb den Verlust der Herrschaft in Gallien und seiner dortigen Truppen hin. Durch die Zusage weiterer Truppen für seine Feldzüge im Osten wurde er zumindest ansatzweise entschädigt.

Die im Herbst des Jahres 40 v.Chr. zwischen Antonius und Oktavian erzielte Übereinkunft ist unter Historikern als Vertrag von Brundisium bekannt. In dem Abkommen wurde die römische Welt neu aufgeteilt und Antonius' künftiges Aktionsfeld festgelegt. Ab jetzt mußte er seine Herrschaft ausschließlich auf den Osten beschränken. Die Teilung des römischen Imperiums in einen östlichen und einen westlichen Machtbereich war eindeutiger als das bisherige Arrangement zwischen Antonius und Oktavian, das nach der Schlacht von Pharsalos zustande gekommen war. Die neue Grenze verlief durch die bis dahin unbekannte illyrische Stadt Scodra im heutigen Nordalbanien. Oktavian erhielt alle westlichen Provinzen Roms. Seine Aufgabe sollte nun vor allem darin bestehen, Sizilien und Sardinien von Sextus zurückzugewinnen. Lepidus blieb Statthalter in Nordafrika und damit weitab vom eigentlichen politischen Geschehen. Antonius sollte die Herrschaft im Osten übernehmen und dessen Verwaltung mit Hilfe größerer Machtbefugnisse und verstärkter Militärpräsenz neu organisieren. Dann sollte er sich um das Partherproblem kümmern. Für eine kurze Weile sah es so aus, als hätten die beiden Triumvirn ein Einverständnis erzielt, das optimistisch in die Zukunft blicken ließ. Jedenfalls ist der Vertragsschluß wohl im ganzen Imperium gefeiert wurde, auch wenn es dafür heute kaum noch umfassende Quellenbelege gibt. *Concordia*, also Eintracht, war das Schlagwort des Tages. Münzen mit der Aufschrift M. ANTON. C. CAESAR IMP. wurden geprägt und verwiesen auf die gemeinschaftliche Machtausübung Antonius' und Oktavians und auf deren Rolle als oberste Feldherren. Auf den Geldstücken war die Göttin Concordia abgebildet. Die Botschaft war klar: Vorherrschaft des Militärs, jedoch beschränkt und abgemildert durch die harmonischen Beziehungen zwischen den beiden Oberbefehlshabern. Auch ein Monument im italienischen Casinum war dieser neuen Eintracht gewidmet. Zweifellos spiegelten noch weitere Artefakte und Kunstwerke die gewandelte Stimmung im Land wider. Sie sind uns jedoch leider nicht erhalten geblieben.

Trotz guter Zukunftsaussichten und feierlicher Lobpreisung verlor Antonius nun die Vorherrschaft im Westen und konnte sie auch nie wieder erlangen. Ursprünglich sollte Italien das gemeinsame Herrschaftsgebiet und die Versorgungsbasis beider Triumvirn darstellen. Antonius' Einfluß dort verringerte sich jedoch ständig, hauptsächlich, weil er ab 39 v.Chr. nicht mehr italischen Boden betrat und so die persönlichen Kontakte nicht aufrechterhalten konnte, die für die Pflege der politischen Verbindungen und den Aufbau militärischer Gefolgschaft unabdingbar waren.

Vielleicht dachte Antonius nicht an derartige Langzeitfolgen, als er den jüngsten Pakt mit Oktavian besiegelte. Beide Triumvirn reisten im Spätherbst nach Rom, um ihre Solidarität zu demonstrieren und die Regierung der Stadt zu beider Zufriedenheit zu regeln. Es wurden Geschenke ausgetauscht und Opfer gebracht. Oktavian gab Antonius seine ältere Schwester Oktavia zur Frau. Beide, Antonius und Oktavia, hatten zu jenem Zeitpunkt ihre früheren Ehegatten verloren. Fulvia war in Griechenland gestorben. Der Tod von Oktavias Mann Marcellus war jedoch erst kurz zuvor erfolgt. Nach römischem Brauch dauerte die Trauerzeit noch an, deren Ende Oktavia hätte abwarten müssen, bevor sie wieder heiraten konnte. Formalitäten dieser Art konnten Männer wie Oktavian und Antonius aber nicht aufhalten. Allerdings mußten beide zumindest den Anschein wahren, den Regeln der Gesellschaft entsprechend zu handeln. Also überzeugten sie den Senat, Oktavia die Erlaubnis zur Neuvermählung vor Ablauf der üblichen Trauerzeit zu erteilen.

Dem neuen Bündnis geopfert wurden hingegen je einer von Oktavians und Antonius' Anhängern. Antonius' Verbündeter Manius hatte eine der Hauptrollen im politischen Geschehen gespielt, das zum Perusinischen Krieg geführt hatte. Der Überlieferung nach war er derjenige gewesen, der Fulvia versichert hatte, bei Ausbruch eines Krieges in Italien werde der Senat Antonius zurückrufen und dieser, einmal zurückgekehrt, Kleopatra vergessen. Hatte Manius Fulvia tatsächlich etwas Derartiges kolportiert, oder sagte man ihm zumindest ähnlich lautende Äußerungen nach, war Antonius verpflichtet zu beweisen, daß er solch revolutionäres Gerede – Aufruhr in Italien zu schüren, um persönlichen Vorteil daraus zu ziehen – nicht tolerieren würde. Es spielte keine Rolle, ob Manius in Wirklichkeit geschwiegen, eine persönliche Meinung geäußert oder gar auf Anweisung des Antonius selbst gehandelt hatte. Es durfte keinen Hinweis auf ein mögliches persönliches Interesse Antonius' geben, Oktavian in Verruf zu bringen und sich selbst an die Spitze der Regierung zu setzen. Was zählte, war, Verdachtsmomente auszuschalten und Antonius als Unschuldslamm erscheinen zu lassen. Manius mußte abtreten.

Überraschender muß indes die Ablösung von Salvidienus Rufus erscheinen. Er war einer von Oktavians engsten und ältesten Freunden. Beide waren kurz vor Cäsars Ermordung gemeinsam in Makedonien gewesen und anschließend zusammen mit Marcus Vipsanius Agrippa nach Italien gereist. Antonius erklärte, Salvidienus habe ihm, während er sich auf die Belagerung von Brundisium vorbereitete, eine Botschaft zukommen lassen und sich darin bereit erklärt, Oktavian zu verlassen und sich der Sache Antonius' anzuschließen. Dies könnte durchaus den Tatsachen entsprechen. Vielleicht hatte Salvidienus allmählich genug von Oktavians rücksichtslosem Streben nach Macht, dem Cäsars Adoptivsohn all seine Freundschaften unterordnete. Agrippa war es zufrieden, in Rom der zweite Mann nach Oktavian zu sein und gab seine loyale Zurückhaltung nie auf. Salvidienus könnte ehrgeizigere Pläne gehabt haben und hatte möglicherweise gehofft, sie mit Antonius' Hilfe verwirklichen zu können. Anhand der bekannten Tatsachen lassen sich noch ganz andere Vermutungen anstellen. Uns liegen jedoch keine gesicherten Informationen vor, die irgendeine Theorie erhärten könnten. Oktavian war jedenfalls so vorsichtig, Salvidienus auf völlig legale Weise beseitigen zu lassen. Der Senat lieferte gehorsam den gewünschten Richtspruch: Salvidienus wurde aus Gallien abberufen und zum Tode verurteilt.

Jetzt waren alle nötigen Maßnahmen getroffen; Oktavian und Antonius hatten freie Bahn. Dennoch fiel ihnen die Macht nicht in den Schoß. Sextus Pompeius hatte mit seinen Verhandlungsversuchen kaum etwas bei den Triumvirn erreicht, die ganz offensichtlich zu sehr mit der Wahrung ihrer eigenen Interessen beschäftigt waren, als daß sie sich um seine Angelegenheiten hätten kümmern können. Seine unmittelbare Antwort auf das Ausbleiben greifbarer Ergebnisse bestand darin, wieder einmal die italischen Küstenstädte anzugreifen und die römische Getreideversorgung derart zu stören, daß eine Hungersnot drohte. Seine Strategie hatte Erfolg. In Rom kam es zum Aufruhr. Als Oktavian versuchte, zur Masse zu sprechen, wurde der frühere Volksheld mit einem Steinhagel empfangen. Er mußte sich von Antonius' Truppen retten lassen. Etwas mußte also unternommen werden, aber weder Oktavian noch Antonius waren bereit, sich auf einen Seekrieg mit einem so erfahrenen Gegner wie Sextus einzulassen. Dazu verfügten sie weder über genügend Schiffe noch über eine ausreichende Anzahl an Seeleuten. Selbst wenn sie beides innerhalb kurzer Zeit herbeigeschafft hätten, fehlte ihnen doch die nötige Erfahrung zur See. Glücklicherweise war Oktavian noch mit Scribonia verheiratet und stand über sie in Verwandtschaftsbeziehung zu Sextus. Antonius schlug vor, sich auf dieses Verhältnis zu berufen und Oktavians Schwager Scribonius Libo zu bitten, als Vermittler zwischen den Triumvirn und Sextus aufzutreten. In den Verhandlungen mußten Antonius und Oktavian Sextus weiterhin die Herrschaft über Sizilien, Sardinien und Korsika zugestehen. Ihr Hauptinteresse bestand darin, die Nahrungsversorgung Roms zu sichern, um die Ausschreitungen zu beenden und ihre eigene Glaubwürdigkeit wiederherzustellen. Die Triumvirn konnten nichts unternehmen, um Sextus die absolute Herrschaft über die Inseln und damit die Vorherrschaft über die Küstenregionen des gesamten Mittelmeerraums streitig zu machen. Sie versuchten daher, Sextus' Rückhalt bei seinen Soldaten zu untergraben, indem sie ihnen das gleiche Entgelt versprachen wie ihren eigenen Truppen, hatten damit aber keinen unmittelbaren Erfolg. Alles Weitere mußte sich später ergeben. Sextus war sich der Lage möglicherweise bewußt, als er nach der Unterzeichnung des Vertrags von Misenum im Sommer 39 v.Chr. beide Triumvirn auf seinem Flaggschiff empfing. Sein Admiral Menas schlug ihm vor, all seine Probleme auf einen Schlag zu lösen, einfach die Taue zu kappen und mit den Gästen davonzusegeln, um sie irgendwo über Bord zu werfen. Sextus lehnte ab. Er hätte wenig gewonnen, sondern sich nur noch mehr gegen das römische Gesetz gestellt. Die Beseitigung der Triumvirn führte nicht automatisch zur Anerkennung durch Rom. Er profitierte weit mehr vom Vertrag von Misenum, der den Status quo bewahrte und ihm keinen Schaden zufügte. Sextus wurde nun zum Auguren ernannt und sollte das Konsulat des Jahres 33 v.Chr. erhalten. Außerdem wurde ihm für fünf Jahre die Kontrolle über den Peloponnes zugesagt, den ihm Antonius abtreten sollte. Wenn es tatsächlich soweit gekommen wäre, hätte Sextus in beiden Hälften des römischen Imperiums Fuß fassen und über Stützpunkte in den Machtbereichen beider Triumvirn verfügen können.

Vorerst war der Friede in der römischen Welt wiederhergestellt. Oktavian war nun, da er die westlichen Provinzen kontrollierte, in einer wesentlich stärkeren Position als vorher, hatte in Italien jedoch noch einiges zu bewältigen. Seine Sicherheit blieb abhängig von Sextus' Wohlverhalten. An Oktavians Fähigkeit und politischer Raffinesse konnte kein Zweifel bestehen, doch Antonius war ihm in politischen Belangen ebenbürtig und im militärischen Bereich überlegen. Vielleicht war es nicht nötig, daß sich Antonius über den Verlust der westlichen Provinzen und Oktavians Machtgewinn Sorgen machte. Schließlich hatte sein junger Gegner eine empfindliche Konstitution, war permanent krank und mochte sogar bald eines natürlichen Todes sterben. Dann konnte Antonius nach Rom zurückkehren und die Führung übernehmen – am besten, nachdem er zuvor die Parther bezwungen hatte. Ein solcher Sieg würde ihm beträchtliches Ansehen verschaffen und sein politisches Gewicht in Rom verstärken. Er wäre dann in der Lage, die Verwaltung und das Geflecht politischer Beziehungen im Osten neu zu ordnen und die Region zu stabilisieren. Verdankte erst einmal jeder Provinzstatthalter und jeder König eines abhängigen Staates seine Herrschaft Marcus Antonius, war die Zukunft im Osten gesichert. Eine lange Reihe wohlhabender und mächtiger Gefolgsleute konnte Antonius nur dienlich sein. Dem Rächer des Crassus würde beträchtlicher Ruhm zuteil, selbst bei den Römern, die nicht unter seiner Herrschaft standen. Als starker Mitbewerber um die Macht wäre er Oktavian auf jeden Fall ebenbürtig, mochte der erreichen, was er wollte.

Antonius' Name ist untrennbar mit dem Osten des Imperiums verbunden. Man sagt ihm nach, er habe dessen rauschhafte, sinnenfrohe Lebensweise bereitwillig übernommen. Daher ist man versucht, anzunehmen, daß Antonius im Jahre 39 v.Chr. Rom bewußt und unwiderruflich den Rücken kehrte, als er mit seiner neuen Ehefrau Oktavia nach Athen aufbrach. Tatsächlich kam er nie mehr nach Rom zurück, was allerdings weniger auf einen entsprechenden Beschluß zurückzuführen war, sondern sich eher aus den Umständen ergab. Gegen Ende des Jahres 39 richtete er seine Aufmerksamkeit eher auf die Parther, war im Osten so gut wie allmächtig, blieb aber dennoch römischer Offizier, im römischen Geist erzogen und mit der Weltanschauung eines Römers. Als Soldat spürte er Eroberungsdrang, was jedoch nicht hieß, daß er nach dem Sieg nicht mehr an Rom denken würde. Seine Herrschaft war vom Senat bestätigt worden. Antonius hatte die Vorsicht be-

Abbildung des Antonius und seiner Frau Oktavia auf einer Silbermünze. Die Inschrift auf der Vorderseite des Geldstücks ist nur zum Teil erhalten. Sie lautet: M. ANTONIUS. IMP. COS DESI. ITER. ET. TERT. und bezieht sich auf den militärischen Ehrentitel Imperator des designierten Konsuls für das Jahr 38. Die Münzrückseite zeigt Bacchus (Dionysos), der von zwei ineinander verschlungenen Schlangen flankiert wird.

sessen, alle seine zurückliegenden, aber auch seine künftigen Erlasse vom Senat ratifizieren zu lassen, bevor er Rom verließ. Da Antonius aus eigener, bitterer Erfahrung wußte, wie anfällig das politische Klima in Rom für Manipulationen war, unternahm er alle Anstrengungen, seine Position zu stärken und legal abzusichern, bevor er zu einem Feldzug in die Ferne aufbrach. Er dachte also bereits an den Tag, an dem er nach Rom zurückkehren würde, um den nächsten Abschnitt seiner Karriere einzuläuten.

Den Winter des Jahres 39 v.Chr. verbrachte Marcus Antonius mit seiner neuen Ehefrau in Athen und bereitete sich dort auf den herrannahenden Feldzug vor. Er unternahm keine ausgedehnten Reisen, war jedoch während seines Aufenthalts in Griechenland nicht faul. Er kleidete sich wie ein griechischer Zivilist und genoß die griechische Lebensart in vollen Zügen. Sein zwangloses Auftreten schloß jedoch politische und militärische Aktivitäten nicht aus. Die zeitgenössischen Quellen beschreiben den gewaltigen Kontrast zwischen seinem friedlichen, stillen und ruhigen Haushalt im Winter und dem plötzlichen Ausbruch der Energie im Frühling, als sein Haus zum militärischen Hauptquartier wurde – mit all seinem lärmenden Glanz, mit Boten, die kamen und gingen, Offizieren, die sich vor den Türen drängten, und Antonius selbst, der in seiner römischen Uniform hin- und hereilte. In diesem Fall hat das Bild, das Antonius' Heerlager bot, zu Behauptungen geführt, er habe über Monate hinweg auf der faulen Haut gelegen und schließlich in letzter Minute überstürzt und planlos gehandelt. Der Schein ist allerdings trügerisch. Während seines Aufenthalts in Athen gab es wohl kaum einen Augenblick, in dem Antonius nicht an die Lage im Osten dachte. Als er noch in Ägypten weilte, hatten die Parther einen Eroberungsfeldzug unternommen und begonnen, ausgedehnte Gebiete, darunter Judäa, Syrien und Kleinasien, unter ihre Herrschaft zu bringen. Der Anstifter der Überfälle auf römisches und neutrales Territorium war Quintus Labienus, der Sohn von Cäsars altem Feind Titus Labienus. Brutus und Cassius hatten ihn mit einer Mission an den parthischen Hof gesandt. Nach der Schlacht von Philippi aber stand Quintus als einziger überlebender „Befreier" isoliert da. Aller Verbündeter beraubt, schloß er sich den Parthern an und arbeitete gemeinsam mit Pacorus darauf hin, die Städte im Osten zu überrennen und unter parthische Kontrolle zu bringen. Seine Erfolge ließ Labienus auf Münzen feiern, die sein Portrait und seine neu angenommenen Titel zeigten. Er bezeichnete sich selbst als *Imperator* und nannte sich *Parthicus*. Dies war der Ehrentitel, der dem römischen Eroberer Parthiens zugestanden hätte. In Labienus' Fall signalisierte die Bezeichnung jedoch seinen Übertritt von Rom ins Lager derer, die traditionell mit Rom verfeindet waren.

Sobald er konnte, beschäftigte sich Antonius mit der Situation im Osten. Während des Sommers 39 v.Chr., als er mit Oktavian verhandelte, entsandte er Ventidius Bassus, um die Ordnung in Syrien und Kleinasien wiederherzustellen. Dieser fähige Offizier konzentrierte all seine Anstrengungen auf den Überläufer Labienus, der bald darauf in die Flucht geschlagen wurde, was seinen vollmundigen Titeln hohnsprach. Das letzte Mal hörte man von ihm aus Kilikien. Danach verschwand er von der Bildfläche. Nun vertrieb Ventidius die Parther aus Syrien. Nach dem erfolgreichen Abschluß der Kämpfe wird noch einiges zu erledigen gewesen sein, aber wir haben keine

Silberdenarius, 40 v. Chr. Auf der Vorderseite ist Quintus Labienus im Profil abgebildet.

detaillierten Angaben über Ventidius' Maßnahmen zur Sicherung der Provinz. Vermutlich mußte er seine Truppen während des Winters aufteilen, um Straßen und strategisch wichtige Punkte zu sichern, insbesondere die an der parthischen Grenze gelegenen. Vor allem aber war er auf regelmäßige und verläßliche Versorgung angewiesen. Er erhob Tribute von verschiedenen Städten, hauptsächlich von denen, die entweder Labienus oder den Parther Pacorus unterstützt bzw. den Eindringlingen keinen nennenswerten Widerstand geleistet hatten.

Den ganzen Winter 39 und das Frühjahr 38 hindurch stand Ventidius wohl in Verbindung mit Antonius und hielt diesen auf dem laufenden. In Athen angekommen, konnte Antonius viel schneller und einfacher mit Ventidius kommunizieren als von Rom aus. In Griechenland wird Antonius zu einer besseren Einschätzung der im Osten erforderlichen Maßnahmen gekommen sein. Gleichzeitig war er hier eher in der Lage, das Geschehen aus einiger Entfernung zu steuern. Tatsächlich bot ihm Athen die besten Möglichkeiten, gleichzeitig Verbindung zum Osten und zum Westen zu halten. Antonius kann nicht nur mit weiterem Ärger von den Städten im Osten und den Parthern gerechnet haben, sondern wird sicherlich auch auf Bedrohungen aus dem Westen gefaßt gewesen sein. Er mußte erfahren, was Oktavian unternahm. Nach dem Verlust seiner gallischen Legionen und seiner Provinzen im Westen an

Oktavian erscheint es höchst unwahrscheinlich, daß Antonius
seinem Triumviratskollegen auch nur im geringsten über den
Weg traute.

Aus diesem Grund wird in seinem Haus in Athen ein stän-
diges Kommen und Gehen von Boten aus beiden Hälften der
römischen Welt geherrscht haben. Während die Gesandtschaften in und aus dem Osten als Teil seines vom Senat
bestätigten Herrschaftsauftrags offizieller Natur waren, mußten seine Agenten im Westen behutsamer vorgehen. So wie er
ein Auge auf Oktavian hatte, ließ ihn auch dieser mit Sicherheit genau beobachten. Das angenehme Leben in Athen, das
Antonius gemeinsam mit Oktavians Schwester genoß, könnte
als Tarnung und Fassade gedient haben, die der römischen
Welt im allgemeinen und Oktavian im besonderen signalisierte, daß die politische Beziehung zwischen den beiden Triumvirn reibungslos verlief. Wenn dies Antonius' Absicht war,
erwies es sich letztlich aber als kontraproduktiv, denn Oktavian
half die von Marcus Antonius demonstrativ zur Schau gestellte sorglose Lebensweise, seinen Gegner in der Öffentlichkeit
als unfähigen und sogar unwürdigen Befehlshaber und Politiker darzustellen. Es gibt kaum zeitgenössische literarische
Quellen, die den wahren Antonius zeigen. Vieles ging verloren, und die uns erhaltenen Aufzeichnungen wurden später in
Oktavians Sinn umgeschrieben.

Gelegentlich kann der glückliche Fund einer Inschrift oder
eines Textfragments helfen, ein unverfälschtes Bild von Marcus
Antonius und seiner Politik zu gewinnen. Die berühmte Reihe von Inschriften aus der Stadt Aphrodisias wurde auf die
Zeit der Triumvirn datiert und kann etwas Licht auf die tatsächliche Lage im Osten des römischen Imperiums werfen.
Eine der Inschriften verweist auf einen Mann namens
Stephanos, der im Osten in Antonius' Namen auftrat. Aus der
Inschrift geht jedoch auch hervor, daß dieser Stephanos unter
anderem Anweisungen direkt von Oktavian erhielt. Die Indi-
zien reichen für eine umfassende, weitreichende Schlußfolge-
rung nicht aus, aber es scheint, daß potentielle Konflikte
bereits im römischen Verwaltungssystem angelegt waren.
Hier zeigt sich, daß Marcus Antonius im Osten keinesfalls die
ihm zugesagte unumschränkte Regierungsgewalt in den Händen hielt. Ob Antonius die gleichen Rechte genoß und ebenso
direkt in die Politik des Westens eingreifen konnte, wie es

*Diese Büste Antonius' zeigt
das zerfurchte Gesicht eines
älteren, erfahrenen Heerfüh-
rers mit Doppelkinn und
Sorgenfalten zwischen den
Augenbrauen.*

Oktavian anscheinend im Osten tat, ist unbekannt. Mit Sicherheit hatte Antonius ein Mitspracherecht, wenn es um die Be-
lange seiner Anhänger in den italischen Städten ging. Damit
läßt sich der oben erwähnte Fall im Osten jedoch nicht ver-
gleichen. Oktavians Tendenz zur Alleinherrschaft kam schon
lange vor seiner Zeit als Augustus zum Vorschein.

Im Frühjahr 38 setzte sich Antonius in Bewegung. Umfangreiche Vorbereitungen waren zu treffen. Die Beziehungen zwischen den Städten und Territorien des Ostens mußten
weiter geordnet, ihre Ansprüche und Befugnisse aufeinander
abgestimmt werden. Ein Erfolg war hierbei nur auf der
Grundlage umfassender Kenntnisse der jeweiligen Machtverhältnisse und unter sorgfältiger Abwägung zwischen dringenden Erfordernissen und langfristigen Vorhaben möglich. Zwei
Ereignisse warfen Antonius in seinem Zeitplan zurück. Fast

hat es den Anschein, als handele es sich um eine Wiederholung der Vorfälle in den Jahren 40 und 39 v.Chr. Die Parther
griffen abermals Syrien an. Gleichzeitig rief Oktavian Antonius
in den Westen, da sich die Lage in Italien dramatisch zuspitzte.
Ventidius wurde erneut mit militärischen Maßnahmen gegen
die Parther betraut, und Antonius reiste nach Italien. Oktavian
befand sich in großer Bedrängnis. Der Friedensvertrag mit
Sextus Pompeius hatte kaum ein Jahr gehalten. Kurz nach Abschluß der Verhandlungen hatte sich Oktavian von seiner Frau
Scribonia scheiden lassen – am selben Tag, als sie sein einziges
Kind, seine Tochter Julia, zur Welt brachte. Sextus Pompeius
faßte dies als Hinweis darauf auf, daß seine politische Beziehung zu Oktavian beendet war, und begann wieder, die italischen Küstenstädte und Häfen zu überfallen und die Getrei-
delieferungen an Rom aufzuhalten. Oktavians Ansehen in
Rom litt beträchtlich unter dem Geschehen. Allerdings ver-
besserte sich seine Situation etwas, als Sextus' Admiral
Menodorus mit Schiffen, Männern und Geldmitteln zu ihm
überlief und ihm die Kontrolle über Sardinien und Korsika
ermöglichte. Ab diesem Zeitpunkt befanden sich Sextus
Pompeius und Oktavian im Kriegszustand. Sextus war der
bessere Stratege und Seemann und schlug Oktavians Flotte
bei zwei Gelegenheiten. Antonius verlor kostbare Zeit, als er
nach Brundisium reiste, um mit Oktavian zusammenzutreffen, dort jedoch feststellen mußte, daß sein Triumviratskollege
nicht anwesend war. Der junge Mann könnte krank gewesen
sein. In entscheidenden Momenten war er immer krank, was
ihn jedoch gewöhnlich nicht davon abhielt, zur rechten Zeit
am rechten Ort zu sein. Dieses Mal allerdings ließ er das ver-
abredete Treffen platzen. Antonius reiste ab, und Oktavian bekam in einem offenen Brief seinen berechtigten Zorn spüren.
Dann eilte er nach Syrien, wo er Ende Juni ankam. Ventidius
hatte dort die Lage wieder einmal stabilisieren können. Es war
also noch nichts verloren. Er hatte Pacorus bei Gindarus im
Nordosten Syriens zur Schlacht gestellt und ihn vernichtend
geschlagen. Als Siegestrophäe wurde ihm der Kopf des parthischen Anführers überreicht. Den ließ er in den Städten des
Ostens als Beweis seines entscheidenden Sieges über den Feind
herumzeigen.

Die Probleme in Judäa waren ebenfalls fast gelöst. Herodes
war als König der Idumäer und Samariter anerkannt worden,

aber noch nicht Herr von Judäa, weil in Jerusalem immer noch der parthische Gefolgsmann Antigonos regierte. Sobald er einen Teil seiner Truppen entbehren konnte, sandte Ventidius Herodes ein Kontingent Legionäre zu Hilfe, während er sich selbst nach Samosata am rechten Ufer des Euphrat aufmachte, wo Antiochos, König von Kommagene, parthischen Flüchtlingen seinen Schutz gewährt hatte. Ventidius belagerte den Ort, der außerhalb des römischen Herrschaftsbereichs lag. Bei Ventidius' Unternehmung handelte es sich also um eine Strafexpedition in feindliches Territorium, um die römische Vorherrschaft in der Region wiederherzustellen. Antonius erreichte Samosata im Spätsommer und übernahm das Kommando von Ventidius, der nach Rom zurückkehrte, um dort im November 38 v.Chr. einen wohlverdienten Triumphzug abzuhalten. Diese höchste Ehrung für einen Feldherrn gestanden die Triumvirn ihren siegreichen Legaten durchaus zu. Später, als Oktavian alle Macht an sich gerissen hatte, wurde die triumphale Prozession durch die Straßen Roms jedoch zu einer Seltenheit, zu einer außerordentlichen, eifersüchtig gehüteten Belohnung, die nur Mitgliedern der kaiserlichen Familie vorbehalten war. Dennoch war es Oktavian, der das Gerücht in Umlauf setzte, Antonius sei eifersüchtig auf den Erfolg seines Legaten gewesen, und dessen Tod kurze Zeit später sei möglicherweise kein natürlicher gewesen. Man munkelte auch, Ventidius habe Bestechungsgelder von Antiochos angenommen und die Belagerung von Samosata absichtlich verzögert, um Antonius' Aussichten zu schmälern, die Stadt zu erobern. Darauf habe Antonius seinen früheren Freund entlassen und mit Schimpf und Schande nach Hause geschickt. Das ist natürlich Unsinn und steht im Widerspruch zu Ventidius' triumphalem Empfang in Rom, der keinem in Ungnade gefallenen General gewährt worden wäre und den Höhepunkt in Ventidius' militärischer Karriere darstellte. Daß sich Ventidius anschließend ins Privatleben zurückzog, lieferte möglicherweise Nahrung für derartige Gerüchte. Äußerst erfolgreich, aber nach seiner Rückkehr ohne Aufgabe, mußte Ventidius die Neugier der Römer wecken. Wenn er nur halb so befähigt war, wie ihm die Leute nachsagten, warum kehrte er dann nicht in den Osten, an Antonius' Seite zurück, wo er hingehörte? Die Römer kannten keinen Ruhestand im heutigen Sinn, aber Ventidius war kein junger Mann mehr und hatte ein rauhes Leben geführt. Vielleicht war er müde, vielleicht war sein Gesundheitszustand angegriffen. Wer aufgrund von Ventidius' plötzlichem Tod Verdacht schöpft, sollte bedenken, daß ein lebender Ventidius Antonius in Rom äußerst nützlich sein konnte, der Triumvir andererseits keinen Gewinn aus dem Tod seines Gefolgsmannes ziehen konnte. Ein neidischer Marcus Antonius hätte seinem Freund und zuverlässigen General erst gar keinen Triumph zugestanden. Er hätte über verschiedene Möglichkeiten verfügt, den siegreichen General der Öffentlichkeit vorzuenthalten. Für den Fall, daß ihn wirklich die Eifersucht gepackt hätte, hätte Antonius nicht bis nach Ventidius' Triumphzug warten müssen, um den General beseitigen zu lassen. Es wäre einfacher und viel glaubhafter gewesen, einen kleinen Unfall in Syrien zu arrangieren. Allerdings könnte Antonius Ventidius mit Hintergedanken ganz anderer Natur nach Rom geschickt haben, um dort großes Aufsehen zu erregen. Oktavian hatte im Krieg gegen den Renegaten Sextus Pompeius kaum Erfolge aufzuweisen. Antonius' Untergebener hatte dagegen zweimal dem gefährlichsten Feind Roms, den Parthern, die Stirn geboten. Mit dem Triumph wurde Antonius ebenso geehrt wie Ventidius – und Oktavian in den Hintergrund gedrängt. Die ganze Affäre spiegelt das Bemühen der Triumvirn wider, sich gegenseitig mit Hilfe von Intrigen und Verleumdungen in den Augen der Öffentlichkeit herabzusetzen und sich selbst in ein günstiges Licht zu rücken. Es handelte sich um einen regelrechten Propagandakrieg.

Nach der Abreise des Ventidius ging die Belagerung von Samosata nur schleppend voran und brachte keine nennenswerten Resultate. Antonius einigte sich mit dem Gegner auf dem Verhandlungsweg und kehrte im Winter 38/37 nach Athen zurück. Es gab im Osten nichts mehr zu tun, bis im Frühling 37 die Zeit für neue Feldzüge kam. Die alltäglichen Verwaltungsaufgaben in den Provinzen wurden jedoch weiterhin wahrgenommen. Auch die sorgfältige Überwachung der von Rom abhängigen Staaten erfuhr keine Unterbrechung. Uns sind keine Angaben überliefert, wie Antonius seinen Herrschaftsbereich verwaltete. Als oberster römischer Befehlshaber des ganzen Ostens nahm er jedenfalls die Rechenschaftsberichte der verantwortlichen Beamten entgegen und empfing die Fürsten der abhängigen Staaten. Diese Aktivitäten stellten in der antiken Welt jedoch eine Selbstverständlichkeit dar. Darüber Aufzeichnungen für die Nachwelt anzufertigen, muß den Zeitgenossen unnötig erschienen sein. Es handelte sich wohl eher um Routineaufgaben, mit denen sich Marcus Antonius beschäftigen mußte. Immerhin stand in dieser Zeit wichtigeres auf dem Spiel. Da es Oktavian war, der schließlich als Sieger aus dem Machtkampf mit Antonius hervorging, nahmen sich die Geschichtsschreiber vor allem seiner Erfolge an.

Auch für den Westen war das Jahr 38 äußerst unruhig verlaufen. Agrippa konnte beachtliche Erfolge in Gallien erzielen, wo es in Aquitanien zu Aufständen gekommen war. Oktavian hatte weiter Krieg gegen Sextus Pompeius geführt, ohne jedoch nennenswerte Ergebnisse vorweisen zu können. Seine Bilanz fiel in der Tat katastrophal aus. Taktvoll verzichtete Agrippa auf einen triumphalen Abschluß seines gallischen Feldzugs. Seine Erfolge mußten Oktavians Fehlschläge nur noch mehr hervorheben. Als sich das Jahr dem Ende zuneigte, empfing Antonius Oktavians Freund Maecenas, der gekommen war, um ihn um Unterstützung gegen Sextus Pompeius zu bitten. Da es nicht klug gewesen wäre, mit einer so gravierenden potentiellen Bedrohung im Rücken gegen die Parther zu ziehen, willigte Antonius ein, noch einmal mit Oktavian zusammenzutreffen, um das Problem ein für allemal zu lösen. Entweder mußte Sextus entscheidend geschlagen oder vollständig in die Herrschaft der Triumvirn integriert werden. Das letztere war jedoch eher unwahrscheinlich. Obwohl Antonius und Oktavian als mächtige Militärdiktatoren die ganze römische Welt beherrschten, wollte keiner von ihnen Sextus als Verbündeten im Mittelmeer, und in Rom konnten sie ihn schon gar nicht gebrauchen, weil er ihnen dort viel zu große Schwierigkeiten bereiten konnte. Letztendlich blieb Antonius nichts anderes übrig, als Oktavian beizustehen und zu hoffen, daß dieser Sextus endlich schlagen würde. Die einzig mögliche Alternative bestand darin, selbst in den Seekrieg einzugreifen. Antonius stellte eine Flotte von 300 Schiffen zusammen und segelte im Frühjahr nach Brundisium.

Zum dritten Mal gab es bei seiner Ankunft Schwierigkeiten. Brundisium verschloß seine Tore vor ihm. Die Behörden der Stadt erlaubten seiner Flotte nicht, in den Hafen einzulaufen. Die Berichte über dieses Ereignis sind etwas widersprüchlich. Möglicherweise verwechselten die Geschichtsschreiber den unfreundlichen Empfang mit früheren Debakeln für Antonius in Brundisium. Jedenfalls segelte Antonius weiter nach Tarent, wo er Oktavian schließlich antraf. Angeblich mußte Oktavia, Antonius' Ehefrau und Oktavians Schwester, eingreifen, um die beiden Männer miteinander auszusöhnen. An jener Geschichte könnte etwas Wahres sein, besonders wenn Antonius zum dritten Mal hintereinander die Einfahrt in den Hafen von Brundisium verweigert worden war. In diesem Fall war er mit Sicherheit nicht in guter Stimmung. Ebenso muß es Oktavian ergangen sein, der gezwungen war, Antonius um Beistand in einem Krieg zu bitten, welchen er selbst seit einiger Zeit vergeblich zu gewinnen versuchte.

Das in Tarent getroffene Abkommen regelte mehr als nur die unmittelbaren militärischen Bedürfnisse der beiden Triumvirn. Oktavian sollte 120 Schiffe erhalten, um die Verluste ausgleichen zu können, die seine Flotte durch Stürme und den Seekrieg gegen Sextus erlitten hatte. Diese Schiffe stellte ihm Antonius sofort zur Verfügung. Aber auch Antonius sollte von der Abmachung profitieren. Für seinen Partherfeldzug war er eher auf ein schlagkräftiges Heer als auf Schiffe und Seeleute angewiesen. Daher versprach ihm Oktavian Unterstützung im Umfang von 20.000 Mann. Man muß sich fragen, ob Antonius wirklich glaubte, die zugesagten Legionen zu erhalten bzw. ob Oktavian jemals beabsichtigte, sein schriftlich gegebenes Versprechen einzulösen. Jedenfalls kam die Verstärkung niemals bei Antonius an. Oktavian schickte lediglich eine völlig unzureichende Einheit, als bereits alles zu spät war.

Nachdem der Austausch von Schiffen und Soldaten beschlossen war, wandten sich die Triumvirn ihren gemeinsamen Angelegenheiten zu. Ihre Herrschaft besaß keine formaljuristische Legitimation über das Jahr 38 v.Chr. hinaus. Das Triumvirat war im Jahre 43 für eine begrenzte Zeitspanne von fünf Jahren errichtet worden. Im Moment war es höchst unwahrscheinlich, daß jemand öffentlich Anstoß an ihrer Herrschaft nahm. An Lepidus als mögliches Regierungsoberhaupt dachte zur Zeit niemand. Antonius und Oktavian waren noch an der Macht, weil sie den Großteil der römischen Streitkräfte kontrollierten und darüber hinaus am ehesten geeignet waren, dem Treiben des Sextus Pompeius ein Ende zu setzen, auf diese Weise das Mittelmeer wieder sicher für die Schiffahrt zu machen und die Versorgung Roms mit Nahrungsmitteln zu gewährleisten. Die einfache Bevölkerung Roms war vernünftig genug, sich nicht gegen die Männer aufzulehnen, die als einzige das tägliche Brot garantieren konnten. Der Senat war durch die blutigen Säuberungen des Jahres 43 zum Verstummen gebracht worden. Dennoch mußte der Anschein der Legalität gewahrt werden. Weder Antonius noch Oktavian durften davon ausgehen, ihre Herrschaft auf ungeklärter rechtlicher Basis lange ausüben zu können. Im gegenwärtigen Ausnahmezustand, während welchem sich Rom und sein Imperium in ständiger Bedrängnis befanden und immer wieder katastrophalen Ereignissen ausgesetzt waren, bestand kaum die Gefahr juristischer Anfeindungen. Eine Untersuchung der rechtlichen Basis des Triumvirats mußte jedoch so zahlreiche Unstimmigkeiten und Schlupflöcher zutage fördern, daß die Triumvirn das Risiko einer genaueren Prüfung ihrer Machtgrundlage nicht eingehen konnten. Fragen, ob das Triumvirat rechtlich auf einen Zeitraum begrenzt oder ob es auf unbestimmte Zeit, bis zum Rücktritt der Triumvirn, angelegt war, beschäftigen im Stillen wohl manchen Römer, wurden jedoch im Senat nie geäußert und würden vermutlich auch in Zukunft nicht öffentlich zur Sprache kommen. Dennoch mußte man mögliche Risiken von vornherein ausschließen. Da sie es beide eilig hatten, verschwendeten Antonius und Oktavian nicht allzuviel Zeit auf Formalitäten. Sie erneuerten das Triumvirat für eine Zeitspanne von fünf weiteren Jahren und ließen ihren Beschluß kurz darauf per Gesetz legalisieren. Theoretisch würde ihre Herrschaft nun Ende 33 v.Chr. ablaufen, aber darüber machte sich im Jahre 37 wohl keiner der Triumvirn große Sorgen. Ihre augenblicklich mißliche Lage nahm all ihre Aufmerksamkeit in Anspruch. Oktavian und Agrippa mußten eine neue Flotte aufbauen und deren Besatzung schulen, und Antonius hatte abermals im Osten für Ordnung und Stabilität zu sorgen. Beides war keine Kleinigkeit.

Parthien

Die Verhandlungen in Tarent dauerten bis Spätsommer oder Anfang Herbst 37. Damit sanken die Chancen für Antonius, noch im gleichen Jahr zu einem Feldzug gegen die Parther aufbrechen zu können. Er verschob sein Vorhaben daher auf das Jahr 36. Bis dahin hatte er mehrere Monate Zeit und Gelegenheit, sich Rechenschaft über seine Lage abzulegen. Oktavian hatte beständig an Boden gewonnen und allen klargemacht, in welche Richtung seine Pläne gingen. Seine Heirat mit Livia Drusilla im Januar 38 war ein entscheidender politischer Schritt vorwärts gewesen, unabhängig davon, wie sehr er von ihrem Zauber überwältigt worden war und wie sehr er sie möglicherweise liebte. Er hatte sie in größter Eile geheiratet und dafür die römischen Gesetze ändern müssen. Dabei duldete er keinen Widerstand, selbst wenn er zum Erreichen seines Ziels Livia von ihrem ersten Ehemann Tiberius Claudius Nero scheiden lassen mußte. Livia hatte bereits einen Sohn von Nero und war zum zweiten Mal schwanger. Obwohl es keine Zweifel an der Vaterschaft des zweiten Kindes geben konnte und es keine Anzeichen für eine frühere Beziehung zu Oktavian gab, wurde Livias Ehe auf Oktavians Wunsch geschieden und die junge Mutter mit dem Triumvirn verheiratet. Ihre zwei von Tiberius Nero gezeugten Kinder waren der spätere Kaiser Tiberius und sein unglücklicher Bruder Drusus, der nach einem Sturz von seinem Pferd im Jahre 9 v.Chr. in Germanien starb. Oktavian hatte eine Tochter von Scribonia und hoffte zweifellos auf weitere Kinder von seiner neuen Ehe-frau, um sicherzugehen, daß er männliche Erben hatte und seinen Besitz eines Tages einem blutsverwandten Nachfolger übergeben konnte. In dieser Hinsicht wurde er enttäuscht. Seine Ehe brachte ihm jedoch andere Vorteile. Livia Drusilla war die Tochter des Marcus Livius Drusus Claudianus. Sie war von untadeliger Abstammung, besaß gute Beziehungen zu den meisten römischen Patrizierfamilien und konnte Oktavian zu mächtigen Freunden im Senat verhelfen. Es war vielleicht unter der Würde derart hochrangiger Männer, sich auf ein Bündnis mit dem Emporkömmling Oktavius einzulassen, ein Mitglied der Claudischen Familie konnte man jedoch unterstützen.

Oktavian mußte allerdings immer noch mit dem Problem fertigwerden, das Sextus Pompeius für ihn darstellte, und es war gut möglich, daß er sich an dieser Aufgabe die Zähne ausbeißen würde. Mochte die Auseinandersetzung ausgehen, wie sie wollte, Antonius mußte sich jedenfalls darüber im klaren sein, daß ihm jeglicher politischer Einfluß in Italien und im Westen verwehrt war, wenn er nicht seine Ansprüche geltend machte. Trotz seiner Ehe mit Oktavia war Antonius kein enger Verbündeter oder gar Vertrauter seines Schwagers, Kollegen und Rivalen und mußte große Anstrengungen unternehmen, um Oktavian einen Schritt voraus zu bleiben. Es spielte keine Rolle, daß er über Mittelsmänner in Rom verfügte oder Aussicht auf weitere Konsulate oder andere hohe Staatsämter hatte. Seine Abwesenheit von Italien hatte die Waage allmählich zugunsten von Oktavian ausschlagen lassen, der ständig in der römischen Öffentlichkeit auftrat und sich jedes nur erreichbaren politischen Mittels bediente, um für sich selbst zu werben und sich ins bestmögliche Licht zu rücken. Dies geschah natürlich nicht in einem politischen Vakuum. Seinen Versuchen, sich selbst als vollkommenen römischen Helden zu inszenieren, war es natürlich dienlich, wenn es jemanden gab, von dem sich Oktavian positiv abheben konnte.

Antonius gab für diese Zwecke das ideale Gegenstück ab. Oktavian beschloß, in Zukunft eine schlichte römische Einstellung und ruhiges, beherrschtes Verhalten an den Tag zu legen. Als Schutzgötter seiner Sache wählte er Apollo und Mars: ernste, nüchterne römische Gottheiten. Er bezog sich ständig auf alte römische Gebräuche und sprach bei all seinen Unternehmungen von Ruhm und Ehre, nicht für sich, sondern für das römische Volk, dessen Retter zu werden er sich zum Ziel gesetzt habe. Der Vergleich mit Antonius bot ihm ständig Gelegenheit, sich zu profilieren. Noch war Antonius im Jahre 37 v.Chr. der mächtigste der Triumvirn, genoß einen Ruf als ausgezeichneter Feldherr und hatte nichts unternommen, um das Volk gegen sich aufzubringen. Weder hatte er Italien überfallen, um sich selbst an die Spitze des Staates zu setzen, noch hatte er gewaltsam italische Grundbesitzer und Pächter vertreiben lassen, um seine Veteranen anzusiedeln. Tatsächlich hatte er Oktavian beigestanden, wann immer der ihn darum gebeten hatte, und bereitete sich gegenwärtig auf einen Feldzug im Osten vor, der Rom reiche Beute und Rache für erlittene

Niederlagen versprach. Es gab jedoch bereits einige Punkte, an denen Oktavian ansetzen konnte. Antonius folgte eher östlichen als römischen Lebensgewohnheiten. Sein Name stand in Verbindung mit der gefährlichen, ränkeschmiedenden Königin von Ägypten. Seine Einstellung war niemals wirklich ernst und nüchtern gewesen, und er hatte seine Sache unter die Schutzherrschaft so ungestümer Götter wie Dionysos und Herakles gestellt. Was die Römer betraf, wirkte Oktavians Propaganda. Antonius' Ansehen in Rom hatte bereits zu leiden begonnen. Zwar hielt sich der Schaden noch in Grenzen und konnte durch einen großen Sieg über die Parther leicht behoben werden, aber die Tatsache, daß alle von Oktavian angeführten Kritikpunkte untrennbar mit Antonius' Persönlichkeit verbunden waren und über lange Zeit hinweg Bestand hatten, machte es Cäsars Adoptivsohn später leichter, Marcus Antonius vollständig in Verruf zu bringen.

Antonius beschloß, den Winter 37/36 nicht in Athen, sondern im syrischen Antiocheia zu verbringen, wo seine Befehle schneller ausgeführt werden konnten und er in der Lage war, Informationen zu sammeln und Vorbereitungen für den nächsten Frühling zu treffen. Er ließ seine Familie in Italien zurück, um sie nicht den Gefahren auszusetzen, die ihnen im Kriegsgebiet drohten. Dafür gab es allen Grund. Oktavia und Antonius hatten bereits eine kleine Tochter, die im Jahre 39 v.Chr. geborene Antonia die Ältere, und Oktavia war zum zweiten Mal schwanger. Dieses zweite Kind würde wieder eine Tochter werden, Antonia minor – die Jüngere – genannt, um sie von ihrer älteren Schwester zu unterscheiden. Oktavia mußte somit für vier Kinder sorgen, da sie auch noch die Antonius von Fulvia geschenkten Söhne, Antyllus und Iullus Antonius, in ihre Obhut genommen hatte. Um ihrer Sicherheit wegen, vielleicht auch, um die Römer daran zu erinnern, daß immer noch mit ihm zu rechnen war, wenn es um die Macht ging, bestand Antonius darauf, daß die ganze Familie in Rom auf seine Rückkehr wartete.

Kaum war dies geregelt, verlor er keine Zeit, Kleopatra nach Antiocheia einzuladen, um dort mit ihr die Zeit bis zum Beginn des Feldzugs zu verbringen. Die ägyptische Königin brachte die Zwillinge Alexander Helios und Kleopatra Selene mit sich, die sie Antonius im Jahre 40 geboren hatte. Beide waren nun zwischen drei und vier Jahren alt und nach Sonne

Eine schmucklose Büste der Kleopatra. Hier sind die Gesichtszüge regelmäßiger und erscheinen recht ausdruckslos.

(Helios) und Mond (Selene) benannt. Diese Namen hatten die Kinder nicht zufällig oder aus einer Laune heraus erhalten. Sie sollten königliche, wenn nicht gar imperiale Würde vermitteln. Antonius erkannte die Vaterschaft für beide Kinder an. Er könnte Kleopatra während ihres Aufenthalts in Antiocheia nach ägyptischem Ritus zur Frau genommen haben. Wann und selbst ob Antonius und Kleopatra tatsächlich heirateten, ist jedoch umstritten. Alle in Frage kommenden Möglichkeiten sind diskutiert worden. Vielleicht gab es irgendwann eine mehr oder weniger förmliche Zeremonie in Antiocheia oder in Ägypten, die im Osten als Eheschließung gedeutet werden konnte. Die Bezugnahme auf die Götter liegt nahe, etwa eine Hochzeit zwischen Osiris und Isis oder Dionysos und Aphrodite, was sowohl die ägyptischen als auch die griechischen Kulturen im Osten ansprechen mußte. Möglicherweise existierte jedoch nur eine dauerhafte Beziehung, bei der keiner der Partner viel Wert auf eine förmliche Heirat legte. Wie dies auch sein mochte, es gelang Oktavian jedenfalls, den Anschein zu erwecken, Antonius führe eine illegale Ehe mit Kleopatra. Ausländer zu heiraten, verbot nämlich das römische Gesetz. Ein Bewohner des toleranten Ostens konnte sich leichter mit der Vorstellung einer Ehe zwischen Mitgliedern verschiedener Nationen oder Gesellschaftsschichten abfinden als ein Römer. Daher war das Auftreten als Osiris und Isis und das Benennen der Kinder nach Sonne und Mond eine zweischneidige Sache: Im Osten stärkte Antonius' Bekenntnis, eine Beziehung mit Kleopatra zu haben und Vater ihrer Kinder zu sein, die Autorität des Paares, aber in Rom wurde er dafür verurteilt. Vielleicht ahnte Antonius, wie die Römer reagieren würden, aber er kümmerte sich nicht darum. Man kann sein Verhalten im Jahr 37 als Beweis dafür deuten, daß Antonius' Karriere einen definitiven Wendepunkt erreicht hatte und er entschlossen war, von nun an aufs Taktieren und auf halbherzige Maßnahmen zu verzichten und sein Glück ausschließlich im Osten zu suchen. Er könnte Finanzen und Unterstützung aus Ägypten für seinen Partherfeldzug benötigt haben, hätte dies alles jedoch erhalten können, ohne die Königin über Winter nach Antiocheia einladen zu müssen, und er wäre mit Sicherheit nicht gezwungen gewesen, mit Kleopatra ein weiteres Kind zu zeugen, das im folgenden Jahr zur Welt kam und Ptolemaios Philadelphos genannt wurde.

Kleopatra war nicht einfach ein persönlicher Gast, den man zu Antonius' Unterhaltung nach Antiocheia brachte, bevor der Feldherr in den Krieg zog. Die Königin von Ägypten erhielt reiche Ländereien zum Geschenk, die sie ihrem bereits umfangreichen Besitz hinzufügen konnte. Damit herrschte sie über Kreta, Kyrene und Kilikien, Phönizien und das nabatäische Arabien. Die meisten dieser Territorien konnten Ägypten wertvolle Ressourcen liefern. Kleopatra erhielt außerdem die Balsamhaine von Jericho, die eigentlich Teil des Königreichs waren, das Herodes gerade für sich selbst zurückeroberte. Als Geschäftspartnerin war Kleopatra gerissen und rücksichtslos. In der antiken Welt fand sie kaum ihresgleichen, obwohl es durchaus noch einige weitere Frauen wie sie gegeben haben könnte, deren Taten allerdings nicht in die Geschichte eingingen. Herodes hatte keine andere Wahl, als dem Verlust eines Teiles seines Staatsgebiets zuzustimmen, nachdem er gerade eben die Herrschaft in Judäa wieder an sich gebracht und den Partherfreund Antigonos abgesetzt hatte. Kleopatra verpachtete ihm die Balsamhaine dann gegen hohen jährlichen Zins.

Antonius bestätigte Herodes als König von Judäa und regelte die Machtverhältnisse in den anderen Königreichen des Ostens im Sinne Roms und natürlich zu seiner eigenen Zufriedenheit. Die Männer, die er auswählte, dienten Rom treu, waren später allerdings klug genug, die Fronten zu wechseln, als sich abzeichnete, daß Oktavian den Krieg gewinnen und Antonius schlagen würde. Es handelt sich jedoch nicht um Verrat; Antonius hätte als erster zugestimmt, daß es oberste Pflicht eines jeden Königs war, das Überleben des Volkes und seines Königreichs sicherzustellen, wenn alles andere verloren ging. Er zog einige Grenzen neu und gestaltete einige der kleineren Königreiche um. Die größeren Territorien stellte er unter die Herrschaft zuverlässiger Männer. Galatien wurde Amyntas anvertraut, Polemo wurde als König in Pontus eingesetzt und Archelaos sollte Kappadokien anstelle von Antonius' früherem Kandidaten Ariarathes regieren. Bevor er gegen die Parther zog, stellte Marcus Antonius sicher, daß er von fähigen Männern umgeben war, die so zuverlässig wie möglich zu ihm standen.

Nun wandte sich der Feldherr den Königreichen zu, die sich einer unmittelbaren römischen Kontrolle bisher entzogen hatten. Während der Kriegsvorbereitungen sandte Antonius Canidius Crassus nach Armenien, um den römischen Legionen den Weg freizumachen. Es war lebenswichtig, dieses Königreich zu neutralisieren, bevor man nach Parthien zog, damit die römische Armee auf ihrem Marsch nicht mit einem Angriff in ihrem Rücken rechnen mußte oder ihr der Rückzug verlegt wurde. Canidius besiegte Artavasdes, der daraufhin sein langjähriges Bündnis mit Parthien beendete und zum Alliierten der Römer wurde. Der Sieg zog jedoch Komplikationen nach sich, da er das benachbarte Königreich Medien beunruhigte und ins Lager der Gegner Roms trieb. Es war so gut wie unmöglich, die untereinander verfeindeten Königreiche Armenien und Medien gleichzeitig als Verbündete zu gewinnen. Deshalb mußte eine Entscheidung zwischen beiden getroffen werden. Der König von Medien, er hieß ebenfalls Artavasdes, intensivierte sein Bündnis mit den Parthern, aber das war zu erwarten gewesen. Die einzig mögliche Lösung des Problems bestand darin, Medien mit militärischen Mitteln in die Knie zu zwingen, das mußte jedoch bis zum folgenden Jahr aufgeschoben werden. Zufrieden mit seinen Resultaten in Armenien wandte sich Canidius nun gegen die Völker des Kaukasus.

Der beste Zeitpunkt für den Krieg gegen die Parther wurde nur knapp verfehlt. Hätte Antonius sein Heer ein Jahr früher losschicken können, hätte er den Gegner vielleicht überrumpelt. Damals war es im parthischen Herrscherhaus zu einem Machtwechsel mit langfristigen Auswirkungen gekommen. Den König der Parther, Orodes, hatte die Nachricht vom Tod seines Sohnes Pacorus im Kampf gegen Ventidius' Armee schwer getroffen. Er dankte zugunsten von Phraates ab, einen seiner vielen anderen Söhne. Kurz darauf starb Orodes oder wurde auf Befehl von Phraates umgebracht. Alle Söhne des Orodes und alle anderen engen Verwandten, die eine Bedrohung für Phraates hätten darstellen können, verschwanden ebenfalls, darunter auch Phraates' eigener Sohn. Die Beseitigung der Opposition war nicht auf das Königshaus beschränkt. Analog zum Vorgehen der Triumvirn in Rom ließ der neue parthische König auch verdächtige Mitglieder des Adels umbringen. Als Antonius Parthien angriff, hatte Phraates seine Position jedoch gesichert, und die vorübergehende Schwäche der parthischen Führung konnte nicht voll ausgenutzt werden.

Daß die Wahl seines Winterquartiers auf Antiocheia gefallen war, machte schon ziemlich deutlich, daß Antonius' nächstes Vorhaben die Eroberung Parthiens sein würde. Die Augen vieler Menschen beider Imperien, des römischen und des parthischen, waren vermutlich auf ihn gerichtet. Antonius hatte offensichtlich nicht die Absicht, die geplante Invasion geheimzuhalten. Dies wäre kaum realisierbar gewesen, da er irgendwann seine Truppen und Versorgungseinheiten nahe der Grenze zusammenziehen mußte, was mit Sicherheit parthischen Parteigängern und Spionen aufgefallen wäre. Statt seine Vorbereitungen unter größter Geheimhaltung zu treffen, posaunte Antonius die Nachricht von seinen bevorstehenden Feldzug geradezu heraus. Er sandte eine Delegation an Phraates, um die Herausgabe der bei Carrhae in parthische Hände gefallenen römischen Standarten zu fordern. Er erwartete wohl nicht, daß die Parther auf seine Forderung hin unterwürfig ein Bündel römischer Feldzeichen mit einer schriftlichen Bitte um Entschuldigung übergaben. Vielmehr tat er durch die Gesandtschaft seine aggressiven Absichten kund und gab den Zweck des kommenden Kriegs bekannt. Die schriftlichen Hinweise auf Antonius' Forderung nach Rückgabe der Standarten gewannen später für die Öffentlichkeit unter Augustus und seinen Nachfolgern große Bedeutung, da Augustus später in dieser Angelegenheit, die zu einer Niederlage des Antonius führen sollte, erfolgreich war. Bevor er als Augustus bekannt wurde, gewann Oktavian bei seinen frühen Feldzügen in Illyrien die Standarten zurück, die Gabinius in den vierziger Jahren des 1. Jahrhunderts v.Chr. verloren hatte. Als Augustus schaffte er dann das unmöglich Erscheinende, ohne zu den Waffen greifen oder weiteres römisches Blut vergießen zu müssen. Im Jahre 20 v.Chr. gaben auch die Parther nach einer Phase intensiver Verhandlungen die von ihnen erbeuteten Standarten an die Römer zurück. Im Vergleich mit dem diplomatischen Coup des Augustus mußte Antonius' Scheitern nun um so jämmerlicher erscheinen. Mit seinem lautstarken Auftreten hatte er versagt, wo Augustus mit kühlem, rationalem und geduldigem Vorgehen sein Ziel erreichte. Es ist wert, über diesen Vergleich nachzudenken. Augustus jedenfalls schlachtete die Rückgabe der Standarten propagandistisch aus. Schon die zeitgenössische Literatur betonte die Bedeutung des Ereignisses. Darstellungen auf Münzen und Statuen sollten Zeitgenossen beeindrucken und der Nachwelt von jenem friedlichen Triumph des Imperators berichten. Die Abbildungen auf dem Brustpanzer der Augustusstatue von Prima Porta beschäftigen sich alle mit diesem Geschehen und zeigen den parthischen König in demütiger Haltung vor dem römischen Triumphator. Augustus siegte da, wo Antonius gescheitert war. Wenn man diese Selbstdarstellung des Oktavian/Augustus berücksichtigt, stellt sich die Frage, ob überhaupt eine der Geschichten über Antonius' Partherfeldzug der Wahrheit entspricht. Alle Berichte könnten später verfälscht worden sein, um dem Publikum ein größeres Fiasko vorzugaukeln, als wirklich stattgefunden hatte. Die wenigen Aussagen antiker Autoren zum Thema müssen folglich mit Vorsicht behandelt werden.

Antonius sammelte Truppen bei Zeugma an der syrischen Nordostgrenze, um die parthische Armee zu veranlassen, in

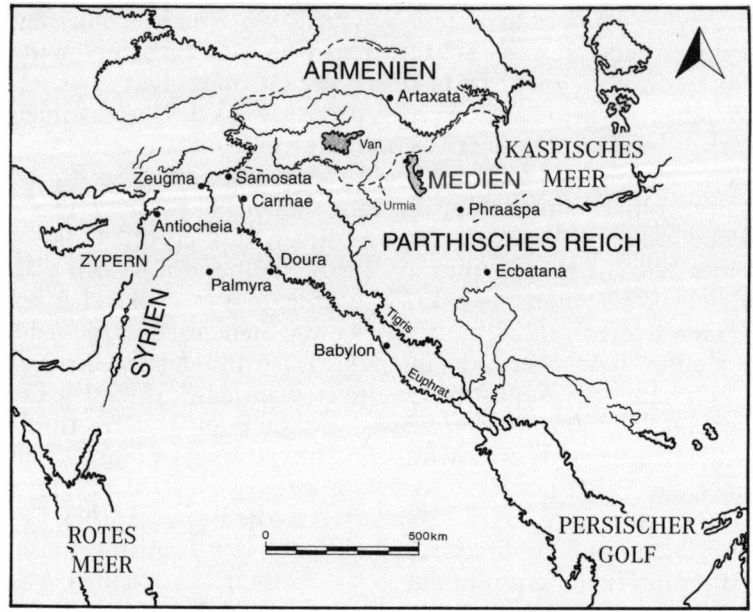

Antonius' Feldzüge im Osten.

die mesopotamische Ebene zu ziehen und die Invasion der Römer zu erwarten. Ein Angriff an dieser Stelle erschien plausibel, denn östlich von Zeugma lag Carrhae, wo Crassus besiegt worden war. Die Parther mußten annehmen, daß die Römer ein großes Unternehmen starteten, um Crassus an dem Ort zu rächen, an dem er gefallen war. Antonius griff Mesopotamien jedoch nicht von Syrien aus an. Statt dessen setzte er sich mit seinem Heer nach Samosata in Bewegung und zog dann durch Armenien nach Medien, wo er die medische Hauptstadt Phraaspa belagerte. Der genaue Name jener Stadt ist nicht gesichert. Er wird in manchen Quellen als Phraapa wiedergegeben; Plutarch spricht von Phraata. Wo genau die Stadt lag, ist ebenfalls unbekannt. Sie könnte sich südöstlich des Urmia-Sees befunden haben. Trotz seines langen Wegs kam Antonius dort vor den Parthern an. Angeblich ließ der römische Feldherr verlauten, daß er einen vor langer Zeit ausgearbeiteten Plan Cäsars ausführte. Tatsächlich hätte Antonius Gelegenheit genug gehabt, mit Cäsar zu diskutieren, welcher Fehler Crassus unterlaufen war, nämlich sich auf eine offene Feldschlacht mit einem Feind einzulassen, der sich hervorragend auf diese Art der Kriegsführung verstand. Es gibt natürlich keinen Beweis dafür, daß Antonius jemals behauptet hat, in Cäsars Pläne eingeweiht gewesen zu sein. Es ist noch nicht einmal sicher, ob Cäsar überhaupt konkrete Pläne für seinen beabsichtigten Partherfeldzug geschmiedet hat. Selbst wenn dies der Fall war, hätte er höchstwahrscheinlich niemandem einen Einblick in seine Überlegungen gewährt. Die geschickte List, den Feind auf ein falsches Schlachtfeld zu locken und dann schnell in den Rücken der Parther vorzustoßen, war jedoch ein typisches, riskantes Cäsar-Manöver, bei dem alles auf Geschwindigkeit und überlegene Kriegsführung ankam. Sie hätte zum Erfolg führen können.

Antonius eilte ohne seine schwerfällige Belagerungsmaschinerie nach Phraaspa. Sie folgte in einigem Abstand nach und wurde von zwei Legionen unter Oppius Statianus, einigen pontischen Truppen unter ihrem König Polemo und armenischen Einheiten geschützt, die Artavasdes den Römern zur Verfügung gestellt hatte. Die letzteren ergriffen jedoch die Flucht, als die Parther angriffen. Polemo geriet in Gefangenschaft, wurde später aber freigekauft. Statianus fiel im Kampf. Antonius' Belagerungsmaschinen wurden zerstört. Dieser Rückschlag mußte jedoch nicht unbedingt zum Scheitern des ganzen Unternehmens führen. Wenn Antonius Phraaspa schnell einnahm, konnte er den Winter dort verbringen und den Angriff auf Parthien im folgenden Jahr fortsetzen. Vielleicht hatte er dies von vornherein beabsichtigt. Wie seine Pläne wirklich aussahen, kann niemand sagen. Es wäre sinnvoll gewesen, erst Medien zu unterwerfen, es militärisch abzusichern und dann auf die parthische Hauptstadt Ecbatana zu marschieren. Was immer Antonius geplant haben mochte, er kam in jedem Fall anders, denn Phraaspa fiel nicht. In der Zwischenzeit waren die Parther dort erschienen und hielten sich knapp außerhalb seiner Reichweite. Sie griffen Antonius' Heer immer wieder an, stellten sich jedoch nicht zur Schlacht. Trotz aller Versuche der Römer, die Entscheidung zu erzwingen und trotz erfolgreicher Abwehr der parthischen Angriffe auf die römischen Belagerungstruppen blieb der Sieg aus.

Als er zu der Einsicht gelangte, daß sein Feldzug fehlgeschlagen war, mußte Antonius an den Rückzug denken. Jetzt, wo der Winter herannahte, vermochte er die Belagerung von Phraaspa nicht fortsetzen, ohne seine Armee unwiderruflich zu schwächen. Wenn er vor Einbruch des Winters keinen entscheidenden Sieg über die parthische Armee erringen konnte, würden seine Truppen Einheit für Einheit den unablässigen Angriffen der Parther zum Opfer fallen. Die Verbündeten, die ihn zu Beginn des Feldzugs vertrauensvoll begleitet hatten, hätten keinen Grund mehr, in weiter zu unterstützen, und konnten seinen Untergang herbeiführen. Er hatte gespielt und verloren. Jetzt mußte er sich zurückziehen. Auch die Parther befürchteten den Abfall ihrer Alliierten, die – wenn die Belagerung zu lange andauerte – nach Hause zurückkehren würden, um die Ernte vor Einbruch des Winters einbringen zu können. Phraates hatte allen Grund, Antonius den Rückzug zu ermöglichen. Er bot einen Waffenstillstand an. Antonius forderte die Rückgabe der römischen Standarten. Phraates ließ daraufhin einige der römischen Befestigungsanlagen zerstören, bevor er den Römern sicheren Abzug zurück nach Armenien anbot. Wenn Antonius daran glaubte, hätte er nicht verdient, römischer Offizier genannt zu werden.

Plutarch beschreibt, wie es Antonius nicht über sich brachte, seinen Legionären in einer Rede seine Entscheidung bekanntzugeben. Statt dessen bat er Domitius Ahenorbarbus, an seiner Stelle zu reden. Die Soldaten akzeptierten Antonius' Handlungsweise weitgehend und blieben ihm weiter treu. Wie jeder berühmte Rückzug in der Geschichte setzte sich auch der nun folgende aus verzweifelten Heldentaten und tragischen Ereignissen zusammen. Die armenischen Einheiten, die den Römern ohnehin nur halbherzig gefolgt waren, kehrten einfach nach Hause zurück. Was blieb, war eine zunehmend kleiner werdende Armee, die sich nach Einbruch des Winters durch trostlose Gegenden zurückziehen mußte, in denen es kaum noch Möglichkeiten gab, die Männer mit Nahrung zu versorgen. Marcus Antonius hatte sich schon einmal in einer so verzweifelten Lage befunden, als er von Mutina abziehen und nach Gallien fliehen mußte. Abermals stellte er jetzt unter schwierigen Umständen Tapferkeit und Einfallsreichum unter Beweis und zeigte sich als hervorragender Anführer. Dabei setzte er sein ganzes strategisches Können ein, so daß sich Plutarchs Bericht wie ein Kapitel aus einem Militärhandbuch liest, das die Durchführung eines Rückzugs auf schwierigem Terrain bei ständiger Verfolgung durch den Gegner beschreibt. Um die Disziplin seiner mutlosen Truppe zu erhalten, ließ Antonius nach fünf Tagen Marsch einige Einheiten wegen Feigheit vor dem Feind dezimieren. Die Überlebenden erhielten zur Strafe Gerste statt der üblichen Weizenrationen. Leider teilt Plutarch seinen Lesern nicht mit, woher Antonius das Getreide bezog. Vielleicht gab es zu diesem Zeitpunkt noch ausreichende Vorräte. Später jedenfalls wurde die Versorgungslage so verzweifelt, daß die Legionäre begannen, alle Arten von Wurzeln auszugraben und zu essen, darunter auch eine Sorte, die wahnsinnig machte. Die Opfer begannen, Feldsteine umzudrehen, als hätten sie sonst nichts zu tun, erbrachen sich schließlich und starben. Angeblich konnte Wein die giftigen Wurzeln in ihrer Wirkung neutralisieren, aber die Weinvorräte der Römer waren längst zur Neige gegangen.

Antonius verfügte trotz allem immer noch über ein geschultes Heer. Daher konnte er seine Truppen in Quadratformation marschieren lassen, umgeben von zahllosen Spähern und flankiert von kleinen, wendigen Kampfeinheiten. Dennoch verlor er viele Männer, vor allem bei einem Angriff auf seine Nachhut, bei dem Plutarch zufolge 3.000 Legionäre fielen und 5.000 verwundet wurden. Die Marschkolonnen kamen nur schleppend voran. Angeblich erreichte das Heer Armenien in 27 Tagen, aber selbst dann waren die Schwierigkeiten nicht vorbei. Antonius konnte in Armenien keine Demonstration seiner militärischen Macht mehr geben, obwohl ihn seine Soldaten zur Rache an Artavasdes drängten, der sie in Parthien im Stich gelassen hatte. Im Augenblick konnte er sich auf keine weitere Auseinandersetzung einlassen, aber die Zeit dafür würde eines Tages kommen.

Jetzt mußte Antonius energisch handeln, um soviele Einheiten seiner Armee wie möglich zu retten. Er überließ es Domitius Ahenorbarbus und Canidius, die Legionäre aus dem verschneiten Armenien zu bringen, und eilte voraus, um Nahrung und Kleidung zu beschaffen. Seine Reise führte an die syrische Küste, wo er sein Lager zwischen Berytus und Sidon an einem Ort namens Leuke Kome aufschlug. Antonius hatte Kleopatra benachrichtigen lassen und um Nahrung, Kleidung und Geld ersucht. Sie erfüllte seine Bitte und stach mit einer Flotte in See, riskierte die gefährliche Überfahrt im Winter und brachte das Benötigte. Sie kam vermutlich im Januar 35 in Syrien an. Während er auf Kleopatra warten mußte, begann Antonius übermäßig zu trinken, jedenfalls mehr als gewöhnlich, wenn die Berichte der Wahrheit entsprechen. Es gab für ihn nichts zu tun. Er sprang häufig auf, ohne seine Mahlzeiten zu beenden, verließ sein Zelt und schaute sehnsüchtig aufs Meer hinaus, in der Hoffnung, daß Kleopatras Schiffe am Horizont auftauchen würden. Als es endlich soweit war, muß ihm ein Stein vom Herzen gefallen sein. Antonius ließ seinen Soldaten Geld, Nahrung und Kleidung zukommen und begleitete Kleopatra zurück nach Alexandria, nachdem er alles unternommen hatte, seine Truppen ausreichend zu versorgen.

Marcus Antonius muß große Erleichterung verspürt haben, daß ihm die parthische Armee nicht nach Syrien folgte. Die römischen Einheiten dort waren noch zu geschwächt, um eine Invasion abwehren zu können. Antonius hatte Glück, daß die Konflikte im parthischen Königshaus Phraates daran hinderten, seinerseits einen Eroberungsfeldzug zu starten. Die Römer profitierten auch vom Übertritt Mediens. Bei der Verteilung der Beute nach Abzug von Antonius' Heer hatten sich der parthische und der medische König zerstritten. Der Meder Artavasdes, bis dahin Feind der Römer, bot Antonius im Jahr 35 ein Bündnis auf der Basis einer oder mehrerer römisch-medischer Eheschließungen an und ließ den gefangenen König von Pontos, Polemo, frei. Es lag auf der Hand, daß der parthisch-medische Streit nicht nur die Verteilung der Beute betraf. Die Römer hatten jetzt die Chance, sich die Meinungsverschiedenheiten ihrer Gegner im letzten Feldzug zunutze zu machen und im folgenden Jahr einen neuen Angriff auf Parthien durchzuführen. Statt sich eine Ausgangsbasis erkämpfen zu müssen, konnte Antonius direkt nach Medien marschieren und von da aus weiterkämpfen, von wo er sich im Winter 36 hatte zurückziehen müssen. Hätte er diese Gelegenheit ergriffen, hätte er sein Ziel erreichen können, Parthien zu demütigen, die verlorenen römischen Standarten wiederzugewinnen und als Triumphator nach Rom zurückzukehren, um vielleicht etwas von der verlorenen Vorherrschaft im Westen zurückzugewinnen. Er konnte jedoch unmittelbar nach einem so aufreibenden Rückzug seine Legionen nicht schnell genug neu formieren und wieder gegen die Parther ins Feld führen. Außerdem war ein neues Problem entstanden, dem er sich zuerst zuwenden mußte.

Während er sich in Syrien aufhielt, erreichte Antonius die Nachricht, daß Oktavian und Agrippa ihren Gegner Sextus Pompeius in der Schlacht von Naulochos Anfang September 36 v.Chr. endlich besiegt hatten. Agrippa hatte sich gründlich vorbereitet und neue Schiffe bauen lassen, um seine zusammengeschmolzene Flotte wieder auf ihre alte Stärke zu bringen. Monatelang hatte er die Besatzungen auf einem See üben lassen, der zu diesem Zweck künstlich vertieft worden war, bis seine Seeleute besser geschult waren als Sextus' Männer. Mit ihnen gewann er die Schlacht und ermöglichte Oktavian auf diese Weise endlich die Herrschaft über Sizilien, eine bedeutenden Provinz, die mit ihren Ernten einen Großteil des römischen Getreidebedarfs abzudecken vermochte. Zu diesem Zeitpunkt konnten die Römer noch nicht direkt über die ägyptischen Getreidevorräte verfügen. Die Provinz war jedoch nicht ohne Kampf an Oktavian gefallen. Der mehr oder weniger in Vergessenheit geratene Triumvir Lepidus hatte Truppen aus Nordafrika übers Meer geführt, um Oktavian in den letzten Schlachten gegen Sextus Pompeius beizustehen. Nach deren Abschluß hatte er beschlossen, eigene Ansprüche geltend zu machen. Er erklärte Sizilien zu seiner eigenen Provinz und versuchte, sie mit Waffengewalt gegen Oktavian zu verteidigen. Sein Widerstand brach jedoch schnell zusammen. Ergebnis der Affäre war, daß Oktavian nun auch die Herrschaft über Africa gewann, ein weiteres Territorium mit bedeutendem Getreideanbau. Lepidus wurde nach Italien zurückgeschickt und bis zu seinem Tod, 24 Jahre lang, unter Aufsicht gestellt. Er durfte sein Amt als Pontifex Maximus wieder ausüben. Als er im Jahre 12 v.Chr. starb, übernahm Augustus, wie Oktavian zu dieser Zeit bereits genannt wurde, selbst das oberste Priesteramt. Geduld zählte zu den größten Stärken des Erben Cäsars.

Antonius weinte Lepidus vermutlich keine Träne nach, mußte jedoch Oktavians ständigen Machtzuwachs zur Kenntnis nehmen. Außer Sextus Pompeius, der nach seiner Niederlage bei Naulochus in den Osten geflohen war, gab es kaum noch jemanden, der den jungen Triumvirn davon abhalten konnte, die Alleinherrschaft in Rom zu übernehmen. Sextus hoffte auf ein Bündnis mit Antonius, welches durchaus hätte zustande kommen können, hätte er dessen Rückkehr abgewartet. Statt dessen begann der Pompeiussohn, der Marcus Antonius besiegt, möglicherweise sogar tot glaubte, mit den Parthern zu paktieren. In seinem ganzen Verhalten Antonius gegenüber zeigte sich Sextus von nun an als äußerst unzuverlässig. Antonius versuchte, das Problem auf diplomatischem Weg zu lösen, und sandte seinen General Titius mit dem Auftrag zu Sextus, diesen zu schonen, wenn er sich ergab. Das entscheidende Treffen fand in Bithynien statt. Nach seiner Landung in Nikomedia begann Sextus, ein Landheer zu rekrutieren und nahm damit in Kauf, geächtet zu werden. Es war nicht klar, was er beabsichtigte. Dadurch wurden mögliche Verhandlungen ungemein erschwert. Vermutlich wußte er selbst nicht genau, was er wollte. Einige seiner Offiziere schlossen sich Titius an, um sich Antonius zu unterwerfen. Selbst danach hoffte Sextus, sich aus seiner verzweifelten Lage befreien zu können. Er erklärte sich zu Gesprächen bereit, wollte indes nur mit seinem Kollegen Furnius und König Amyntas von Galatien, nicht aber mit Titius reden. Während seine Gegner noch über das Angebot nachdachten, versuchte er, einen Teil der Flotte des Titius in Brand zu setzen. Völlig unberechenbar geworden, war Sextus' Schicksal besiegelt. Schließlich wurde er von Amyntas gefangengenommen, der den Abtrünnigen zur Exekution an Titius übergab, um sich nicht selbst die Hände schmutzig machen zu müssen. So fand der letzte überlebende Sohn Pompeius' des Großen den Tod. Seine Hinrichtung bildete den unvermeidlichen Abschluß der ganzen Affäre, daher spielt es wohl keine Rolle, ob Titius das Gesetz in seine eigenen Hände nahm oder auf Anweisung von Antonius' Legaten Plancus handelte, des römischen Oberbefehlshabers in Kleinasien und Syrien.

Diese eher unbedeutende innerrömische Auseinandersetzung, zu der möglicherweise schiere Erschöpfung kam, hielt Antonius davon ab, im Jahre 35 weitere Maßnahmen gegen die Parther in die Wege zu leiten. Er hatte jedoch nicht vor, völlig passiv zu bleiben, da er seine Unterstützung Oktavian bei einem Feldzug anbot, den dieser im gleichen Jahr gegen die illyrischen Stämme führen wollte. Mehr denn je brauchte Oktavian militärische Erfolge und Kriegserfahrung, wenn er sich in Rom eines Tages vollständig durchsetzen wollte. Bisher waren seine Siege immer von anderen errungen worden. Antonius hatte die Schlacht von Philippi geschlagen, Agrippa hatte in Gallien und bei Naulochos gesiegt. Als Cäsars Sohn wollte der junge Triumvir beweisen, daß auch er erfolgreich Krieg führen und Ruhm und Ehre für Rom gewinnen konnte. Noch entscheidender für sein Vorhaben war, daß er dringend einer Legitimation bedurfte, um weiterhin ein Heer unterhalten zu können, das ihm persönlich unterstellt war. Nach seinen Siegen bei Naulochos und gegen Lepidus unterstanden ihm über 40 Legionen, weit mehr, als er zur Umsetzung seiner aktuellen Pläne brauchte. Obwohl er viele der Veteranen in den Provinzen ansiedelte, konnte er es sich noch nicht leisten, alle Truppenverbände aufzulösen. Antonius hatte mehr als einen Grund, über eine umfangreiche Armee zu verfügen, weil er ohne Truppen die östlichen Provinzen nicht verwalten und verteidigen konnte. Waren Sextus und Lepidus einmal ausgeschaltet, hatten nur noch Oktavians Legionen in Gallien und Spanien eine Existenzberechtigung. Falls in der Zukunft ein Konflikt mit Antonius oder gar mit dem Senat ausbrach, brauchte Oktavian unmittelbaren Zugang zu größeren Armeeverbänden, als in jenen Provinzen stationiert waren. Daher führte er Krieg in Illyrien, was nicht unbedingt notwendig gewesen wäre, um die Sicherheit Roms zu gewährleisten, und außerdem nur wenig Beute einbrachte. Allerdings gelang es Oktavian, sich auf diese Weise ein gewisses Ansehen verschaffen, das er in Rom gegen seine Gegner einsetzen und propagandistisch ausschlachten konnte. Antonius' sogenannter „Sieg" in Parthien verblaßte ein wenig im Licht der greifbareren Erfolge Oktavians.

Nun hätte Antonius nach Rom gehen und für seine Sache werben sollen, während Oktavian auf seinem Feldzug in Illyrien war. Entweder faßte er den Beschluß, es nicht zu tun, oder erkannte die Notwendigkeit eines solchen Vorgehens nicht. Selbst als seine Frau Oktavia mit Geld, militärischer Verstärkung und Nachschub nach Athen kam, weigerte er sich, sie zu treffen, und wies sie statt dessen an, die Truppen zu ihm zu schicken und selbst nach Rom zurückzukehren. Seine Gründe dafür sind nicht klar. Immerhin muß ihm bewußt gewesen sein, daß sein Verhalten eine schwere Beleidigung für eine ehrbare römische Frau darstellte, die ihm niemals geschadet hatte. Oktavia kehrte gehorsam nach Rom zurück, wo sie in seinem Haus blieb und sich um seine Kinder kümmerte. Es war ihrer Sache dienlicher, wenn sie sich korrekt verhielt und nichts unternahm, statt laut zu jammern oder zu protestieren. Antonius' Sohn Marcus Antonius Antyllus reiste nun nach Alexandria, um seinen Vater zu treffen, nicht unbedingt aufgrund eines Streits mit seiner Stiefmutter. Allerdings könnte sich eine endgültige Trennung zwischen Antonius und Oktavia bereits angebahnt haben. Antonius mußte sich darüber klar sein, daß sein flegelhaftes Verhalten Oktavians Propaganda neue Munition liefern mußte. Vielleicht wollte er seinem Kollegen demonstrieren, daß er nun einen eigenen, unabhängigen Kurs verfolgte. Die Autoren der Antike schlossen aus all dem, Antonius sei derart vernarrt in Kleopatra gewesen, daß ihn nichts anderes mehr interessierte. Der Königin von Ägypten wird somit die Schuld am Niedergang eines einst mächtigen römischen Feldherrn aufgebürdet. Angeblich machte sie ihn zu ihrem Sklaven, indem sie ihn jedesmal, wenn er sie zu verlassen drohte, mit List zurückhielt. Plutarch erzählt sogar die unglaubwürdige Geschichte von Kleopatras Täuschungsmanövern, mit denen sie Antonius von ihrer unsterblichen Liebe zu ihm überzeugen wollte. Danach brach sie jedesmal in Freudenschreie aus, wenn er erschien, und ließ in seiner Abwesenheit ihren Tränen freien Lauf. In Unkenntnis seiner Gedanken ist Antonius' Verhalten nur schwer zu erklären. Man kann ihm Dummheit, Naivität, Arroganz, übersteigertes Vertrauen in seine eigenen Fähigkeiten oder gar Wahnsinn vorwerfen. Unumstößliche Tatsache ist jedoch, daß er alle Brücken hinter sich abgebrochen hatte, als er Oktavia 35 v.Chr. so eindeutig verstieß. Er mag nicht mit Rom abgeschlossen haben, wandte sich jedoch ganz von Oktavian ab. Die letzte, entscheidende Auseinandersetzung zwischen den beiden hatte begonnen.

Auftakt zum Krieg

Antonius war im Jahre 34 v.Chr. Konsul, allerdings *in absentia* und nur für einen Tag. Er legte sein Amt nieder und setzte an seiner Stelle Lucius Sempronius Atratinus ein. Nach einjähriger Verzögerung beschloß er nun doch noch seine offenstehende Rechnung mit Artavasdes von Armenien zu begleichen. Der Auseinandersetzung ging ein diplomatisches Geplänkel voraus, das allerdings zu keinen Resultaten führte. Artavasdes lehnte es ab, sich über eine Heirat familiär an Antonius und Kleopatra zu binden. Antonius lud den armenischen König ein, ihn auf einem Unternehmen gegen die Parther zu begleiten. Dabei könnte es sich um eine List gehandelt haben, um die Stimmung des Armeniers zu testen, ihn entweder für ein Bündnis zu gewinnen oder den Anlaß für eine Invasion zu provozieren. Wenn Antonius einen weiteren Feldzug gegen die Parther führen wollte, mußte er sich der Loyalität Armeniens restlos versichern, selbst wenn er dadurch wertvolle Zeit verlieren würde. Es bot sich nun eine ideale Gelegenheit für einen Angriff auf Parthien, dessen König Phraates ganz von Schwierigkeiten mit seiner Familie und dem Adel seines Landes – bzw. mit dem, was davon noch übrig war, nachdem die für ihn bedrohlichsten Elemente beseitigt worden waren – in Anspruch genommen wurde. Wieviel von diesen Problemen den Römern und dem armenischen Hof bekannt sein mochte ist ungewiß, jedenfalls schlug Artavasdes die Einladung aus, Antonius' Legionen nach Parthien zu begleiten.

Antonius' Antwort bestand darin, nach Nikopolis zu marschieren, einer Stadt, die Pompeius nach seinem Sieg über Mithridates gegründet hatte. Anschließend begab er sich nach Artaxata, wohin er auch Artavasdes zu einer Konferenz einlud. Als der König erschien, wurde er mit einem Großteil seiner Familie festgenommen und in silbernen Ketten als Gefangener nach Alexandria gebracht. Antonius ließ nun das Land besetzen und römische Garnisonen einrichten. Kurz darauf kehrte er nach Alexandria zurück, wo er Münzen mit der Aufschrift *Armenia devicta* – Armenien ist erobert – prägen ließ. Dies klingt angesichts des uns überlieferten Ablauf des Geschehens mehr als prahlerisch, was jedoch zweifellos auf die Manipu-

Antonius und Kleopatra auf den Seiten eines Silberdenarius aus dem Jahre 32 v. Chr. Antonius beansprucht hier den Titel eines Eroberers Armeniens (ANTONI. ARMENIA. DEVICTA), was Oktavian als anmaßende Prahlerei brandmarkte. Kleopatras starr nach vorn gerichteter Blick entspricht ihrer Hoheit als „Königin der Könige und der Söhne von Königen" (CLEOPATRAE REGINAE REGUM FILIORUM REGUM). Die Botschaft für Oktavian war eindeutig: Cäsarion sollte Kleopatra auf den ägyptischen Thron nachfolgen.

lation der Überlieferung durch Oktavians Propagandisten zurückzuführen ist. Mit deren Hilfe sollte Antonius' Ruf in Rom untergraben werden. Bildlich gesprochen, konnte es Oktavian nicht zulassen, daß Antonius' Stern heller strahlte als sein eigener. Als er mit der Mobilmachung gegen seinen Triumviratskollegen begann, lag es in seinem Interesse, Antonius als inkompetenten, heimtückischen Schurken hinzustellen und dessen Feldzüge im Osten als sinnlose Fehlschläge zu diskreditieren.

Dennoch war die Armenien-Expedition möglicherweise kein so lächerlich sinnloses Unterfangen, wie es den Anschein hatte. Rache dafür, daß Artavasdes die Römer in Parthien im Stich gelassen hatte, kann nicht das einzige Motiv der Kampagne gewesen sein. Es handelte sich um ein teures Unternehmen, einen weiten Weg und um mehr als nur eine Strafexpedition. Das armenische Territorium wurde eingenommen und in eine römische Provinz mit römischen Besatzungstruppen und schnell nachströmenden römischen Siedlern und Händlern umgewandelt. Antonius' Anspruch, Armenien erobert zu haben, war also völlig legitim. Daran konnte Oktavian nicht rütteln. Statt dessen zog er es vor, Zweifel an Antonius' Motiven und an den von ihm angewandten Methoden laut werden zu lassen. Verrat mag das einzige Mittel gewesen sein, Artavasdes gefangennehmen zu können. Es gibt jedoch keinen zuverlässigen Beweis dafür, daß Antonius tatsächlich Verrat begangen hat. Selbst wenn dieser Vorwurf berechtigt ist, hatte sich Antonius zumindest bisher nichts dergleichen zuschulden kommen lassen. Bei Eroberungen geht man in der Regel nicht mit Samthandschuhen vor, wie die Umstände auch liegen mögen. Zudem kann nicht gesagt werden, daß die Römer im allgemeinen hinsichtlich menschlicher Verluste oder des Sturzes von Königen großes Schuldbewußtsein entwickelten.

Mit Armenien als römischer Provinz mochte Antonius der Vormarsch auf parthisches Territorium wesentlich leichter fallen. Falls alle Stricke rissen und er sich tatsächlich wieder zurückziehen mußte, war er wenigstens nicht gezwungen, sich durch feindliches Gebiet zu bewegen, wenn er einmal die armenische Grenze erreicht hatte. Der nächste Schritt bestand darin, ein Bündnis mit Medien abzuschließen oder dieses Königreich zu erobern. Artavasdes der Meder hatte bereits einen Pakt vorgeschlagen. Nun stimmten dem die Römer zu. Der medische König übergab Antonius die erbeuteten Standarten der zwei Legionen, die während der Invasion von 36 n.Chr. die eroberten Belagerungsmaschinen eskortiert hatten. Artavasdes' Tochter sollte mit Alexander Helios verheiratet werden und wurde nach Abschluß des Bündnisses nach Alexandria gebracht. Es war offensichtlich, daß Antonius dabei war, zu einem weiteren Partherfeldzug aufzubrechen, der dank sorgfältiger Vorbereitungen ein Erfolg zu werden versprach. Trat dieser Fall ein, mußte sein Ansehen in Rom das Prestige Oktavians in den Schatten stellen. Seine Macht im Osten würde immens zunehmen. Seine Legionen standen an Ort und Stelle bereit, um im Sommer 33 die beabsichtige Invasion auszuführen. Wenn Oktavian seinen Rivalen aufhalten und verhindern wollte, daß er überwältigenden Ruhm erntete und seine militärische Macht vergrößerte, mußte rasch gehandelt werden.

Die römische Eroberung Armeniens war gründlich abgesichert und hätte Antonius' Zwecken vermutlich gedient. Sie hatte jedoch keinen dauerhaften Bestand. Während des Bürgerkriegs zwischen Antonius und Oktavian war auch der parthische Hof in interne Auseinandersetzungen verwickelt. Tiridates, möglicherweise ein General der parthischen Armee, setzte Phraates ab und vertrieb ihn aus seinem Land. Im selben Jahr, als Oktavian Alexandria einnahm, gewann Phraates jedoch sein Königreich zurück. Stärker als zuvor, überrannte sein Heer auch Medien und Armenien. Es gab niemanden, der seinen Vormarsch hätte aufhalten können. Daher setzte Phraates Artaxes auf den armenischen Thron und unternahm nichts, als dieser die römischen Siedler und Händler massakrieren ließ. Oktavian, der Sieger von Actium und Alexandria, wiederum unterließ es, Armenien für die Römer zurückzugewinnen. Dies hätte einen regelrechten Krieg gegen Parthien erfordert, also stimmte Oktavian dem Gebietsverlust stillschweigend zu. Armenien gewann so seinen alten Status als unabhängiges Königreich an der parthisch-römischen Grenze zurück. Wenn Oktavian sein Gesicht wahren wollte, obwohl er Armenien den Parthern überließ und die offene Rechnung mit Phraates und Artaxes nicht beglich, mußte er verhindern, daß Antonius' Verdienste um die frühere Eroberung des Landes gerühmt wurden. Er selbst konnte das Land nicht zurückgewinnen. Die Ziele aber, die Oktavian nicht erreichen konnte, wurden als unwürdig oder nicht profitabel hingestellt. Auch der römische Eroberer Armeniens wurde somit ins Zwielicht gerückt.

Während Antonius Armenien besetzte und mit Garnisonen überzog, kämpfte Oktavian in Illyrien, um sich einen Namen als Heerführer zu machen. Er mußte diesen Feldzug zu einem erfolgreichen Abschluß bringen, bevor er seine Aufmerksamkeit Antonius zuwenden konnte. In der Zwischenzeit sorgten seine Gefolgsleute in Rom dafür, daß man ihn nicht vergaß. Oktavian und seine Mitarbeiter ließen öffentliche Gebäude und Straßen errichten, sorgten für den Schutz der persönlichen Sicherheit und des Eigentums und kümmerten sich um Nahrungsversorgung, klares Wasser und eine funktionierendes Abwassersystem. Agrippa etwa hatte hohe Ämter innegehabt und sich verantwortungsvollen Aufgaben gewidmet, übernahm im Jahre 33 jedoch den vergleichsweise unbedeutenden Posten eines Ädils, um die Kanalisation instandzusetzen, Rohre verlegen zu lassen und Quellen zu erschließen. Auch Antonius' Generale errichteten Tempel oder ließen öffentliche Einrichtungen erneuern. Ihre Bemühungen wurden jedoch von allem, was Oktavians Männer leisteten, in den Schatten gestellt und

marginalisiert. Als Herodes mit römischer Unterstützung sein
Königreich wiedergewonnen hatte, war Sossius im Jahre 34
im Triumph durch Rom gezogen, aber obwohl Antonius'
Offiziere fast so oft wie Oktavians Heerführer bei den prunk-
vollen Selbstinszenierungen des Militärs auftraten, wurden
ihre Siege im kollektiven Empfinden der Römer bloß als weit
entferntes Geschehen registriert. Auch waren ihre Siegespara-
den nicht so sorgfältig orchestriert wie die der Gegenpartei.
Dennoch hätte Antonius die Sympathie der Römer gewinnen
können. Er gab Oktavian jedoch berechtigten Grund, ihn zu
fürchten, und bot durch sein Verhalten seinem Rivalen hin-
reichend Gelegenheit, ihn als Gefahr für Rom darzustellen.

Als er im Herbst 34 v.Chr. nach Alexandria zurückkehrte, zog
Antonius auf einem Triumphwagen durch die Straßen. Hinter
ihm schritten seine armenischen Gefangenen. Kleopatra beobachtete das Spektakel auf ihrem Thronsitz hoch über der
Prozession, ihren Sohn Cäsarion an der Seite. Das Ganze mußte als Parodie eines römischen Triumphzugs erscheinen, und
obwohl Antonius vermutlich allen Anspruch darauf hatte und
möglicherweise geradezu darauf abzielte, Oktavian zu provozieren, fügte die in Rom umlaufende Darstellung des Geschehens seinem Ruf irreparablen Schaden zu. Die Feierlichkeiten
in Alexandria mußten den Römern als Sakrileg erscheinen,
denn die römische Siegesbeute war traditionell dem Jupiter
Optimus Maximus in seinem Tempel in Rom geweiht. Antonius brachte den Göttervater um dieses Privileg, als er seinen
Pseudo-Triumphzug in einer ausländischen Stadt abhielt.

Nach der Parade durch die Straßen von Alexandria vollzogen Antonius und Kleopatra entweder noch am gleichen Tag
oder kurze Zeit später jene Zeremonie, die Historiker als die
Landschenkungen von Alexandria bezeichnen. Neben Kleopatra auf einem hohen Thron sitzend, vor sich die Nachkommen auf kleineren Thronen, übergab Antonius vor einer
großen Menschenmenge Ländereien, die zum Teil noch nicht
einmal erobert waren, an Kleopatra und ihre Kinder. Alexander
Helios sollte Armenien, Medien und Parthien regieren, was
eher einer Absichtserklärung für die Zukunft gleichkam als
dem Status quo gerecht wurde. Kleopatra Selene sollte über
die Kyrenaika und Libyen herrschen. Der zweijährige Ptolemaios Philadelphos erhielt Syrien und Kilikien. Zufrieden mit
seiner Position als römischer Triumvir, machte sich Antonius

nicht selbst zum König, spielte aber offensichtlich die Rolle des Gefährten der ägyptischen Königin und erklärte ihren Sohn, den dreizehnjährigen Cäsarion, zum legitimen Erben Cäsars. Die Münzen, die Antonius zur Feier der Eroberung Armeniens prägen ließ, trugen auf der Rückseite eine weitere Botschaft mit dem Wortlaut *Cleopatrae reginae regum filiorum regum* – Kleopatra, der Königin der Könige und der Söhne von Königen gewidmet. Antonius verkündete öffentlich Cäsarions Anspruch auf den Thron von Ägypten, den der Junge zunächst noch mit seiner Mutter teilte und auf dem er eines Tages alleine herrschen würde. Dies stellte für Oktavian, der sich als einzig legitimer Erbe Cäsars betrachtete, keine geringe Drohung dar. Bis dahin empfand aber nur er selbst die Gefahr und konnte daher noch nicht hoffen, das ganze römische Volk auf seine Seite ziehen zu können. Ägypten war noch keine römische Provinz, und Antonius hatte sich mit seinem Handeln noch nicht allzu weit von römischen Praktiken entfernt. Wenn er nun einen großen Sieg über die Parther errang und die Grenzfrage im Osten ein für allemal regelte, würde das Volk von Rom von der Beute und den hervorragenden Aussichten für Händler und Siedler profitieren, und es konnte Antonius seinen kleinen Fehlgriff in Alexandria verzeihen, dort scheinbar die Parodie eines römischen Triumphzugs aufzuführen.

Antonius mußte schleunigst vom potentiellen Helden zum bedrohlichen Feind gemacht werden, also begann Oktavian mit dieser Arbeit im Frühjahr 33, sobald er seinen Feldzug in Illyrien erfolgreich beendet hatte. Er stürzte sich in eine systematische Verleumdungskampagne gegen Antonius, die er Anfang des Jahres mit einer Rede im Senat eröffnete. Er war Konsul des Jahres 33 und genoß gleichzeitig die Unverletzlichkeit eines Volkstribunen, eine Belohnung für seinen Sieg über Sextus Pompeius zwei Jahre zuvor. Er hatte die Alleinherrschaft in Italien noch nicht erreicht, aber möglicherweise spürte er, daß er keine Zeit vergeuden durfte, sondern sofort damit beginnen mußte, Antonius' Ansehen in den Schmutz zu ziehen. Seine erste Rede sollte ihm eine verläßliche Einschätzung der Stimmung im Senat und im römischen Volk liefern. Daraus, wie seine Ausführungen vom Publikum aufgenommen wurden, konnte er schließen, wie weit er gehen mußte, um sein Ziel zu erreichen. Das exakte Datum dieser aufrüttelnden Rede kann nicht genau fixiert werden und ist daher umstritten. Einige Autoren setzen es auf Anfang 32, aber es könnte auch in die politische Situation des Jahres 33 v.Chr. passen, als Antonius sich auf einen weiteren Partherfeldzug vorbereitete und das verlängerte Triumvirat auslief.

Seinerzeit erklärte Oktavian auch, daß er keinen neuen Pakt mit Antonius einzugehen gedachte. Das persönliche Zerwürfnis zwischen den beiden Triumvirn hatte sich schon darin angedeutet, wie Antonius seine Frau Oktavia behandelte. Oktavian hatte die Tatsache, daß seine Schwester von seinem Rivalen faktisch verstoßen worden war, bereits für seine Propaganda ausgeschlachtet. Damit konnte er das Volk gegen Antonius aufbringen, der Senat würde sich so jedoch kaum beeindrucken lassen. Oktavian hätte beträchtliche Schwierigkeiten gehabt, Antonius völlig in Verruf zu bringen, wäre sein Gegner unabhängig gewesen und hätte als unvoreingenommener Befehlshaber römischer Armeen gehandelt. In diesem Fall hätte sich Oktavian noch skrupelloserer Mittel bedienen müssen, um Rom gegen Antonius aufzuwiegeln. Zum Glück für seine Feinde hatte Antonius seit langem enge Kontakte im Osten, war für betrunkenes und skandalöses Auftreten in der Öffentlichkeit bekannt und zeigte jetzt offen seine Zuneigung zur Königin von Ägypten. Oktavian begann, sich auf Kleopatra zu konzentrieren. Antonius war der eigentliche Gegner, aber es war für die Römer akzeptabler und politisch tragbarer, einen Krieg gegen einen ausländischen Feind vom Zaun zu brechen. Oktavian hatte das Ende der Bürgerkriege verkündet, als er Sextus Pompeius besiegt hatte. Daher würde er sein Gesicht verlieren, wenn er jetzt sein Wort zurücknahm und einen weiteren Krieg gegen einen römischen Befehlshaber provozierte.

Antonius erhielt von der Stimmung in Rom Nachricht, als er sich im Jahre 33 in Armenien befand. Er verteidigte sich mit einem verbalen Gegenangriff, der zeigte, daß er sich der aktuellen politischen Verhältnisse durchaus bewußt war, wie er schon früher die Situation klar erfaßt hatte, als Cicero vor den Schlachten von Mutina seine politische Hetze gegen ihn betrieben hatte. Antonius warf Oktavian vor, die vor der Schlacht von Naulochus geliehenen Schiffe nicht zurückgegeben, sein Wort bezüglich der zugesagten 20.000 Soldaten gebrochen und damit seinen Teil des Abkommens von Tarent nicht erfüllt zu haben. Verspätet äußerte sich Antonius auch zur Entmachtung des Lepidus und geißelte Oktavian für die Behandlung des Amtskollgen. Bis zu diesem Zeitpunkt hatte Lepidus' Schicksal nicht zu Antonius' dringlichsten Anliegen gehört. Daher ist anzunehmen, daß es ihm vor allem um sein Ansehen in der römischen Öffentlichkeit ging. Die Versorgung seiner Veteranen lag Antonius mehr am Herzen. Er bezichtigte Oktavian, seine eigenen Soldaten auf Kosten von Antonius' Truppen bevorzugt zu haben. Dieser Vorwurf muß nicht unbedingt der Wahrheit entsprochen haben, war aber in den Augen vieler Menschen in Italien berechtigt. An diese appellierte Antonius in seinem Beschwerdebrief. Angeblich beklagte sich Antonius auch, daß Oktavian das eroberte Sizilien nicht mit ihm geteilt hatte. Hier lag ein Schwachpunkt seiner Argumentation. Die Geschichte muß zwar suspekt erscheinen, ermöglichte es Oktavian jedoch zu antworten, er würde Sizilien mit Antonius teilen, sobald ihm dieser ihm die Hälfte von Armenien abtrat. In Rom könnte diese Antwort als eine Art Witz aufgefaßt worden sein, denn Oktavian hatte vermutlich die Eroberung Armeniens bereits als lächerlich einfach dargestellt und Antonius' angebliches heimtückisches Vorgehen angeprangert.

Allmählich wurden die Angriffe persönlicher. Oktavian schrieb an Antonius und tadelte seinen Kollegen für dessen Zurückweisung Oktavias und für die Anerkennung Cäsarions, vor allem aber für seine Beziehung zu Kleopatra. Antonius antwortete in ebenso scharfem Ton. Sein Brief findet sich in Suetons Augustus-Biographie wieder. Er ist in ungeschliffenem Soldatenstil geschrieben und könnte tatsächlich authentisch sein. Darin meint Antonius, sexuelle Beziehungen seien nicht von Bedeutung. Schließlich war Oktavian selbst bekannt dafür, daß er mit allen möglichen Frauen im Bett gewesen war. Antonius fährt fort: „Spielt es wirklich eine Rolle, wo du deine Erektion bekommst?" Er fragt jedoch auch, warum seine Beziehung zu Kleopatra eine solche Überraschung für die Römer darstellen sollte, denn *uxor mea est*, was wörtlich bedeutet: „Sie ist meine Frau". Dieser einfache Satz wurde zum Ausgangspunkt verschlungener Theorien. Diejenigen, die nicht an eine Hochzeit zwischen Antonius und Kleopatra in irgendeiner Form glauben, fassen die Wendung als Frage auf und übersetzen sie dementsprechend mit: „Ist sie meine Frau?"

Daraus würde hervorgehen, daß es Antonius für akzeptabel hielt, mit Kleopatra zusammenzuleben und Kinder zu zeugen, da er nicht den letzten Schritt gemacht hatte, eine Zweitehe mit einer Ausländerin einzugehen. Es gibt im Lateinischen keine Satzzeichen, die das Übersetzungsproblem befriedigend lösen könnten. Alles in allem nimmt man Antonius' Äußerung aber am besten wörtlich, da er leicht ein *non* zwischen *mea* und *est* hätte einfügen können, um sich eindeutig auszudrücken. Akzeptiert man die Aussage und geht von einer tatsächlich erfolgten Hochzeit aus, muß man feststellen, daß Antonius' Ruf dadurch einen nicht wieder gutzumachenden Schaden erlitt. Die Ehe mit Kleopatra war in diesem Fall geschlossen worden, während der Römer noch mit Oktavia vermählt war und er sich völlig im klaren darüber sein mußte, daß es einem Römer verboten war, eine Ausländerin zu heiraten. Oktavian konnte jedenfalls großen propagandistischen Nutzen aus der Situation ziehen.

Ein Krieg der Worte folgte. Anschuldigungen gingen zwischen Armenien und Rom hin und her, was an sich noch keinen besonderen Grund zur Besorgnis darstellte. Ähnliches war schon früher geschehen. Was Antonius schließlich aus Armenien zurücktrieb, bevor er im Osten militärische Aktionen einleiten konnte, war das Bewußtsein, das Oktavian bereits zu viele Römer auf seine Seite gezogen hatte und sich den Senat durch seine Präsenz und unausgesprochene Drohungen unterwürfig gemacht haben könnte. Unterstützung in Rom war lebenswichtig für Antonius. Er lief Gefahr, einen Großteil seiner Macht zu verlieren, wenn er Oktavian weiter erlaubte, ihn den Römern zu entfremden. Im August 33 v.Chr. wandte er seine Aufmerksamkeit von Parthien ab und Rom zu. Er mußte nun den Senat für sich gewinnen. Obwohl er es nicht nötig gehabt hätte, bat er um die formale Ratifizierung seiner Maßnahmen im Osten. Es handelte sich um einen diplomatischen Schritt, da er sich bereits im Oktober 39, bevor er Rom verlassen hatte, das Einverständnis des Senats für alle seine vergangenen und künftigen Handlungen eingeholt hatte. Noch bedeutender mußte erscheinen, daß er anbot, auf seine Machtbefugnisse als Triumvir zu verzichten, wenn Oktavian das Gleiche tat. Die Parallelen zu Cäsar und Pompeius waren offensichtlich, und das Volk in Rom und Italien begann vermutlich, sich etwas unwohl zu fühlen.

Im November 33 hatte sich Antonius in das Unvermeidliche gefügt und begann mit Kriegsvorbereitungen. Er befahl dem treuen Canidius, das Heer aus Armenien herbeizuholen, und fing an, Truppen um sein Winterlager in Ephesos zusammenzuziehen. Kleopatra schloß sich ihm dort an. Ihre finanzielle und materielle Unterstützung und ihre Schiffe wurden dringend gebraucht. Als einige Römer aus Antonius' Heer gegen Kleopatras Anwesenheit protestierten und verlangten, die Königin nach Ägypten zurückzuschicken, antwortete ihnen Canidius daher, die Königin habe jedes Recht, zu bleiben, schließlich bezahle sie die Armee. Prompt wurden Vorwürfe gegen den römischen General erhoben, er sei von der Ägypterin bestochen worden. Die Saat der Zwietracht ging bereits auf. Die Unstimmigkeiten in Antonius' Heer konnten zu diesem Zeitpunkt wohl nicht bereinigt werden. Alles, was Oktavian über Kleopatra äußerte, würde in Zukunft nicht nur in Rom beachtet, sondern auch in Antonius' Heer gehört werden. Es war Antonius nicht möglich, sich endgültig von Kleopatra zu trennen und alleine zu kämpfen. Wurde einer von beiden angegriffen, mußten Antonius und Kleopatra sich Seite an Seite verteidigen, da keiner der beiden darauf hoffen konnte, sich mit Oktavian auszusöhnen.

Zu Beginn des Jahres 32 übernahmen Antonius' Generale Sosius und Domitius Ahenobarbus das Konsulat. Theoretisch hätte für Antonius alles gutgehen müssen, aber Oktavian hatte seine Position ausbauen können und war für alle Eventualitäten gerüstet. Es wird berichtet, daß Antonius seinen Konsuln eine Botschaft sandte, um diese im Senat verlesen zu lassen, daß die beiden Männer aber beschlossen, der Inhalt des Schreibens sei zu unverschämt, um an die Öffentlichkeit zu gelangen. Unter anderem schien es um die Landschenkungen von Alexandria zu gehen, von denen man in Rom zu dieser Zeit allerdings schon gehört haben mußte. Die Authentizität der Episode muß bezweifelt werden. Sie wirft ein äußerst ungünstiges Licht auf Antonius' Charakter und sein Verhalten. Ohne eine gesicherte Beschreibung der Umstände bleibt jedoch viel Platz für Spekulationen. Erstens könnte die ganze Affäre erfunden worden bzw. später in die römischen Geschichtsaufzeichnungen eingeschoben worden sein, um Antonius durch vage, aber glaubhafte Anschuldigungen in der Öffentlichkeit zu denunzieren. Nichts wirft ein so schlechtes

Licht auf einen Menschen wie ein unbestätigtes Gerücht, das entsprechend den Bedürfnissen des Publikums ausgeschmückt, bearbeitet und übertrieben werden kann. Zweitens, wenn tatsächlich zutrifft, daß Antonius' Brief zu gefährliche Informationen enthielt, um sie der römischen Öffentlichkeit im Januar 31 bekanntzugeben, spricht die Geschichte für die Effektivität von Oktavians ständiger Kampagne gegen seinen Rivalen. Anscheinend peitschte er die gegen Antonius gerichtete Stimmung im Volk erfolgreich auf.

Letzteres belegen die folgenden Ereignisse. Oktavian war nicht in Rom, als Sosius im Februar öffentlich gegen ihn auftrat. Falls er nicht gewagt hatte, Antonius' Brief zu verlesen, besaß Sosius anscheinend doch genug Mut zu versuchen, das Blatt zu Antonius' Gunsten zu wenden. Wir kennen seine Rede nicht, sie könnte jedoch einige Punkte enthalten haben, die Antonius bereits im Jahre 33 in einem Brief an Oktavian angeführt hatte, namentlich das Argument, daß Oktavian selbst mit seinem unbeirrbaren Machtstreben das Haupthindernis für die Wiederherstellung der Republik war. Sosius könnte den Senat gebeten haben, Oktavian zur Ordnung zu rufen. Vielleicht forderte er auch Sanktionen. Allgemein wird nicht angenommen, daß es in seinem Interesse lag, Oktavian zum Staatsfeind zu erklären. Die leiseste Anspielung darauf hätte Oktavian später mit Sicherheit als Rechtfertigung für den Bürgerkrieg genommen. Was Sosius auch gefordert haben mag, es wurde durch ein Veto des Tribunen Nonius Balbus vereitelt. Die Versammlung ging deshalb ohne Beschluß auseinander.

Oktavian verlor nun keine Zeit mehr. Er kehrte unter dem Schutz von Leibwächtern nach Rom zurück, rief den Senat zusammen, betrat die Versammlung in Begleitung von Bewaffneten und ließ sich zwischen den beiden Konsuln nieder. Sein Vorgehen verstieß zweifellos gegen das Gesetz, war aber äußerst wirkungsvoll. Die Zeit für ordnungsgemäßes Verhalten war ohnehin seit langem vorbei. Er versprach, dem Senat bei dessen nächstem Zusammentreffen Dokumente vorzulegen, die Antonius auf der Stelle als Staatsfeind bloßstellen würden. Niemand kann sagen, welche Beweise Oktavian in der Hand hatte, und niemand verlangte von ihm, sie vorzulegen. Die bloße Drohung genügte. Ein Tumult brach aus. Beide Konsuln und viele Senatoren flohen zu Antonius. Angeblich ergriffen 300 Senatoren die Flucht. Diese Zahl ist allerdings unbestätigt und ergibt sich aus der Behauptung des späteren Augustus, 700 Senatoren seien bei ihm geblieben. Dabei geht man von einer Gesamtzahl von 1.000 Senatoren aus, wie sie seit der von Cäsar betriebenen Reform des Gremiums üblich war. Zieht man die 700 Anhänger Oktavians ab, bleiben jene 300, die angeblich zu Antonius nach Ephesos gingen.

Die Reaktion der 300 Senatoren erscheint auf den ersten Blick extrem. Die genaueren Umstände des Ereignisses sind jedoch nicht ausreichend dokumentiert. In der Regel konnte man Senatoren nicht einfach durch ein paar Reden in der Senatsversammlung in die Flucht jagen und in einen anderen Teil der Welt treiben. Die Mitglieder des römischen Parlaments werden alle Anzeichen registriert haben, die wir heute nicht mehr erfassen können, und zu den richtigen Schlußfolgerungen gekommen sein. Allzuviele von ihnen mußten sich der nur ein Jahrzehnt zurückliegenden blutigen Säuberungen bewußt gewesen sein, als für jedermann ersichtlich wurde, wie weit Oktavian und Antonius zu gehen bereit waren, um ihre Ziele zu erreichen. Es war nicht weise, sich zwischen die verfeindeten Lager zu begeben. Für einige war das Bemühen um Neutralität ebenfalls keine realistische Option. Dies wäre erst sinnvoll gewesen, wenn bereits eine stabile parteilose Gruppierung existiert hätte. Die Senatoren hatten nur die Wahl, mit Oktavian gegen Antonius Krieg zu führen oder umgekehrt. Was diesen Ereignissen tatsächlich vorrausging, läßt sich nicht mehr rekonstruieren. Oktavian wird ein berechtigtes Interesse daran gehabt haben, die politischen Schritte, die zum Krieg führten, zu verschleiern. Er hatte die Lage geschickt zu seinen Gunsten eskalieren lassen. Daher mußte er für seine Zeitgenossen und die Nachwelt den Eindruck erwecken, er habe versucht, den Staat aus einer schrecklichen Gefahr zu retten. Die Bedrohung wurde dabei nicht direkt von Antonius verkörpert, sondern durch Kleopatra und deren Einfluß auf den römischen Feldherrn. Fortan verstärkte Oktavian die Verleumdungskampagne gegen die ägyptischen Königin, um die Römer geschlossen hinter sich zu bringen.

Wenn die verbleibenden Senatoren noch weiterer Überzeugungsarbeit bedurften, um für den Krieg zu stimmen, fand Oktavian jetzt ein ideales Propagandawerkzeug in Gestalt von Antonius' Generälen Titius und Plancus. Sie hatten die Zeichen der Zeit erkannt, Antonius im Stich gelassen und waren

zu Oktavian nach Rom geeilt. Möglicherweise konnten sie
sich nicht mit der engen Beziehung zwischen Antonius und
Kleopatra abfinden oder zumindest nicht ertragen, wie die
ständige Anwesenheit der ägyptischen Königin Oktavian in die
Hände spielte. Antonius schickte Oktavia im Jahr 32 v.Chr.
schließlich den Scheidebrief. Bis zu diesem Augenblick hatten
die Römer in seinem Gefolge noch glauben können, daß er
sich seiner Ehefrau – vielleicht auch ihrem Bruder – immer
noch verbunden fühlte und die ägyptische Königin nur als
reiche und mächtige Verbündete betrachtete. Wahrscheinli-
cher ist, daß Antonius' Generäle einfach überleben wollten
und sich daher auf die Seite des Siegers schlugen, der ihrer
Ansicht nach Oktavian heißen würde. Der Legende nach be-
richteten Titius und Plancus Oktavian, Antonius habe seinen
Letzten Willen bei den Vestalinnen in Rom hinterlegt, wie es
allgemein üblich war. In einer anderen Version der Geschichte
befand sich das Testament in der Obhut eines Freundes des
Antonius. Wo es auch immer sein mochte, Oktavian erfuhr jedenfalls von dem Versteck, machte sich augenblicklich auf die
Suche nach dem Dokument und öffnete es. Auf diese Weise
ergab sich für ihn eine weitere glückliche Gelegenheit, die
Römer zu überzeugen, zu welcher Schändlichkeit Antonius
inzwischen herabgesunken war. Oktavians unerhörtes Vorgehen wurde möglicherweise noch vom Inhalt des Testaments –
oder dessen angeblichem Inhalt – in den Schatten gestellt.
Cäsars Adoptivsohn öffnete das Testament ohne Zeugen, aber
scheinbar wagte es niemand, ihn der Fälschung des ganzen
Dokuments oder eines Teils davon zu beschuldigen. Zu dessen Hauptpunkten gehörte, daß Antonius Cäsarion als Cäsars
Sohn, als Mitregenten und Erben des ägyptischen Königreichs
bestätigte. Auch Kleopatras übrige Kinder waren im Testament als Erben eingesetzt, was bedeutete, daß Antonius bei
ihnen seine Vaterschaft anerkannte. Als seinen Haupterben
betrachtete er Antyllus. Unter anderem ließ er Münzen mit
seinem Portrait und dem seines Sohnes prägen. Der für Antonius unheilvollste Teil des Testaments bestand in seiner Erklärung, auch über den Tod hinaus an Kleopatras Seite bleiben zu
wollen; er verlangte, in Alexandria neben der Königin begra-
ben zu werden. Er schien sich nun völlig von Rom losgesagt
zu haben und ließ sogar vage die Absicht erkennen, Alexandria
anstelle Roms zur Hauptstadt seines Imperiums zu machen.

Diese Drohung reichte aus, die Römer in lautes Protestge-
schrei ausbrechen und den gemeinsamen Krieg gegen Kleopatra
und ihren vermeintlich verhexten Gefährten Antonius fordern zu lassen.

Oktavian trieb die Entwicklung mit einem Nachdruck voran, der für die Sorgfalt seiner Planungen spricht. Er ließ ganz
Italien einen Treueid schwören. Ausgenommen waren nur die
Städte, in denen Antonius viele Anhänger besaß. Die wichtigste davon war Bononia, das heutige Bologna. Es hatte bereits
Präzedenzfälle gegeben, bei denen versucht worden war, den
Senat durch Druck seitens der italischen Städten zum Handeln zu zwingen, beispielsweise als Pompeius die Gemeinden
aufrief, sich für die Rückkehr Ciceros aus dem Exil stark zu
machen. Oktavian bediente sich der italischen Bevölkerung
nun zu einem etwas anderen Zweck, da er von ihnen verlangte, einem Führer, nicht Rom selbst oder dem Senat, Treue zu
schwören. Hier könnte die Grundlage für den Eid liegen, der
später jedem neuen Herrscher geleistet wurde, als sich das
Kaiserreich fest etabliert hatte. Im Jahre 32 stellte diese Zeremonie jedoch eine Neuheit dar. Oktavian verschaffte sich so
die moralische Rechtfertigung, gegen Kleopatra vorzugehen,
unabhängig davon, ob er einen offiziellen Auftrag zum Krieg
erhalten mochte. Augustus behauptet in seinen „Res Gestae",
ganz Italien habe spontan den Eid abgelegt, und verschweigt
dabei die umfangreichen Vorbereitungen, den erforderlichen
bürokratischen Aufwand – und den Zwang, den er in seinem
Sinne ausüben ließ.

Als nächstes stand eine ordentliche Kriegserklärung an. Die
als Vorwand für die Auseinandersetzung artikulierte Behauptung, Kleopatra strebe nach Herrschaft über die römische
Welt, hatte inzwischen beträchtlich an Plausibilität gewonnen.
Daher schlugen bei den Römern die Emotionen hoch. Es
handelte sich offensichtlich um einen gerechten Krieg, der zur
Selbstverteidigung geführt wurde – wie angeblich alle römischen Kriege.

Untergang

Antonius verbrachte den Winter 32/31 in Patrae. Dieser Ort liegt am Nordrand des Peloponnes und beherrscht den Zugang zum Golf von Korinth. Seine Legionäre hatte er von Korkyra bis Methone entlang der griechischen Ostküste stationiert. Der größte Teil der Truppen lagerte am Ambrakischen Golf. Von dort verlief ein schmaler Kanal zum Ionischen Meer, begrenzt durch zwei Halbinseln in Form ineinander verschränkter Arme. Antonius' Männer überwachten den Eingang zum Golf von der südlichen Landzunge aus, der Halbinsel von Actium. Marcus Antonius hatte eine riesige Flotte von ungefähr 500 Schiffen bauen lassen, vielleicht die größte, die bis dahin in einem Krieg zum Einsatz gekommen war. Er verfügte über ungefähr elf Legionen. Plutarch spricht sogar von 16 Legionen. Allerdings lag die Truppenstärke einiger dieser Einheiten unter den seit Marius üblichen 6.000 Mann pro Legion. Antonius hatte darüber hinaus einheimische Truppen rekrutiert, vor allem berittene Soldaten. Daher mußte er nicht befürchten, mit seinem Heer dem Gegner zahlenmäßig unterlegen zu sein. Er hatte Versorgungsdepots anlegen lassen, seine Schiffe hielten die Verbindung zwischen den an verschiedenen Orten stationierten Einheiten aufrecht. Die mußten jedoch die langgestreckte, zerklüftete Ostküste Griechenlands mit ihren unzähligen Buchten und möglichen Landeplätzen sichern, eine Aufgabe, die sich letztlich als unlösbar herausstellte und dazu führte, daß Antonius die Schlacht von Actium nicht mit der vollen Anzahl seiner Schiffe und Männer bestreiten konnte.

Er hatte sich vermutlich entschlossen, dieses Mal nicht nach dem Muster der zwei zurückliegenden, zu Lande ausgetragenen Bürgerkriege vorzugehen. Statt sich nach Makedonien zurückzuziehen, sammelte er seine Truppen an der Küste, ohne dem Hinterland große Aufmerksamkeit zukommen zu lassen. Folglich gab es kaum Verbindung mit dem Land im Rücken seiner Armee, die ausschließlich nach Westen, zum Meer hin, ausgerichtet war. Antonius wurde vorgeworfen, er habe die Sicherheit Ägyptens über alles andere gestellt bzw. sei hauptsächlich um den Schutz Kleopatras und seiner eigenen Person besorgt gewesen. Was seine Abwehrstrategie und die Schlacht

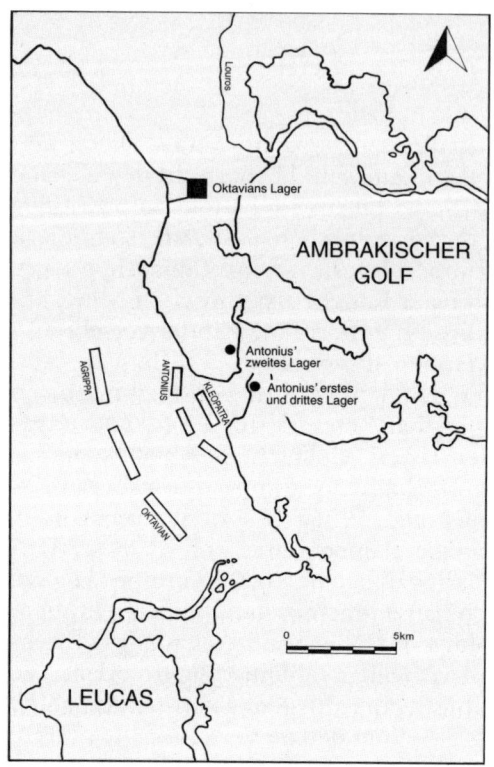

Die Schlacht von Actium,
2. September 31.

von Actium betrifft, ist die Quellenlage recht dürftig, viele Fragen bleiben deshalb unbeantwortet. Es gibt zwar zahlreiche vollmundige, hochtönende Berichte über die Schlacht; dabei handelt es sich jedoch nicht um zeitgenössische Quellen. Vielmehr wurde die Schlacht im Rückblick zum epochalen Ereignis verklärt, um die militärischen Leistungen des Siegers Oktavian hervorzuheben, was dem tatsächlichen Geschehen aber nicht entspricht. Es scheint, als habe es keine heroische Schlacht gegeben, sondern als sei es nur zu einigen Scharmützeln an Land und zu kleineren Seegefechten gekommen. Antonius wird als abwesender Träumer dargestellt, völlig unfähig, einen Plan zu entwickeln oder gar auszuführen.

Aus den von den antiken Schreibern vermittelten Augenzeugenberichten – oder aus jenen Werken, die später als solche ausgegeben wurden – läßt sich der exakte Verlauf des Feldzugs nicht mehr rekonstruieren. Es handelte sich jedenfalls um eine langwierige Angelegenheit, die mehrere Monate dauerte. Uns sind nur einige unzusammenhängende Einzelheiten bekannt. Antonius versuchte nicht, Oktavian mit Hilfe seiner Flotte in eine Seeschlacht zu verwickeln, als sich dessen Schiffe im Frühjahr 31 von Italien her näherten. Er erlaubte seinem Gegner, von Brundisium aus unangefochten die Adria zu überqueren und einen Großteil seiner Armee nahe jener Stelle an Land zu bringen, wo schon Cäsar im Jahre 48 angelegt hatte. Anschließend setzten sich Oktavians Armee und Flotte entlang der Küste nach Süden in Bewegung. Oktavian selbst konnte eine Basis in Korkyra errichten, da sich Antonius' Schiffe von der Insel zurückgezogen hatten. Innerhalb kürzester Zeit erschien Oktavian auf der nördlichen Halbinsel am Ambrakischen Golf. Sein erster Gedanke muß dem Versuch gegolten haben, die Kontrolle über die Mündung des Golfs zu gewinnen. Dort waren Antonius' Männern jedoch zu gut postiert. Oktavian zog sich auf der nördlichen Halbinsel etwas zurück und lagerte in der Gegend des späteren Nikopolis. Es könnte zu Antonius' Plan gehört haben, seinen Gegner in den Golf zu locken, um so das Schlachtfeld selbst wählen zu können. Damit hatte er jedenfalls keinen Erfolg. Mit seiner Hauptstreitmacht eilte Antonius zu den Truppen auf der südlichen Halbinsel, ließ ein befestigtes Lager errichten und überquerte fast unmittelbar darauf mit einigen seiner Legionäre und der verbündeten einheimischen Reiterei die Mündung des Golfs, um Oktavians Einheiten von ihrer Wasserversorgung abzuschneiden. Der Angriff scheiterte jedoch, da Truppenteile, die Antonius in der Region rekrutiert hatte, zu Oktavian überliefen. Ein zweiter, von Antonius persönlich angeführter Versuch schlug ebenfalls fehl. Diesmal schlug sich selbst Amyntas, den Antonius zum König von Galatien gemacht hatte, auf die Seite Oktavians. Daraufhin ließ Antonius, durch den Verlauf der Kämpfe entmutigt, seine Truppen über den schmalen Eingang zum Golf schaffen und wiederum auf der südlichen Halbinsel lagern. Dieser Bericht klingt verdächtig einfach, so als ob Antonius nur niederschmetternde Fehlschläge erlitten habe. Man hat jedoch Münzen gefunden, auf denen ihm zum vierten Mal in seiner Karriere als Imperator gehuldigt wurde. Daraus kann man folgern, daß er zumindest einen, wenn auch nicht den entscheidenden Sieg bei Actium errungen haben

Silberdenarii wie diesen ließen Antonius und sein General Scarpus 31 v. Chr. prägen. Die Schrift um den Kopf des auf der Münze abgebildeten Jupiter-Ammon lautet: M. ANTONIO. COS III. IMP. IIII. Danach hätte Antonius seinerzeit zum dritten Mal das höchste römische Staatsamt innegehabt, was nicht ganz zutrifft. Zwar sollte er wieder Konsul werden, wurde von Oktavian jedoch an der Übernahme dieses Amtes gehindert. Die Abkürzung IMP. IIII zeigt, daß Antonius vor Ausgabe der Münze von seinen Truppen zum vierten Mal als Imperator, als Sieger in der Schlacht, gefeiert worden war. Dies muß im Kontext der Auseinandersetzungen des Jahres 31 geschehen sein. Möglicherweise fiel also die Landschlacht bei Actium doch nicht so katastrophal für ihn aus, wie es die antiken Quellen behaupten.

muß. In welchem Zusammenhang dieses Ereignis allerdings steht, können wir nicht sagen. Möglicherweise war der Versuch, Oktavians Stellung zu belagern und von der Versorgung abzuschneiden, nicht so aussichtslos, wie die überlieferte Darstellung vorgibt. Dabei könnte es durchaus zu heftigen Kämpfen gekommen sein, an die Oktavian später wohl nicht mehr erinnert werden wollte. Eines unserer Hauptprobleme besteht darin, daß der genaue Ablauf des Kriegszugs nicht gesichert ist und nur Oktavians Erfolge ausführlich behandelt werden. Antonius' Vorstoß über den Golf erscheint in den Berichten als aufwendiges, aber vergebliches, zumindest nur vorübergehend erfolgreiches Unternehmen.

Den Oberbefehl über Oktavians Flotte führte Agrippa, der über umfassende Erfahrungen aus den Kämpfen gegen Sextus Pompeius verfügte und seit dem Sieg bei Naulochos viereinhalb Jahre zuvor über beträchtliches Selbstbewußtsein verfügte. Davon profitierend, nahm er zuerst Methone ein und schuf sich eine Basis auf dem Peloponnes, bevor er die bei Leucas stationierten Schiffe des Antonius vernichtete. Kurz darauf eroberte er auch Patrae und dann Korinth. Nun konnte er mit seiner Flotte ruhig die Mündung des Ambrakischen Golfs versperren und Antonius' Schiffe dort einschließen. Dessen General Sosius versuchte, zumindest mit einem Teil der Flotte auszubrechen, wurde jedoch geschlagen und zurückgetrieben. So konnten Agrippa und Oktavian zu Lande und zur See den Kreis um Antonius enger ziehen und seinen Truppen beträchtliche Versorgungsschwierigkeiten bereiten. In der Zwischenzeit sicherte Oktavian seinen eigenen Nachschub, indem er zwei Wälle von seinem Lager bis zum Meer errichten ließ.

Zu Beginn des Feldzugs brauchte Antonius dringend einen schnellen Sieg über Oktavians Landheer oder dessen Flotte. Nachdem ihm seine Gegner die Initiative abgenommen hatten, kam ihm anscheinend auch sein Schwung abhanden. In der Hoffnung, Oktavian zur Schlacht stellen zu können, ließ er möglicherweise zuviel Zeit verstreichen. Indem er in Actium blieb, anstatt sich ins Landesinnere zurückzuziehen und Oktavian zur Verfolgung zu verleiten oder hinter sich zu lassen, besiegelte Antonius sein Schicksal. Die Gegend, in der sich sein Lager befand, begünstigte Krankheiten. Prompt breiteten sich Seuchen unter seinen Legionären aus. Es gab nur wenig Nachschub und kein Futter für die Pferde. Mit steigenden Temperaturen wüteten Malaria und Ruhr unter den Soldaten. Die Moral der Truppen war auf ihrem Tiefpunkt angelangt. Weitere Vertraute des Antonius liefen zum Gegner über, darunter sogar Domitius Ahenobarbus und Dellius, was die Zurückbleibenden wohl völlig entmutigte.

Die Gründe dafür, daß immer wieder Truppen und Offiziere desertierten oder die Seiten wechselten, wurden bisher nicht ausreichend erhellt. Die griechischen Fußsoldaten und Reiter könnten schon lange vor Oktavians Ankunft in Actium von dessen Männern infiltriert worden sein. Cassius Dio spricht von Spionageaktivitäten beider Parteien vor Ausbruch der Kämpfe. Antonius schickte Gelder bis weit in den Westen, um Anhänger für seine Sache zu gewinnen. Oktavian bemerkte dies und verdoppelte seine eigenen Anstrengungen, hatte aber vermutlich seine Agenten bereits in Antonius' Herrschaftsbereich plaziert. Inschriften wie die aus Aphrodisias zeigen, daß Oktavian in den Städten des Ostens kein Unbekannter war und dort direkt Befehle erlassen konnte, ohne sich auf Antonius berufen zu müssen. In diesem Fall muß es für ihn vergleichsweise einfach gewesen sein, die herrschende Oberschicht mehrerer Städte und Staaten auf seine Seite zu ziehen. Wie er von den verschiedenen Regenten und hohen Beamten wahrgenommen werden würde, mußte insbesondere von seinen Erfolgen in Rom und auf seinem Illyrienfeldzug, vor allem aber von seiner Eigenwerbung und den Geldbeträgen abhängen, die er ihnen anbieten konnte. Er mußte sie davon überzeugen, daß er der Vertrauenswürdigere war, keiner niederen Regung fähig, und daß er als einziger ihre Zukunft und ihren Reichtum garantieren konnte. Seine Propaganda in Rom machte sich vornehmlich die feindselige Stimmung gegen Kleopatra und die Furcht vor der ägyptischen Königin zunutze. Zweifellos stieß er im Osten in das gleiche Horn. Es mußte ihm leicht genug fallen, Antonius' Verbündete den Einflüsterungen bezahlter Helfer auszusetzen und den von seinem Rivalen abhängigen Kleinkönigen und Fürsten weiszumachen, ihre Macht sei in Gefahr, wenn es Antonius gelänge, Parthien zu unterwerfen und sein Bündnis mit Kleopatra weiter Bestand habe.

Allein schon der Name der ägyptischen Königin mußte Mißtrauen erwecken. Kleopatra hatte sich in den reichen Gebieten des Ostens alles angeeignet, was Ägypten ihrer Ansicht nach beanspruchen konnte, und übte offensichtlich großen Einfluß auf Antonius aus. Die Könige und Fürsten des Ostens hatten die Landschenkungen von Alexandria sicherlich mit Argwohn zur Kenntnis genommen, zumal es bereits fünf Nachkommen gab, denen Antonius vermutlich mehrere Königreiche vermachen würde. Weitere Kinder, alles potentielle Monarchen, konnten noch geboren werden. Waren Antonius' Gefolge und die von ihm abhängigen Fürsten einmal mißtrauisch geworden, spielte es keine Rolle mehr, daß der Römer nicht allen Forderungen Kleopatras nachgegeben hatte. Es wird berichtet, daß Oktavian nach der Schlacht von Actium und dem Fall Alexandrias seine volle Aufmerksamkeit dem Osten zuwandte, die von Antonius getroffenen Regelungen und das feine Geflecht sorgfältig ausbalancierter Machtverhältnisse jedoch kaum veränderte. Ein Grund dafür liegt zweifellos darin, daß Antonius bei der Wahl der Fürsten und Beamten äußerst geschickt vorgegangen war und die Grenzen der Territorien auf höchst intelligente Weise festgelegt hatte. Ein weiterer Grund könnte darin bestehen, daß Oktavian schon lange vor der Vernichtung seines Gegners mit diesen Herrschern und hohen Beamten in Kontakt getreten war und ihnen als Belohnung für ihren Frontwechsel innerhalb ihrer Herrschaftsbereiche absolute Souveränität versprochen hatte. Er mußte seine Verhandlungspartner nur von der Gefahr für ihre Territorien überzeugen, die angeblich von Kleopatra ausging, und sich anschließend als Beschützer und Retter anbieten. Daher könnten die Treueschwüre der Verbündeten, die Antonius im Jahre 31 entgegennahm, von Anfang an leere Versprechungen gewesen sein.

Den römischen Offizieren und Senatoren, die zu Oktavian übergingen, mochten ähnliche Bedenken gekommen sein, als sie Kleopatra in Aktion erlebten. Es ist möglich, daß sie ins Lager des Antonius geeilt waren, ohne den umlaufenden Gerüchten über das angeblich extravagante und herrschsüchtige Verhalten der ägyptischen Königin Glauben zu schenken, dort aber feststellen mußten, daß ein Teil der Geschichten der Wahrheit entsprach. Selbst wenn ihnen nur harmlose Eigenheiten im Charakter der Ägypterin auffielen, mußten sie sich fragen, ob die Dinge, die man sich über die gefährlicheren Eigenschaften Kleopatras erzählte, nicht ebenfalls zutrafen. Daß führende Offiziere wie Dellius und Domitius Ahenobarbus Antonius im Stich gelassen hatten, versetzte die zurückbleibenden Befehlshaber wohl in beträchtliche Unruhe. Antonius trug noch zur Verunsicherung seiner Senatskollegen und Verbündeten bei, indem er Iamblichus, den König, der seine arabischen Einheiten befehligte, foltern und den Senator Quintus Postumius hinrichten ließ. Die Strafaktion mag erforderlich geworden sein, um seiner Autorität Nachdruck zu verleihen und die Disziplin im Lager wiederherzustellen, mußte aber bei denjenigen, die noch zu ihm hielten, die Zweifel verstärken, ob sie sich in diesem Krieg wirklich auf der richtigen Seite befanden.

Canidius blieb bei Antonius und stimmte in einer Kommandeursversammlung für einen Rückzug nach Osten, nach Makedonien hinein, um den Gegner zu einer Landschlacht zu

verleiten. Dies hätte jedoch bedeutet, die riesige Flotte aufzugeben. Kleopatra hatte sich indes in den Kopf gesetzt, von den
Schiffen Gebrauch zu machen, daher wurde in ihrem Sinn
entschieden, und Antonius verlegte sich ganz auf eine Seeschlacht. Angeblich befahl er den Besatzungen, alle Segel
bereitzuhalten, und ließ seine Schatztruhen an Bord seines
Schiffes bringen, was viele Männer als Vorzeichen eines ge-
planten Ausbruchsversuchs, keinesfalls aber einer regelrechten
Schlacht werteten. Eine andere Erklärung für die Anordnung
könnte darin bestehen, daß Antonius versuchen wollte, mit
Hilfe der nachmittags regelmäßig aufkommenden Winde
Agrippas Flotte zu umrunden und zum Umdrehen zu zwingen. Gelang dies, war er in der Lage, die gegnerischen Schiffe
vom Ufer und Oktavians Heer abzuschneiden, den Feind mit
der eigenen Flotte einzukreisen und mit zahlenmäßiger Übermacht zu erdrücken.

Bis zum 2. September war das Wetter zu unbeständig, um
diesen oder einen anderen Plan auszuführen. Als der Wind
mit Anbruch des Tages abflaute, lief Antonius' Flotte in voller
Stärke aus. Das Flaggschiff, von Antonius selbst befehligt,
hielt sich an der rechten Flanke, um Agrippas Linke auf sich
zu ziehen und zum Wenden zu bewegen. Die gegnerischen
Flotten lagen sich eine Zeitlang gegenüber und setzten nur ab
und zu die Ruder ein, um ihre Position zu halten. Agrippa ließ
sich nicht auf einen Kampf mit Antonius' Schiffen ein. Daher
mußte sich dieser entscheiden, entweder anzugreifen oder
zum Hafen zurückzukehren. Er warf dem Feind die an der
rechten Flanke seiner Flotte befindlichen Schiffe entgegen.
Bei jenem Manöver mußten die langsameren Schiffe im Zentrum etwas zurückbleiben. Nun begann ein Wettlauf um die
bessere Position. Agrippas linke Flanke und Antonius' rechte
zogen sich allmählich auseinander, wobei jeder der Kombat-
tanten versuchte, mit seinen Schiffen in den Rücken des Gegners zu gelangen. Es kam zu heftigen Kämpfen mit Verlusten
auf beiden Seiten. Im Rücken der Gefechtslinie wendeten
einige von Antonius' Schiffen und steuerten den Hafen an.
Kleopatra drehte, möglicherweise auf Befehl, nach Süden ab
und ließ Antonius' rechte Flanke ungedeckt und vom Gegner
schwer bedrängt zurück. Das Schiff ihres Gefährten befand
sich mitten im Getümmel und konnte sich nicht von Agrippas
Flotte lösen, als es Zeit zur Flucht wurde. Antonius ließ sich

deshalb an Bord eines kleineren Fahrzeugs bringen und zu Kleopatras Schiff übersetzen. Mit weniger als 100 von ursprünglich 500 Schiffen konnte er nach Ägypten entkommen. Es verwundert daher nicht, daß Oktavian dem Geschehen später soviel Gewicht beimaß.

Obwohl die Schlacht geschlagen war, war – wie so oft – der Krieg noch nicht gewonnen. Wie Pompeius nach der Schlacht von Pharsalos hatte Antonius immer noch die Möglichkeit, seine Kräfte zu sammeln und seine Armee, die Canidius auf dem Landweg von Griechenland nach Ägypten führte, neu zu gruppieren. Dies hätte jedoch ein energisches Vorgehen erfordert. Von dem Moment an, an dem sich Antonius auf Kleopatras Schiff hatte bringen lassen, war seine Zielstrebigkeit jedoch erloschen. Bis auf ein kurzes Gefecht mit den Verfolgern, Oktavians Schiffen, die er erfolgreich umgangen hatte, verbrachte Antonius die dreitägige Überfahrt unter Deck, schweigsam und vermutlich fassungslos. Er hatte schon zuvor Niederlagen erlitten, aber jedesmal wieder Hoffnung schöpfen und seinen Soldaten neuen Mut einflößen können. Kampfbereit und zu allem entschlossen war er stets aus der Krise hervorgegangen, ohne seine Glaubwürdigkeit einzubüßen oder das Vertrauen seiner Armee zu verlieren. Dieses Mal jedoch bot er seinen Freunden Geld und andere Mittel zur Flucht, was dafür spricht, daß er seine Sache verloren gab und seine engste Umgebung nicht mit in den Untergang ziehen wollte. Er mußte sich inzwischen daran gewöhnt haben, von ehemaligen Vertrauten im Stich gelassen zu werden. Vielleicht wollte er weiteren Enttäuschungen zuvorkommen, indem er denen, die ihn verlassen wollten, die Gelegenheit gab, sich abzusetzen, bevor die Flotte Ägypten erreichte. Was Antonius zu diesem Zeitpunkt noch nicht wissen konnte, war, daß Oktavians Boten Canidius' Truppen erreicht und zum Aufgeben bewegt hatten. Sieben Tage lang hatten die Legionäre, nur um ihr eigenes Schicksal besorgt, um günstige Bedingungen gefeilscht. Schließlich versprach Oktavian, all ihre Forderungen zu erfüllen. Beide Seiten wußten, daß es besser war zu verhandeln als sinnlos Krieg zu führen. Oktavian baute darauf, den kriegsmüden Gegnern jetzt Versprechungen zu machen, die er später immer noch erfüllen konnte, wenn ihm danach war. Canidius selbst weigerte sich, zu Oktavian überzulaufen und setzte seinen Weg nach Ägypten fort. Seine Treue zu Antonius führte dazu, daß ihn Oktavian, als er seiner schließlich habhaft wurde, ohne Gnade hinrichten ließ. Es bleibt zu hoffen, daß Antonius die Qualitäten dieses treuen Offiziers zu würdigen wußte.

Als sie sich der nordafrikanischen Küste näherten, konnten Antonius und Kleopatra sich nicht sicher sein, wie sie in Ägypten aufgenommen werden würden. Deshalb liefen sie einen kleinen Hafen westlich von Alexandria an und ließen die Lage in der Stadt auskundschaften. Die Bevölkerung von Alexandria verhielt sich ruhig und war bereit, die Königin zu empfangen. Die römischen Legionen in der Kyrenaika dagegen hatten sich von Antonius losgesagt. Kleopatra segelte zurück nach Alexandria, wo sie sofort wieder die Regierungsgeschäfte übernahm. Als sie die Stadt betrat, gab es keine Hinweise auf die Niederlage bei Actium. Ihre Schiffe waren geschmückt, als kehrten sie siegreich zurück. Kleopatra zeigte nicht das Verhalten einer besiegten Königin, sondern trat wie immer bestimmt und selbstbewußt auf. Sie ließ Artavasdes von Armenien hinrichten, um sich die Loyalität seines Rivalen Artavasdes von Medien zu bewahren. Antonius blieb eine Zeitlang in der Wüste im Westen. Über seine Gemütsverfassung können wir nur spekulieren. Möglicherweise trifft Plutarchs Behauptung zu, und der geschlagene Triumvir dachte an Selbstmord. Falls er mit dem Gedanken gespielt hat, seinem Leben ein Ende zu setzen, verfolgte er die Idee jedenfalls nicht bis zu Ende, sondern kehrte schließlich nach Alexandria zu Kleopatra zurück.

Es war klar, daß Oktavian irgendwann Ägypten angreifen würde. Vor seiner Ankunft waren daher Vorbereitungen zu treffen. Antonius konnte nur noch auf sein Überleben hoffen. Falls er jemals von einem Imperium geträumt hatte, hatten sich diese hochfahrenden Pläne in der Schlacht von Actium zerschlagen. Wenn er tatsächlich je nach Alleinherrschaft gestrebt hatte – nun mußte er den Kampf um die Führung des römischen Reiches aufgeben. Er errichtete sich eine Zufluchtstätte am Meeresufer und nannte sie Timoneum, nach Timon von Athen, der als Misanthrop und Eremit berühmt geworden war. Kleopatra war nun bei der Aufgabe, ihr Leben, ihre Kinder und ihr Reich zu verteidigen, auf sich selbst gestellt. Sie tat ihr möglichstes, um die Abwehrbereitschaft ihres Volkes zu wecken. Sie präsentierte Cäsarion dem Volk als

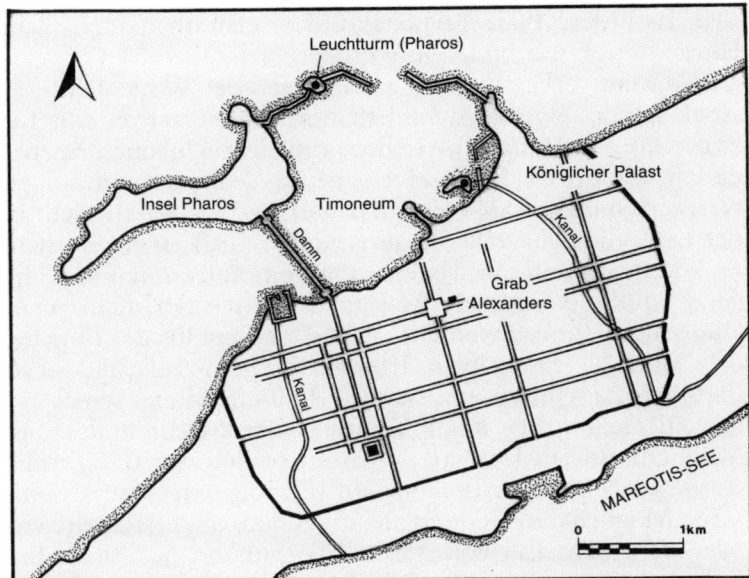

Stadtplan von Alexandria. Im Norden Alexandrias befanden sich der königliche Palast und das Timoneum, in das sich Antonius nach der Schlacht von Actium zurückzog.

Ptolemaios XV. Gleichzeitig wurde Antyllus durch die römische Zeremonie der *toga virilis*, bei der er seine Knabenkleidung gegen die Männertracht tauschte, in den Kreis der Erwachsenen aufgenommen. Es könnte Kleopatras Absicht gewesen sein, den Anschein von Beständigkeit zu erwecken, indem sie die beiden Jungen zu Erben der ägyptischen Königin und ihres Gefährten erklärte, als gebe es eine Zukunft, für die man Pläne schmieden mußte. Sie versuchte auch, Antonius' Lebensgeister durch die üblichen Methoden – Feiern, Festgelage und nächtliche Ausschweifungen – wieder zu wecken. Antonius nahm an all dem teil, die „Gesellschaft unvergleichlicher Lebemänner" war jedoch durch die „Brüderschaft der im Tode Unzertrennlichen" ersetzt worden. Seine pessimistische Haltung ist verständlich. Er hatte sein Gefolge bis auf diejenigen entlassen, die bei ihm bleiben wollten, und wußte, daß diesmal das bittere Ende bevorstand, das vermutlich auch nicht lange auf sich warten lassen würde.

Oktavian verbrachte den größten Teil des Winters auf der Insel Samos. Seinen Aufenthalt dort unterbrach er nur für einen kurzen Besuch in Italien, um dort Unruhen zu beenden, die durch die Landvergabe an Veteranen entstanden waren. Seine Freunde Maecenas und Agrippa waren nicht in der Lage, die politische Situation in den Griff zu bekommen. Es könnte zudem ein weiteres Problem aufgetreten sein. Irgendwann – der genaue Zeitpunkt kann leider nicht mehr eindeutig bestimmt werden – versuchte Lepidus der Jüngere, der Sohn des ehemaligen Triumvirn, einen Aufstand gegen Oktavian zu schüren, um sich für die Behandlung seines Vaters zu rächen, der unter Verlust seiner Macht und seines Ansehens auf ein Landgut verbannt worden war. Einige Historiker legen dieses Ereignis auf das folgende Jahr. Es gibt keine Möglichkeit, eindeutig festzustellen, ob die Revolte vor oder nach dem Fall von Alexandria stattfand. Jedenfalls beweist das Geschehen, daß sich Oktavian in Italien und Rom nicht ungeteilter Zustimmung erfreuen konnte, aber auch, daß er mächtig genug war, oppositionelle Bestrebungen mühelos zu unterdrücken.

Den ganzen Winter über eilten Boten zwischen Oktavian und Antonius hin und her. Vielleicht gab es unabhängig davon auch Verhandlungen zwischen Oktavian und Kleopatra. Angeblich versprach Antonius, seinem Leben selbst ein Ende zu setzen, wenn sich Oktavian für Kleopatras Sicherheit verbürge. Trifft das zu, spricht es dafür, daß Antonius alle Hoffnung verloren hatte und sich in edle, heroische Gesten flüchtete. Es könnte somit sein, daß sich Antonius als Hauptziel von Oktavians Kampagne betrachtete und annahm, dieser warte nur auf seine Beseitigung, um die Herrschaft über die ganze römische Welt antreten zu können. Tatsächlich schien Oktavians Verhalten diese Ansicht zu bestätigen, denn er versprach Kleopatra in einem Schreiben eine milde Behandlung, wenn ihr Heer die Waffen niederlegte und sie Antonius auslieferte. Die ägyptische Königin lehnte ab, möglicherweise weil sie Antonius wirklich liebte. Auch Antonius könnte aus Liebe sein Leben für das seiner Gefährtin angeboten haben. Vielleicht war jedoch beiden klar geworden, daß Oktavian vor allem die Herrschaft über Ägypten anstrebte und bereit war, über Leichen zu gehen, um sein Ziel zu erreichen. Eine Hauptsorge Oktavians bestand darin, Kleopatra könne all ihre Schätze verschleudern, bevor er sie in seinen Besitz zu bringen vermochte. Er benötigte schließlich astronomische Summen, um all seine Versprechungen gegenüber seinen Legionären und Verbündeten erfüllen zu können. Außerdem mußte es für ihn von Vorteil sein, über die überschüssige Getreideproduktion Ägyptens zu verfügen.

Die Ägypter standen einig hinter Kleopatra. Es gab sogar Gerüchte über Volkserhebungen zu ihren Gunsten. Sie hatte sich immer um die Bedürfnisse der Bevölkerung gekümmert, weit mehr jedenfalls als die vorangehenden Ptolemäer. Sie hätte nur den Wunsch äußern müssen, und eine Armee von einfachen Leuten hätte sich auf den Weg nach Alexandria gemacht, um zu ihrer Verfügung zu stehen. Sie lehnte dieses Angebot jedoch ab, da sie ihr Volk nicht mit in den Krieg hineinziehen wollte. Sie vermutete zu Recht, Oktavian würde das Volk im Falle ihrer Niederlage weiterleben lassen wie bisher, solange er nur die Steuern einstreichen und die überschüssigen Ernteerträge für sich beanspruchen konnte.

Im Frühjahr 30 war Oktavian bereit, den Krieg nach Ägypten zu tragen. Er kehrte nach Griechenland zurück und führte sein Heer über Land zu seinem Ziel, das er etwa im Juli erreichte. Kleopatra sandte ihren Sohn Cäsarion, inzwischen 16 Jahre alt, den Nil hinauf nach Oberägypten, vielleicht mit der Absicht, ihn über das Rote Meer oder nach Äthiopien in verhältnismäßig sicheres Gebiet zu bringen. In der Zwischenzeit versuchte Antonius, Cornelius Gallus davon abzuhalten, Ägypten von Westen her anzugreifen. Er nahm einige Schiffe und etwas Infanterie, um sich Gallus entgegenzustellen, wurde jedoch geschlagen und verlor seine kleine Flotte. Im Osten verteidigte Kleopatras General Seleukos halbherzig Pelusium, gab den Widerstand jedoch bald auf und ließ Oktavians Truppen ohne Gegenwehr vorbeiziehen. Antonius eilte herbei und schlug mit Hilfe einiger berittener Einheiten Oktavians Vorhut, die daraufhin dem Haupteer entgegen floh. Marcus Antonius kehrte beschwingt vom Erfolg nach Alexandria zurück und feierte seinen Sieg wie in alten Zeiten.

Damit versuchte er jedoch nur, seine Verzweiflung zu verbergen. Antonius wußte, daß er geschlagen war. Angeblich forderte er Oktavian zum Zweikampf heraus, erhielt von diesem allerdings die hochnäsige Antwort, es gäbe bessere Wege, sein Leben zu beenden. Die Entscheidungsschlacht sollte am folgenden Tag stattfinden, am ersten Tag des Monats Sextilis, der später zu Ehren des Augustus dessen Namen erhielt. Antonius teilte seinen Freunden in der Nacht vor der Schlacht mit, er könne nicht auf einen Sieg hoffen und suche nur einen ehrenhaften Tod. In derselben Nacht konnte man in den Straßen von Alexandria angeblich eine gespenstische Musik hören, in die sich die Schritte einer unsichtbaren, die Stadt durch das östliche Tor verlassenden Prozession mischten – der Gott Dionysos und sein Gefolge wandten sich von Antonius noch vor dessen Fall ab.

Am nächsten Morgen sah die Armee vom Kanobos-Tor aus zu, wie die Flotte ausrückte und sich Oktavians Schiffen näherte. Allerdings kam es nicht zum Kampf. Entweder war ein Signal vereinbart worden, oder die Kapitäne folgten einer nach dem anderen dem gleichem Beispiel. Jedenfalls zogen die Besatzungen von Antonius' Schiffen die Ruder ein und warteten. Aus zwei Flotten wurde eine, als Antonius' Schiffe auf Oktavians Geschwader zusegelten und sich mit diesem vereinigten. Die Soldaten hatten vielleicht etwas Derartiges erwartet oder bereits Bescheid gewußt. Es gab keinen Grund, warum sie sich für einen besiegten Mann aufopfern sollten. Es war viel besser, gleich zu Oktavian überzulaufen und möglicherweise milde Bedingungen zu erhalten. Die Reiterei machte sich davon, ohne ihre Schwerter zu ziehen. Die Legionäre kämpften eine Weile lustlos, dann ergaben sie sich oder ergriffen die Flucht.

Antonius ritt zurück nach Alexandria und fragte sich, ob ihn Kleopatra verraten hatte. Sie hatte sich in ihr Mausoleum zurückgezogen und die Tür verbarrikadieren lassen. Daher hatte Antonius keinen Grund, an Berichten über ihren Tod zu zweifeln. Er bat seinen Sklaven Eros, ihn zu töten, aber Eros beging statt dessen Selbstmord. Antonius versuchte nun, sich in sein Schwert zu stürzen. Selbst ein schneller Tod blieb ihm verwehrt – er fügte sich lediglich eine äußerst schmerzhafte Wunde zu, der er erst einige Zeit später, nach langem Ringen erliegen sollte. Während seines Todeskampfes erfuhr er von Kleopatras Sklaven, daß die Königin noch am Leben war. Auf einer Trage ließ er sich zum Grabmal der Gefährtin bringen, wo Kleopatra und ihre Bediensteten Iras und Charmian die

Sänfte durch ein Fenster ins Innere hoben. Marcus Antonius'
romantischer Tod in Kleopatras Armen mag also tatsächlich
stattgefunden haben. Selbst ein über jeden Zweifel erhabener
Beweis, daß Antonius niemals so aus dem Leben schied,
könnte niemanden wirklich überzeugen, denn das Szenario
ging ein in die Überlieferungen und Legenden des Westens.
Wie und warum die Hauptfiguren des Geschehens jenen verzweifelten Punkt erreichten, kann immer wieder neu untersucht, richtiggestellt, diskutiert und kritisch betrachtet werden.
Beim Tod von Antonius und Kleopatra geht Geschichte jedoch
in Legende über, und diese überdauert stets die nüchterne
Wirklichkeit.

Nach der Katastrophe

Kleopatra überlebte Antonius um einige Tage. Oktavian verhandelte mit ihr und suchte sie Plutarch und Cassius Dio zufolge in ihrem Mausoleum auf. Diese Geschichte entbehrt mit Sicherheit der Wahrheit. Die Autoren der Antike erfanden oft derartige Szenen, um über das Gespräch ihrer Figuren eigene politische und historische Vorstellungen zu artikulieren. Oktavian wollte Kleopatra angeblich bis zu seinem Triumphzug in Rom am Leben lassen, aber auch jene Vorstellung entstammt dem Reich der Phantasie. Es war für den Römer zweifellos die günstigere Lösung, alle Anwärter auf den ägyptischen Thron beseitigen zu lassen, bevor er das Land in seinen Besitz brachte. Blieb Kleopatra am Leben, konnte ihm die Zuneigung des ägyptischen Volkes zu seiner Königin Schwierigkeiten bereiten. Die Sympathie der Ägypter mochte sich nicht zuletzt auch auf Kleopatras Kinder übertragen. Cäsarion, der als ägyptischer Thronerbe und Cäsars Sohn für Oktavian doppelt gefährlich war, wurde daher aufgespürt und getötet. Sein Schicksal war seit langem beschlossene Sache gewesen. Der nur 14 Jahre alte Antyllus hatte Zuflucht in dem unvollendeten Tempel gesucht, der seinem Vater Antonius gewidmet war. Er wurde aus seinem Versteck gezerrt und auf der Stelle umgebracht. Die drei anderen Kinder verschonte Oktavian. Alexander Helios, Kleopatra Selene und Ptolemaios Philadelphos wurden nach Rom gebracht. Später wurde Kleopatra Selene dem mauretanischen König Juba II. zur Frau gegeben und verbrachte den Rest ihres Lebens in Nordafrika. Entweder begleiteten die beiden Jungen sie, oder sie blieben in Rom, ohne weiter in Erscheinung zu treten. Fehlende Angaben über ihr Schicksal führen jedoch nicht zwingend zu der Folgerung, den beiden sei ein frühes Ende beschieden gewesen. Vielleicht wuchsen Kleopatras Söhne im Haus der Oktavia auf, die dafür gerühmt wurde, allen überlebenden Kindern des Antonius ihre Fürsorge zukommen zu lassen. Iullus Antonius, Antonius zweiter Sohn aus der Ehe mit Fulvia, begann später eine vielversprechende Karriere. Er wurde im Jahre 10 v. Chr. Konsul und war zwischen 7 und 6 v.Chr. Statthalter der Provinz Asia. Unglücklicherweise wurde er jedoch in den Skandal des Jahres 2 v.Chr. verwickelt, als Augustus' Tochter Julia des Ehebruchs mit mehreren bedeutenden Männern bezichtigt und in die Verbannung geschickt wurde. Iullus Antonius wurde damals hingerichtet. Das Geschlecht der Antonier starb jedoch nicht aus. Antonius' ältere Tochter aus der Ehe mit Oktavia wurde mit Lucius, dem Sohn des Domitius Ahenobarbus vermählt, die jüngere heiratete Drusus, den Bruder des Tiberius. Über diese Frauen stammten drei spätere römische Kaiser von Antonius ab. Caligula und Nero waren allerdings nicht die Nachkommen, die sich Antonius gewünscht haben mochte. Dafür erbte Claudius Antonius' Fähigkeit, mit Geschick und Zurückhaltung zu regieren,

Kleopatra starb wahrscheinlich, wie es die überlieferte Geschichte beschreibt, am Biß einer Giftnatter. Ihr Tod könnte mit Oktavian abgesprochen oder gar von diesem in die Wege geleitet worden sein. Der Legende zufolge ließ Oktavian, sobald er von Kleopatras Tod hörte, die *psylli* kommen, die in der Behandlung von Schlangenbissen ausgebildet waren und das Gift aus dem Körper saugen konnten. Mehr als ein Autor hat sich darüber gewundert, warum Oktavian diese Ärzte rufen ließ, wenn er tatsächlich wie behauptet von Kleopatras Tod überrascht worden war. Einige Geschichtsschreiber nahmen an, Oktavian habe Kleopatra die Wahl der Todesart überlassen, um sie nicht selbst hinrichten lassen zu müssen. Andere betonen die mythologischen Implikationen des Schlangenbisses, der seinem Opfer angeblich Göttlichkeit verlieh. Kleopatras Inszenierung ihres Todes übertraf jedenfalls alles, was sich die Römer ausgedacht haben könnten. Sie war in ihre schönsten Kleider gehüllt, prächtig anzusehen und trug ihre Krone.

Oktavian erfüllte Antonius und Kleopatra den letzten Wunsch, Seite an Seite bestattet zu werden. Ihr Grab ist nie entdeckt worden. Unmittelbar darauf übernahm Oktavian Ägypten als private Domäne. Als Statthalter setzte er den General Cornelius Gallus ein, der gleichzeitig mit Oktavians Angriff seine Truppen von Westen aus nach Ägypten geführt hatte. Gallus war kein Mitglied des Senats, sondern entstammte dem niederen Adel, den *equites*. Einen Abkömmling dieser Schicht mit einem so bedeutenden Kommando zu betrauen, stellte eine Neuheit dar. Von nun an wurde das Amt immer wieder mit *equites* besetzt und wurde zu einem der begehrtesten Posten für die Mitglieder der römischen Mittelschicht. Oktavian-Augustus beließ es dabei, wie er auch das ganze Land weiterhin als seine eigene, persönliche Provinz betrachtete. Kein Senator durfte sie ohne seine ausdrückliche Genehmigung betreten, und die späteren Kaiser sahen keinen Grund, jene strengen Bestimmungen zu lockern. Ägypten deckte mit seinen Ernten einen großen Teil des römischen Getreidebedarfs. Sein Reichtum erlaubte es Augustus, seine Position in Rom auszubauen, seine Schulden zu begleichen und seinen Anhängern und Legionären die versprochene Belohnung auszuzahlen.

Nachdem er jahrelang zum Krieg gegen Kleopatra aufgerufen hatte, konnte Oktavian es sich leisten, ihrem Andenken gegenüber Großmut walten zu lassen. Ihre Statue, die Cäsar im Venustempel hatte aufstellen lassen, durfte an ihrem Standort bleiben. Ein ägyptischer Würdenträger und Freund Kleopatras, Archibius, bezahlte Oktavian 1.000 Talente, um die meisten ihrer anderen Statuen und Portraits zu retten. Antonius war dies nicht vergönnt. Die Nachricht von seinem Tod wurde im Senat von Ciceros Sohn Marcus verlesen. Bei der Auswahl des Nachrichtenüberbringers kann es sich nicht um einen Zufall gehandelt haben. Die Ironie liegt auf der Hand. Der Senat erklärte Antonius' Geburtstag zum *nefastus*, zum Tag des Unheils, und ordnete an, alle Statuen, Büsten und Portraits des Triumvirn zu zerstören. Die wenigen uns erhalten gebliebenen Abbilder des Antonius könnten damals übersehen worden sein oder stellen möglicherweise gar einen anderen Mann dar. Nur bei den Abbildungen auf den Münzen handelt es sich zweifellos um Portraits des Antonius. Sein Name wurde überall in der römischen Welt ausgelöscht, entsprechende Inschriften auf Monumenten wurden entfernt. In ihrem Eifer ließen Provinzbeamte gar überall den Namen Antonius tilgen, sobald er mit dem Zusatz Marcus in Verbindung zu stehen schien. Oktavian könnte solche Gründlichkeit unterstützt haben. Auf diese Weise wurde versucht, das Andenken an Antonius für alle Zeiten auszulöschen; die Welt sollte ihn vergessen. Das geschah jedoch nicht. Einzelheiten seines Lebens sind uns verlorengegangen, aber Marcus Antonius selbst ist nie in Vergessenheit geraten.

Bibliographie

Antike Quellen

APPIAN: Römische Geschichte, Bd. 2: Die Bürgerkriege. Übersetzt von Otto Veh. Hiersemann.

AUGUSTUS: Meine Taten (Res Gestae Divi Augusti). Artemis.

CÄSAR: Der gallische Krieg. Hrsg. von Otto Schönberger. Wissenschaftliche Buchgesellschaft.

DERS.: Der Bürgerkrieg. Wissenschaftliche Buchgesellschaft.

CICERO: Atticus-Briefe. Hrsg. von Helmut Karsten. Artemis.

DERS.: Staatsreden, Bd. 3: Die philippischen Reden. Übersetzt von Helmut Karsten. Akademie-Verlag.

CASSIUS DIO: Römische Geschichte. Übersetzt von Otto Veh. Artemis.

PLUTARCH: The Parallel Lives: Demetrius and Antony, Pyrrhus and Gaius Marius. Harvard University Press.

Neuere Literatur

BENGTSON, H.: Marcus Antonius. Triumvir und Herrscher des Orients. C.H. Beck.

BRAMBACH, J.: Kleopatra. Callwey.

CAMBRIDGE ANCIENT HISTORY, Vol. IX und X. Cambridge University Press.

CARTER, J.M.: The Battle Of Actium. Hamish Hamilton.

CHAMOUX, F.: Marcus Antonius. Der letzte Herrscher des griechischen Orients. Katz.

CLAUSS, M.: Kleopatra. C.H. Beck.

FISCHER, R.A.: Fulvia und Octavia: Die beiden Ehefrauen des Marcus Antonius in den politischen Kämpfen der Umbruchzeit zwischen Republik und Principat. Logos.

FLAMARION, E.: Cleopatra. From History to Legend. Thames and Hudson.

GRANT, M.: Cleopatra. Weidenfeld and Nicolson.

DERS.: Roman History From Coins. Cambridge University Press.

GRUEN, E.S.: The Last Generation of the Roman Republic. University of California Press.

LINDSAY, J.: Cleopatra. Constable.

DERS.: Mark Antony and his Contemporaries. [London 1936]

MEIER, C.: Caesar. DTV.

RICHARDSON, G.W.: Actium. In: Journal of Roman Studies 27 (1937), S. 153-164.

ROBERTS, A.: Mark Antony. His Life and Times. Malvern Publishing.

SYME, R.: The Roman Revolution. Oxford University Press.

TARN, W.W.: The Battle of Actium. In: Journal of Roman Studies 21 (1931), S. 173-199.

VANDENBERG, PHILIPP: Cäsar und Kleopatra. C. Bertelsmann.

WEIGALL, A.: Mark Antony. His Life and Times. [London 1931]

Bildnachweis

Abbildung 1: Museo Capitolino, Rom

Abbildungen 2 und 21: Museo Vaticano, Rom

Abbildung 3: National Trust Photographic Library

Abbildung 4: Victoria and Albert Museum, London

Abbildungen 5, 6, 7, 9, 16, 17, 18, 19, 23 und 25: British Museum, London

Abbildungen 8, 10, 11, 12, 13, 15, 22, 24 und 26: Graeme Stobbs

Abbildung 14: Agence Nationale d'Archéologie et de Protection des Sites et Monuments Historiques, Algier

Abbildung 20: Musées de Narbonne